KB067250

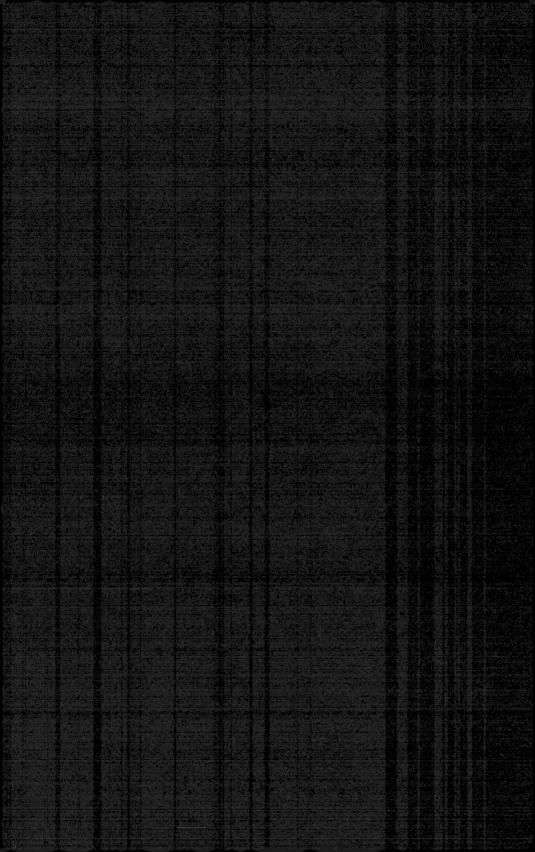

내면아이의 상처 치유하기

내면아이의 상처 치유하기

내 안의 나와 행복하게 사는 법

마거릿 폴 지음 · 정은아 옮김

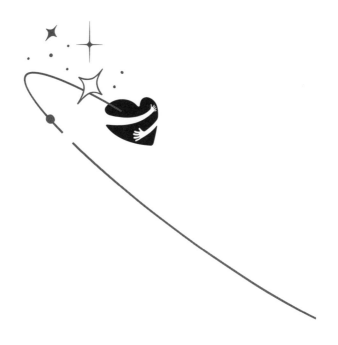

초록북스

초록북스

우리는 책이 독자를 위한 것임을 잊지 않는다.
우리는 독자의 꿈을 사랑하고,
그 꿈이 실현될 수 있는 도구를 세상에 내놓는다.

내면아이의 상처 치유하기

초판 1쇄 발행 2024년 4월 3일 **| 초판 2쇄 발행** 2024년 10월 5일
지은이 마거릿 폴 **| 옮긴이** 정은아
펴낸곳 (주)원앤원콘텐츠그룹 **| 펴낸이** 강현규·정영훈
등록번호 제301-2006-001호 **| 등록일자** 2013년 5월 24일
주소 04607 서울시 중구 다산로 139 랜더스빌딩 5층 **| 전화** (02)2234-7117
팩스 (02)2234-1086 **| 홈페이지** matebooks.co.kr **| 이메일** khg0109@hanmail.net
값 19,800원 **| ISBN** 979-11-6002-430-2 03180

한때 우리 자신이었던 어린아이는
일생 동안 우리 내면에서 살고 있다.

• 지그문트 프로이트 •

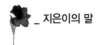

매 순간 내면아이에게
사랑을 베풀자

시중에는 '내면아이Inner Child'를 주제로 한 다양한 책이 나와 있으며 '내면적인 유대감 형성Inner Bonding'을 위해 노력하는 사람들도 많다. 하지만 과거의 상처를 치유하고 내면아이를 되찾기에는 아직 부족하다고 생각하는 사람들이 많은 것이 현실이다. 또한 현재 내 안에 있는 내면아이는 매 순간 존재를 인정받고 사랑받기를 원한다.

되풀이되는 일상에서 자신을 돌보는 일은 과거의 상처를 치유하는 것보다 훨씬 어려운 문제다. 왜냐하면 불행하게도 자신과 타인에게 사랑을 베푸는 행위가 어떤 것인지 주변에서 찾아보기가 어렵기 때문이다.

물론 우리의 과거나 현재 속에 사랑을 베푸는 행위가 없었다는 뜻은 아니다. 다만 사회 전반적으로 사랑을 베푸는 행위에 대한 역할모델이 부족하다는 말이다. 이러한 부족한 정보 속에서 우리는 자신의 선택이 자존감에 도움이 되는지 아닌지 알아보기 위해 직접 몸으로 부딪치며 수없는 시행착오를 겪는다.

나는 지난 몇 년간 자신과 타인에게 사랑을 베푸는 동시에 다양한 상황 속에서 나 자신을 돌보는 법을 배웠다. 이 배움의 과정은 지금도 계속되고 있으며 앞으로도 평생 이어질 것이다.

이 책에는 이러한 나의 배움을 토대로 다양한 제안을 담았다. 하지만 각각의 상황마다 대처하는 방식에 유일한 '정답'은 없다. 이 책에 소개한 제안들은 나와 내담자들에게 효과가 있었던 방식일 뿐이다. 그러므로 독자들도 이 책을 통해 내면아이를 지지하고 돌보기 위한 자신만의 새로운 방식을 창조하길 기대한다.

내면아이에게 사랑을 베푸는 성인자아와 부모 역할을 하는 것은 생산적이고 즐거운 인생의 핵심이다. 또한 타인과 친밀한 관계를 맺을 수 있는 능력을 길러준다. 그러기 위해서는 내면아이에게 사랑한다고, 과거의 상처는 네 탓이 아니라고 말하는 것만으로는 충분하지 않다. 매 순간 내면아이에게 사랑을 베푸는 부모가 되어야만 내면아이도 비로소 자신이 정말로 사랑스러운 존재라는 사실을 믿을 수 있다. 말로 아무리 사랑한다고 해도 우리 안의 성인자아가 내면아이를 사랑스럽게 대하지 않으면 아무 의미가 없으며 삶에 변화를 가져올 수 없다.

이 책에는 에리카 초피크 박사와 함께 개발한 심리 치료법 '내면적인 유대감 형성'이 기술되어 있다. 이 심리 치료법은 초피크 박사와 함께 쓴 『내 안의 어린아이Healing Your Aloneness』[1] 에도 소개되었다. 『내 안의 어린아이』가 출간된 이후, 사랑을 베푸는 성인자아가 되는 법을 더 자세히 알고 싶어하는 전 세계의 독자들에게서 많은 편지를 받았다. 그들을 위해 쓴 이 책이 인생의 완전함과 사랑으로 가는 여정에 도움이 되길 바란다.

내면적인 유대감 형성의 과정을 이해하는 것은 상담 전문가만의 몫이 아니다. 자신과 타인에게 사랑을 베풀고 스스로 발전하고 싶은 사람 모두에게 필요하다.

어찌보면 사랑이 무엇인지, 그리고 그 사랑을 베푸는 행동이란 어떤 것인지 열심히 배워야 한다는 사실은 슬픈 일이기도 하다. 만약 우리가 사랑이 넘치는 가정에서 자랐다면, 혹은 부모님이 자녀들에게 사랑을 베푸는 행동을 보였더라면 굳이 열심히 배우지 않아도 이를 자연스럽게 체득했을 것이기 때문이다. 그러나 우리는 그렇게 자라지 못했다. 따라서 삶에 고통을 가져오는 의존적 관계를 끊기 위해 노력해야 한다.

내면적인 유대감 형성은 그러한 노력의 시발점이다. 이 책에 소개한 다양한 실례를 바탕으로 독자들이 자신만의 내면적 유대감 형성을 시작할 수 있기를 바란다. 사랑을 베푸는 행위를 배우기 위해서는 평생 수고를 아끼지 않아야 하며, 나 역시 매 순간 어려움과 도전으로 가득 찬 인생을 살아가며 계속 노력할 것이다.

삶에서 마주치는 각각의 상황에서 독자들이 경험한 다양한 교훈과 사랑을 베푼 노력의 소리를 들을 수 있다면 매우 기쁠 것이다. 여러분 안에 살아 숨 쉬는 내면아이에게 따뜻한 사랑을 보낸다.

마거릿 폴

_ 차례

 • 1부

내면아이의 상처를
떠나보낼 때 행복이 온다

•2부
이럴 땐 이렇게 내면아이의
상처를 치유하자

•1부•

내면아이의 상처를
떠나보낼 때 행복이 온다

1장

참다운 삶을 찾게 하는
내면적인 유대감 형성

일상에서 잃어버린
참다운 삶은 어디에 있을까?

행복을 위한 필요한 요건은 모두 갖춘 것 같은데도 당신의 마음 한구석에는 아직 무언가 부족하다는 공허한 느낌이 남아 있다. 유대교 랍비인 해럴드 쿠시너Harold Kushner의 말을 빌리면, "그동안 간절히 원해왔던 모든 것이 사실은 충분하지 않다."라는 사실을 발견하게 된 것이라고 할 수 있다.

그래서 당신은 진정한 자신과 타인에게서 분리된 것 같은 정신적인 혼란을 느낀다. 기계적으로 살아가고 있다는 생각도 자주 든다. 자신이 부족하고 사랑받을 자격이 없다는 생각과 불안하고 외로운 느낌에 고민도 할 것이다.

이런 느낌들은 끊임없이 인생을 잠식해가는 매우 고통스러운 감정이다. 당신은 이런 감정들이 너무나도 고통스러운 나머지 여러 가지 잘못된 방식을 동원해 이를 무시하고, 부정하고, 덮어버리고, 잊어버리려고 했을 것이다. 술·음식·일·TV·섹스·약물 등으로 말이다. 그러다 어느 날 갑자기 충격적인 사건이나 내면의 변화를 겪는다. 이러한 변화는 하나의 전환점으로 제러마이아 에이브럼스Jeremiah Abrams가 『내면아이 찾기Reclaiming the Inner Child』에서 했던 질문을 자신에게 한다. "우리가 일상에서 잃어버린 참다운 삶은 어디에 있을까?"[1]

물론 이런 감정을 느끼는 사람들은 많다. 사람들은 살아가면서 인생 전반에 지속적으로 혹은 주기적으로 찾아오는 고통스러운 감정과 싸우고 있다. 고통스러운 감정이 반복되는 이유는 우리가 감정을 처리할 더 나은 방법을 몰라서이거나 다른 방법을 알고 있다고 해도 상황이 더 악화될 것이 두려워서 그 방법을 시도하지 않기 때문이다. 불행하게도 우리가 자신을 위해 어떤 행동을 시작하기도 전에 고통스러운 감정은 참을 수 없을 정도로 강해지거나 어떤 결정을 내려야만 하는 경우가 종종 생긴다. 톰Tom의 경우를 살펴보자.

톰은 이전까지 한 번도 상담을 받아본 적이 없었고, 상담을 받을 수밖에 없었던 당시 상황도 마음에 들지 않았다. 남색 양복을 입고 상담실을 찾은 톰은 근엄한 표정으로 뻣뻣하게 자리에 앉아 자신도 모르게 주먹을 꽉 쥐고 있었다. 그는 제 발로 상담을 받으러 온 것이 아니었다. 그가 다니는 회사의 사장이 톰을 따로 불러 그의 불같은 성미가 다른 직원들의 사기를 떨어뜨리고 고객까지도 쫓아낼 수 있다고 말하며 "가서 도움을 좀 받아보게."라고 했던 것이다. 사장의 말을 들은 그는 짜증스럽고 화가 났지만 다른 선택의 여지가 없었고 결국 나에게 상담을 받으러 왔다.

톰의 스트레스 정도와 업무량에 대한 대화를 나눈 후 나는 이렇게 말했다. "자신을 잘 돌보지 못하고 있는 것 같네요."

그러자 그는 이렇게 말했다. "자신을 돌본다고요? 그건 비현실적인 말이에요. 저는 할 일이 너무 많다고요!"

"하지만 회사에서 버럭 화를 내는 일이 자꾸 생기고, 나중에는 그것 때문에 해고될 수도 있어요. 그렇게 스트레스를 받다 보면 건강도 잃게 될 거고요. 자신을 돌보지 않아서 생기는 이런 일들을 정말 감당할 수 있겠어요?"

그는 누그러진 목소리로 말했다. "그건 아니에요. 하지만 어떻게 해야 할지 모르겠어요."

톰이 말한 것은 사실이었다. 그는 정말로 어떻게 해야 할지를 모르고 있었다. 왜냐하면 한 번도 배운 적이 없기 때문이다. 그는 어린 시절부터 일을 시작했다. 그의 아버지는 알코올중독자인데다 가족을 학대했기 때문에 톰은 아주 어릴 때부터 어머니와 여동생을 지켜야만 했다. 그런데 자신이 없을 때 아버지가 오히려 어머니와 여동생을 덜 학대한다는 사실을 알게 되었다. 그러자 톰은 집을 떠나 혼자 살기 시작했다. 그는 그때 겨우 15세였다.

사실 톰처럼 극단적인 가정 환경에서 자라는 사람은 많지 않다. 하지만 아주 좋은 환경에서 자랐다고 해도, 자신을 돌본다는 것을 제대로 아는 사람은 극소수다. 자신을 돌보는 행동이 어떤 것인지 주변에서 보고 자라기가 어렵기 때문이다. 가족 내에서는 물론 TV에서조차 말이다. 그래서 우리는 자신이나 주변 사람을 사랑하는 것이 무엇인지 잘 모르고 그저 배운 대로 행동하다가 결국은 자신에게 실망할 뿐이다.

우리가 자신을 학대하고 고통을 무시하거나 부인하는 이유는 톰처럼 다른 방법을 모르기 때문이다. 그러므로 우리는 다음의 질문을 잘 생각해봐야 한다. "어떻게 하면 자신을 잘 돌볼 수 있을까?" "어떻게 하면 행복해질 수 있을까?" "어떻게 하면 기쁨이 넘치는 삶을 살 수 있을까?"

이번에는 샌디Sandy의 경우를 살펴보자. 샌디는 이혼 후 어린 두 딸을 키우던 초등학교 선생님이었다. 성실한 그녀는 늘 수업 준비를 열심히 했다. 덕분에 학생들은 그녀를 좋아했고, 학부모들과 교장선생님은 그녀를 칭찬했다. 그녀가 능력 있고 가치 있으며 사랑받을 만한 사람이라는 것을 믿지 않는 사람은 샌디 자신뿐이었다.

다른 사람들은 샌디를 인정했지만 정작 그녀는 자신이 이룬 모든 것이 불만족스러웠다. 계속되는 막막함과 우울함에 지쳐버린 샌디는 딸들을 위해 상담을 받기로 했다. 아이들에게만은 자신이 겪은 고통을 대물림하고 싶지 않았던 것이다.

상담을 받는 도중 샌디는 자신이 다른 사람의 사랑과 지지를 받을 자격이 없다는 말을 불쑥 꺼냈다. 내가 샌디에게 "왜 스스로를 그렇게 가혹하게 몰고 가는 거죠? 왜 자신을 보살피지 않는 거예요?"라고 묻자 그녀는 이렇게 대답했다. "왜냐하면 자신은 돌보는 대상이 아니니까요."

이런 잘못된 믿음은 어디서 온 것일까? 왜 샌디는 자신이 사랑받을 만한 가치가 없다고 믿는 걸까? 만약 스스로 사랑받을 가치가 있

22

다고 생각했다면, 그녀는 자신을 잘 돌보았을 것이다. 샌디는 딸들을 사랑했기에 아이들이 잘 먹고 지내는지 살피며 그들을 잘 보살폈다. 또한 자신의 차도 소중하게 생각해서 차가 고장나면 수리를 받았다. 우리의 모습도 샌디와 다르지 않다. 우리는 자신이 소중하게 생각하는 것을 보살피게 되어 있다.

그렇다면 우리가 자신을 소중하게 생각해서 다른 것만큼 자신을 사랑하고 보살피려면 어떻게 해야 할까? 이 책은 바로 이러한 내용을 다룬다. 이 책에서는 어린 시절 배웠던 잘못된 믿음과 자멸적인 사고방식이나 행동을 그대로 안고 자란 수많은 사람에 대해 이야기해볼 것이다.

그들은 잘못된 생각과 행동을 옳은 것이라고 믿는다. 그리고 자신도 모르게 따라 하면서 삶의 기쁨과 즐거움을 온전히 누리지 못하는 사람들이다. 이 책의 목표는 각자 다른 과거와 현재를 사는 우리 모두에게 더 자유롭게 사랑하고 살아갈 수 있는 또 다른 삶의 방식을 가르쳐주는 것이다. 이것이 내면적인 유대감 형성의 힘이자 약속이다.

내면적인 유대감 형성을 통해 우리는 어린 시절에 접하지 못했던 새로운 관계를 맺을 수 있다. 바로 우리 안에 존재하는 내면아이와 성인자아 Inner Adult 사이에 사랑스러운 관계를 맺는 것이다. 이 관계를 통해 우리는 혼자 있을 때나 다른 사람과 있을 때 자신을 잘 돌볼 수 있다.

내면적인 유대감 형성이란
무엇인가?

　이 책에서 말하는 '내면적인 유대감 형성'이란 성인자아로서 하는 생각과 내면아이로서 느끼는 직관적인 느낌을 연결하는 과정이라고 할 수 있다. 이러한 연결 과정을 통해 우리는 내적 갈등 없이 살 수 있다.

　내적 갈등은 어떤 방식으로 느끼거나 행동해야만 한다는 생각과 본능적 감정 및 사고방식 간의 차이에서 비롯된다. 예를 들어 자신의 감정을 무시하고 행동한다거나 자신의 느낌과는 반대로 행동하거나, 어떤 감정이 드는데도 그것에 상응하는 행동을 취하지 않는 것이 내적 갈등에 해당한다. 이런 내적 갈등을 해결하지 못하면 진정한 자신과 단절된다. 이러한 단절은 자신에 대한 불만족과 불행으로 이어지는 내면의 혼란을 가져온다.

　하지만 희망적인 사실이 있다. 내면의 단절은 다시 연결할 수 있고, 이러한 재개를 통해 내면 상처의 치유와 완전함이 찾아온다는 것이다. 내면적인 유대감 형성으로 성인자아는 내면아이에게 사랑의 힘을 전해줄 수 있는데 이를 통해 우리는 자신을 치유할 수 있다. 물론 배우자·친구·상담전문가 등 타인이 주는 사랑도 이 과정에서 도움이 될 수 있지만 성인자아가 내면아이를 사랑할 때만 진정한 치유와 기쁨이 일어난다.

　언제 어느 때라도 생각과 감정이 잘 연결되는 것이 이상적인 모습일 것이다. 물론 현실에서는 이런 완벽한 상태를 기대할 수는 없지만, 내면적인 유대감 형성을 배워서 이것이 생각과 감정을 처리하는 과정의 일부로 자연스럽게 내면화될 때까지 연습할 수는 있다. 이러한 과정을 가장 효율적으로 배우기 위해서는 우리가 평소에 어떤 식으로 생각하는지를 내면적 · 외면적 모습 모두 살펴볼 필요가 있다.

외면적 모습은 인격에서 어른답게 행동하는 성인의 모습을 말한다. 우리가 살아가면서 어떤 행동을 취하는 것이 외면적 모습이다. 내면적인 유대감 형성을 위해서는 외면적 모습이 우리 내면의 자연스러운 부분이자 상처받기 쉽고 감정적인 내면아이와 의식적으로 연결되어야 한다. 즉 우리의 성인자아가 내면아이와 잘 연결될 때 비로소 내면적인 유대감 형성이 이루어진다. 이런 식으로 이성적인 면과 감정적인 면이 잘 연결될 때 내면의 갈등도 사라진다. 내면의 갈등이 없어지면 우리는 평화로움 속에 기쁨을 받아들이고, 사랑을 주고받게 된다.

이 연결을 시작하는 방법을 2가지 방식으로 제시하고자 한다. 첫번째 방법은 내면적인 유대감 형성의 과정을 실제 역학 관계로 그려보는 것이다. 두 번째 방법은 구체적인 상황과 관계를 보여주는 내담자들의 실례를 살펴보면서 개별적인 유대감 형성의 과정을 알아보는 것이다.

내면적인 유대감 형성의 필수적인 부분을 살펴보기 전에 전체 과정에 대한 개요를 간단히 살펴보도록 하자. 개요를 살펴봄으로써 자신만의 내면적 평화와 편안함, 타인과의 애정 관계 등에서 전체적인 과정에 대한 이해와 목표를 알 수 있을 것이다.

내면적인 유대감 형성의
전반적인 개요

내면적인 유대감 형성에는 3단계가 있다. 첫 번째 단계는 마음속에 존재하는 어떤 불편함이나 갈등을 인식하는 것이다. 두 번째 단계는 자신에게 선택권이 있다는 사실을 인정하는 것이다. 즉 내면의 감정에 마음을 열고 귀 기울일지 혹은 마음을 닫아버릴지 스스로 선택해야 한다는 뜻이다.

세 번째 단계는 어떤 선택을 하든 그에 상응하는 결과가 따른다는 사실을 인식하는 것이다. 즉 마음을 닫아버리기로 결정했다면 그에 따른 부정적인 결과도 함께 선택한다는 뜻이다. 반대로 마음을 열기로 결정했다면 그에 따른 긍정적인 결과도 함께 선택한 셈이다. 다시 말해 마음을 닫기로 선택하면서 그에 따른 긍정적인 결과를 기대하는 것은 이치에 맞지 않다.

내면적인 유대감 형성 과정에 대한 기초를 알아보았다. 이제 톰의 사례를 통해 실제적인 개요를 살펴보도록 하자.

톰의 사례

톰은 상담을 통해 자신의 감정과 처음으로 마주했다. 그는 자신의 감정을 살펴보는 데 서투르고, 내면적인 유대감 형성에 거부감마저 있었다. 톰이 회사의 중역으로 업무 능력이 뛰어나며 알코올 중독이었던 아버지에게 학대당한 과거가 있다고 이미 언급한 바 있다. 그에 덧붙여 톰에게는 아내와 아들이 있다는 사실을 밝혀둔다.

도표 1 •• 톰의 내적 갈등

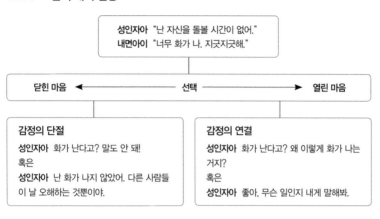

톰의 선택에 따라 어떤 결과가 나오는지 살펴보기 위해서는 이 정도 정보면 충분하다.

〈도표 1〉을 보면 톰이 자신에게 말하는 내적 대화와 다른 사람에게 말하는 외적 대화가 나와 있다. 사실 〈도표 1〉에 적힌 것 말고도 톰의 생각과 감정에는 여러 가지가 있을 수 있다. 그러나 분명한 사실은 그가 최초로 한 결정, 즉 자신의 감정에 마음을 열지 혹은 닫을지 중 무엇을 선택하느냐에 따라 다른 불가피한 결과가 수반된다는 점이다.

톰은 상담을 받으면서 자신을 돌볼 시간이 없다는 말을 한 적이 있는데, 이것은 성인자아의 생각이다. 동시에 그는 자신의 마음속에 느껴지는 감정이 분노라는 사실도 인식했는데, 이것이 내면아이의 감정이다. 즉 톰은 성인자아의 생각과 내면아이의 감정이 상충하

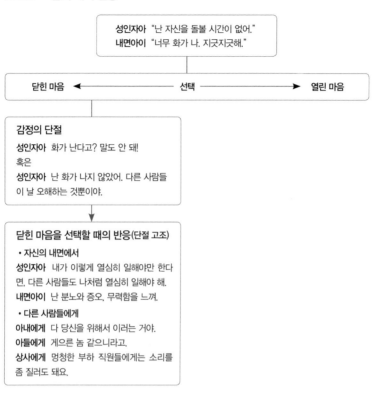

도표 2 •• 톰의 내적 갈등

성인자아 "난 자신을 돌볼 시간이 없어."
내면아이 "너무 화가 나. 지긋지긋해."

닫힌 마음 ◄──────── 선택 ────────► 열린 마음

감정의 단절

성인자아 화가 난다고? 말도 안 돼!
혹은
성인자아 난 화가 나지 않았어. 다른 사람들
이 날 오해하는 것뿐이야.

닫힌 마음을 선택할 때의 반응(단절 고조)

• 자신의 내면에서
성인자아 내가 이렇게 열심히 일해야만 한다
면, 다른 사람들도 나처럼 열심히 일해야 해.
내면아이 난 분노와 증오, 무력함을 느껴.

• 다른 사람들에게
아내에게 다 당신을 위해서 이러는 거야.
아들에게 게으른 놈 같으니라고.
상사에게 멍청한 부하 직원들에게는 소리를
좀 질러도 돼요.

는 갈등 상황에 처했다. 이 경우에 톰이 선택할 수 있는 것은 2가지
다. 내면에 갈등이 존재한다는 사실을 부정하거나 인정하는 것이다.
다시 말해 첫 번째 선택은 자신의 감정을 배울 기회를 거부함으로써
자신의 감정과 단절되는 결정이다. 두 번째 선택은 자신이 느끼는 분
노에 마음을 열고, 왜 이런 감정을 느끼는지 알아보는 것이다.

톰이 감정을 속이고 '강한' 사람이 되기로 결정했다고 생각해보

28

자. 마음속의 분노를 부정하거나 억누르는 방식으로 감정의 단절을 선택한 것이다. 그렇다면 어떤 일이 일어날까? 감정의 단절로 마음속의 불편함이나 고통이 커지고 심리적인 압박감도 커질 것이다. 또한 성인자아와 내면아이 간의 단절이 고조되면서 톰은 자신의 분노를 주변 사람들에게 퍼붓게 된다. 즉 내면의 단절로 자신을 사랑하지 못하면 타인도 사랑하지 못하는 것이다.

〈도표 3〉에서 알 수 있듯이, 톰이 감정의 단절을 선택하고 애정 어린 방식으로 행동하지 못하자 결국 다른 사람들과의 관계도 단절되었다. 자신의 감정에 마음을 닫아버리는 선택을 하자 그에 따른 부정적인 결과가 나타난 것이다. 결국 톰은 자신의 내면에 존재하는 사랑과 단절될 뿐만 아니라 그를 사랑하는 주변 사람들과도 헤어져 혼자가 될 것이다.

이럴 경우 톰의 내면아이는 자신의 감정을 분출할 파괴적인 방식을 찾는다. 바로 약물 중독이나 스트레스 관련 질병 등이다.

반면에 톰이 자신의 감정을 잘 살펴보고 그 감정과 연결되는 것을 선택했을 때, 〈도표 3〉은 극적으로 바뀐다. 이 경우 〈도표 4〉에서 보듯 톰은 내면적 유대감 형성을 위한 대화 과정(이는 2장에서 상세히 살펴볼 것이다.)을 통해 내면아이가 원하는 것을 물어보고 고통의 원인을 찾아볼 수 있다.

그 결과 내면아이의 욕구를 충족시킬 방법들을 생각해보고 분노의 원인을 제거할 수 있으며 동시에 성인자아의 욕구도 충족시킬 수 있다. 또한 자신의 선택에 기초해 앞으로 어떤 행동을 취해야 할지도 알게 된다.

도표 3 •• 톰의 내적 갈등

성인자아 "난 자신을 돌볼 시간이 없어."
내면아이 "너무 화가 나. 지긋지긋해."

닫힌 마음 ◄─────── 선택 ───────► 열린 마음

감정의 단절
성인자아 화가 난다고? 말도 안 돼!
혹은
성인자아 난 화가 나지 않았어. 다른 사람들
이 날 오해하는 것뿐이야.

닫힌 마음을 선택할 때의 반응(단절 고조)

내면의 생각과 단절
• 자신의 내면에서
성인자아 내가 이렇게 열심히 일해야만 한다
면, 다른 사람들도 나처럼 열심히 일해야 해.
내면아이 난 분노와 증오, 무력함을 느껴.

**내면의 욕구를 충족시키기 위해 아무런
행동도 취하지 않음**

부정적인 결과
• 자신의 내면에서
성인자아 아무도 나를 이해하지 못해. 다들
멍청이야.
내면아이 나중에 어떻게든 복수할 거야.
• 다른 사람들에게
아내에게 다 당신을 위해서 이러는 거야.
아들에게 게으른 놈 같으니라고.
상사에게 멍청한 부하 직원들에게는 소리를
좀 질러도 돼요.

30

> **• 다른 사람들의 반응**
> **아내** 남편의 모습에 화가 나. 이제 사랑은 끝났어. 이혼하고 싶어.
> **아들** 아빠는 나를 사랑하지 않아. 나는 사랑받을 만한 아이가 아니니까.
> **상사** 자넨 해고야.

도표 4 ᐧᐧ 톰의 내적 갈등

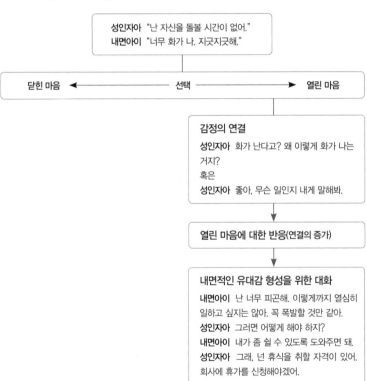

> **성인자아** "난 자신을 돌볼 시간이 없어."
> **내면아이** "너무 화가 나. 지긋지긋해."

닫힌 마음 ◀─────── 선택 ───────▶ 열린 마음

> **감정의 연결**
> **성인자아** 화가 난다고? 왜 이렇게 화가 나는 거지?
> 혹은
> **성인자아** 좋아, 무슨 일인지 내게 말해봐.

> **열린 마음에 대한 반응(연결의 증가)**

> **내면적인 유대감 형성을 위한 대화**
> **내면아이** 난 너무 피곤해. 이렇게까지 열심히 일하고 싶지는 않아. 꼭 폭발할 것만 같아.
> **성인자아** 그러면 어떻게 해야 하지?
> **내면아이** 내가 좀 쉴 수 있도록 도와주면 돼.
> **성인자아** 그래, 넌 휴식을 취할 자격이 있어. 회사에 휴가를 신청해야겠어.

이렇게 톰이 긍정적인 행동을 취하자 〈도표 5〉에서 보듯 긍정적인 결과가 곧바로 나타났다. 일단 그는 예전보다 더 강해진 것 같은 기분이 들었다. 그리고 부담감이 줄고 더 행복해졌으며, 사랑하는 사람들과 다시 관계를 맺고 싶은 열망을 느꼈다. 톰은 이 열망을 지체하지 않고 행동으로 옮겼고 그 결과 그의 가족은 더 단단하게 연결되었다. 톰이 타인에게 분노를 표출하는 일이 줄어들자 회사 상사도 그에 대한 믿음을 되찾았다.

〈도표 6〉처럼 각각의 선택(닫힌 마음과 열린 마음)과 그에 따른 긍정적이고 부정적인 결과들을 비교하면, 다음과 같은 명확한 3가지 결론을 얻을 수 있다.

- 자신의 감정과 단절되면 타인에게도 단절된 방식으로 행동한다. 이는 타인뿐만 아니라 자신과의 단절을 더욱더 고조시킨다.
- 이렇게 내면의 자신, 즉 내면아이와 단절되면 자신의 감정과 연결되었을 때 얻을 수 있는 긍정적인 결과를 기대할 수 없다.
- 마음을 여는 것을 선택하면 내면에 더 많은 힘을 느낄 수 있으며, 자신과 타인을 향해 더 많은 사랑을 느낀다. 반면에 마음을 닫기로 선택하면 타인뿐만 아니라 자신과도 멀어지고 고립된다.

톰의 경우는 그저 하나의 사례에 지나지 않지만, 다음과 같은 역학관계가 모든 사람에게 보편적으로 적용된다. 마음을 닫고 사랑을 거부하는 선택은 단절된 방식의 행동으로 이어지며, 그에 따른 부정적인 결과를 가져온다. 반면에 마음을 열고 사랑을 선택하면 자

도표 5 •• 톰의 내적 갈등

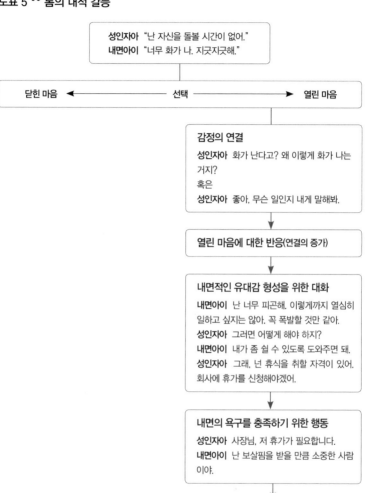

성인자아 "난 자신을 돌볼 시간이 없어."
내면아이 "너무 화가 나. 지긋지긋해."

닫힌 마음 ◀─────── 선택 ───────▶ 열린 마음

감정의 연결

성인자아 화가 난다고? 왜 이렇게 화가 나는
거지?
혹은
성인자아 좋아, 무슨 일인지 내게 말해봐.

열린 마음에 대한 반응(연결의 증가)

내면적인 유대감 형성을 위한 대화

내면아이 난 너무 피곤해. 이렇게까지 열심히
일하고 싶지는 않아. 꼭 폭발할 것만 같아.
성인자아 그러면 어떻게 해야 하지?
내면아이 내가 좀 쉴 수 있도록 도와주면 돼.
성인자아 그래. 넌 휴식을 취할 자격이 있어.
회사에 휴가를 신청해야겠어.

내면의 욕구를 충족하기 위한 행동

성인자아 사장님, 저 휴가가 필요합니다.
내면아이 난 보살핌을 받을 만큼 소중한 사람
이야.

긍정적인 결과

• **자신의 내면에서**
성인자아 이제 힘이 생긴 것 같아. 다른 사람
들을 사랑할 수 있을 것 같아.
내면아이 편안하고 자유로운 기분이 들어. 이
제 웃을 수 있어.

도표 6 •• 톰의 내적 갈등

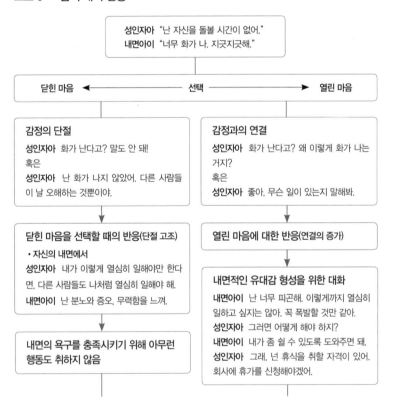

성인자아 "난 자신을 돌볼 시간이 없어."
내면아이 "너무 화가 나. 지긋지긋해."

닫힌 마음 ◀————— 선택 —————▶ 열린 마음

감정의 단절
성인자아 화가 난다고? 말도 안 돼!
혹은
성인자아 난 화가 나지 않았어. 다른 사람들이 날 오해하는 것뿐이야.

감정과의 연결
성인자아 화가 난다고? 왜 이렇게 화가 나는 거지?
혹은
성인자아 좋아, 무슨 일이 있는지 말해봐.

닫힌 마음을 선택할 때의 반응(단절 고조)
- 자신의 내면에서
성인자아 내가 이렇게 열심히 일해야만 한다면, 다른 사람들도 나처럼 열심히 일해야 해.
내면아이 난 분노와 증오, 무력함을 느껴.

열린 마음에 대한 반응(연결의 증가)

내면적인 유대감 형성을 위한 대화
내면아이 난 너무 피곤해. 이렇게까지 열심히 일하고 싶지는 않아. 꼭 폭발할 것만 같아.
성인자아 그러면 어떻게 해야 하지?
내면아이 내가 좀 쉴 수 있도록 도와주면 돼.
성인자아 그래, 넌 휴식을 취할 자격이 있어. 회사에 휴가를 신청해야겠어.

내면의 욕구를 충족시키기 위해 아무런 행동도 취하지 않음

34

부정적인 결과	내면의 욕구를 충족하기 위한 행동
• **자신의 내면에서** **성인자아** 나는 사장이 정말 싫어. 공평하지가 않거든. **내면아이** 나는 너무 고통스러워. 해결해줄 무언가가 필요해.	**성인자아** 사장님, 저 휴가가 필요합니다. **내면아이** 난 보살핌을 받을 만큼 소중한 사람이야.

부정적인 결과 (continued):

부정적인 결과

• **자신의 내면에서**
성인자아 아무도 나를 이해하지 못해. 다들 멍청이야.
내면아이 나중에 어떻게든 복수할 거야.
• **다른 사람들에게**
아내에게 다 당신을 위해서 이러는 거야.
아들에게 게으른 놈 같으니라고.
상사에게 멍청한 부하 직원들에게는 소리를 좀 질러도 되어요.
• **다른 사람들의 반응**
아내 남편의 모습에 화가 나. 이제 사랑은 끝났어. 이혼하고 싶어.
아들 아빠는 나를 사랑하지 않아. 나는 사랑받을 만한 아이가 아니니까.
상사 자넨 해고야.

긍정적인 결과

• **자신의 내면에서**
성인자아 이제 힘이 생긴 것 같아. 다른 사람들을 사랑할 수 있을 것 같아.
내면아이 편안하고 자유로운 기분이 들어. 이제 웃을 수 있어.
• **다른 사람들에게**
아내에게 여보, 함께 외출하자!
아들에게 아빠랑 야구 경기 보러 갈래?
상사에게 휴가를 주셔서 감사합니다.
• **다른 사람들의 반응**
아내 우리 부부에게는 아직 희망이 있어.
아들 아빠는 나를 정말 사랑해!
상사 그는 내 제안을 열린 마음으로 받아들였어. 참 괜찮은 직원이야.

연히 마음이 열린 행동이 따라오며 그에 따른 긍정적인 결과를 얻을 수 있다.

지금까지 내면적인 유대감 형성의 과정을 개략적으로 살펴보았다. 이제 몇몇 용어를 정의하고 역학관계를 살펴볼 것이다. 먼저 '내면아이' '성인자아' '사랑을 표현하는 행동loving behavior'[2]이라는 용어의 의미를 알아보자.

내면아이란
무엇인가?

'내면아이'란 우리의 인격 중에서 가장 약하고 상처받기 쉬운 부분으로, 감정을 우선시하는 '직감적인' 본능을 말한다. 다시 말해 우리가 태어났을 때의 본래 모습이자 핵심적인 자아, 타고난 인격인 셈이다.

이러한 내면아이에는 재능·본능·직감·감정이 있다. 또한 내면아이를 우뇌에 비유할 수 있는데, 우뇌는 감정과 경험을 담당하는 창조적인 부분이다.

한 가지 주의할 점은 내면아이와 어린 시절의 개념을 구분해야 한다는 사실이다. 우리는 어린 시절에 '유치한 일'들을 많이 한다. 혀 짧은 말을 하고, 진흙에서 뒹굴며, 화가 나면 형제들과 치고받고 싸우기도 한다. 그리고 제멋대로 되지 않을 때는 입을 삐죽거리거나 발을 동동 구른다.

하지만 내면아이는 어린 시절의 유치함이 아닌 '순수함'을 말한다. 나이를 먹고 어른이 되어도 내면아이의 연약함·직관력·경이로움·상상력·타고난 지혜·감정을 느끼는 능력은 쇠퇴하거나 변하지 않는다.

내면아이와 어린 시절은 전혀 다른 개념이다. 그러므로 불우한 어린 시절을 보냈다고 해서 내면의 본성, 즉 내면아이가 꼭 불행하다는 의미는 아니다.

내면아이는
모든 사람에게 있는가?

우리 모두의 내면에는 상처받기 쉽고, 직관적이며, 본능적인 부분이 있다. 정신의학자 칼 융Carl Jung은 전의식preconscious(의식과 무의식의 중간 과정)을 표현하는 유일한 수단이 '아이'라고 말한 바 있다.

"아이는 먼 과거에 존재했던 모습뿐만 아니라 지금 현재 존재하는 것을 상징한다. 다시 말하면… 의식적인 생각이란 어쩔 수 없이 편파적이고 일방적인 방향으로 흐르는데, 이때 의미 있는 방식으로 이를 보완하고 교정하는 역할을 하는 시스템이다."**3**

우리 모두에게는 내면아이가 분명 존재한다. 정말 그러냐고 반문하는 사람들은 자신 안에 존재하는 약하고 상처받기 쉬운 면과 잘 소통하지 못하는 경우가 많다. 사실 인생이 술술 풀리고 당장 눈앞에 닥친 큰 문제가 없을 때는 내면아이를 인식하지 못하는 것이 별로 문제되지 않는다. 하지만 개인적인 위기나 갈등으로 스트레스를 받거나 불행이 찾아올 때, 내면아이와 단절되고 소통하지 못해 감정적 균형을 잃는 것은 큰 문제가 될 수 있다.

로라Laura라는 내담자는 내면아이라는 말이 자신 안에 있는 상처받기 쉽고 자연스러운 부분을 뜻하는 것을 이해하면서도 이 개념에 큰 저항감을 보였다. 당시 그녀는 직장에서 스트레스를 많이 받고 집에서도 감정적으로 힘든 나날을 보내며 수렁에 빠진 것처럼 꼼짝할 수 없는 기분을 느꼈다. 그 결과 로라는 예전처럼 빠르게 업무를 처리하지 못했다. 논리적으로 생각하고 만족할 만한 해결책을 찾아내는 대신, 점점 더 초조하고 감정적으로 변해 수시로 울음을 터트리기까지 했다.

결국 이런 상태는 견딜 수 없는 지경까지 이르렀다. 그때 로라는 다음과 같은 경험을 했고 이를 내게 들려주었다.

어느 날 저는 자동차를 타고 달리면서 혼자 이렇게 생각했어요. 이 '내면아이'라는 걸 받아들이고 한번 시도해볼 수도 있겠다 싶었죠. 그래서 저 자신에게 이렇게 말했어요. "만약 네(자신의 내면아이)가 정말 내 안에 있다면 뭐라고 말 좀 해봐." 그러자 제 안에서 "도와줘!"라는 조그만 소리가 들렸죠. 저는 너무 놀라서 말문이 막혔죠. 그 말이 무엇을 의미하는지 순간적으로 이해가 되더군요. 저는 아이에게 이야기하듯 이렇게 말했죠. "이 일을 너 혼자 할 필요는 없어." 이런 대화를 하는 동안 스트레스가 많이 풀리면서 제 몸속으로 에너지가 흘러 들어오는 게 느껴지더군요.

그동안 제가 얼마나 스트레스를 많이 받고 무기력했는지 전혀 모르고 있었어요. 마치 어린 소녀가 혼자서 어른의 일을 해야 하는 것 같은 느낌이었어요. 또 어릴 적 아버지의 모습을 떠올릴 수 있었어요. 아버지는 끝없는 일에 파묻혀 스트레스를 많이 받으며 힘들어 했고 여가 따위는 전혀 내지 못하셨어요. 종일 일하고 들어오셨을 때 제가 장난감을 가지고 놀고 있으면 이렇게 말씀하셨죠. "얘야, 열심히 공부하거나 일하면 기분이 더 좋아질 텐데 말이야." 사실 아버지는 친절하고 부드러운 사람이었고, 저희 자매를 진심으로 사랑하셨기 때문에 아마 저 말도 좋은 의도로 하셨을 거예요. 하지만 저희는 아버지의 말에 숨겨진 미묘한 뜻을 가슴 깊이 새기며 자랐죠. 바로 '노는 것은 기분 좋은 일이 아니다. 열심히 공부하거나 일을 해야 기분이 좋아진다.'였어요. 그 결과 저희들은 모두 일중독자가 되었죠.

성인자아란 무엇인가?

'성인자아'란 논리적인 생각을 담당하는 부분으로 현실 세계의 다양한 경험을 통해 지식을 축적한다. 즉 우리의 지성적이고 우뇌적 부분이며, 논리적이고 분석적인 의식인 셈이다. 또한 성인자아는 생각과 행동을 담당하는데, 이는 내면아이의 영역인 감정 및 존재와는 반대되는 것이다. 즉 성인자아는 존재보다는 행동, 경험보다는 행동과 관계가 있다.

성인자아는 목적을 가지고 어떤 행동을 할 것인지 결정을 내린다. 사실 행동을 결정하는 것은 항상 성인자아 쪽이다. 이는 가족 간의 관계로도 비유할 수 있다. 가족 안에서 어린아이는 혼자서 행동할 수 없다. 예를 들면 어린아이는 어른처럼 장을 보고 요리를 할 수 없다. 또한 먹고살기 위해 돈을 벌 수 없고, 힘들 때 친구를 불러내거나 상담가를 찾아갈 수도 없다. 마찬가지로 우리 안에 있는 내면아이도 실제로 어떤 행동을 취하지는 못한다. 내면아이를 위해 행동을 하는 것은 성인자아의 몫이다.

성인자아는 이러한 행동을 통해 직감과 이성이 상충하지 않고 잘 연결되어 조화를 이루도록 한다. 톰의 경우처럼 우리는 마음을 열고 자신과 타인을 사랑하는 행동을 선택할 수도 있고, 마음을 닫고 사랑을 주지 않는 행동을 선택할 수도 있다.

세상에 갓 나왔을 때 우리는 어떤 세속적인 경험도 하지 않은 백지상태다. 하지만 성인자아는 태어난 시점부터 계속 발달하기 시작한다. 우리가 2세가 되면 2년 동안 세상 경험을 한 성인자아도 똑같이 2세를 먹는다. 3~4세가 되면 어른들이 하는 행동을 따라 할 수 있다. 입을 옷을 골라 입고 혼자 입기 힘들 때는 어른에게 도움을 구하기도 한다. 이런 식으로 주변에 있는 어른들의 모습을 보고 배우며 성인자아를 발전시킨다. 즉 성인자아는 우리의 인격 중에서 후천적으로 배운 부분에 해당한다. 이 말은 자신의 내면아이를 사랑하거나 사랑하지 않는 성인자아로서의 행동을 후천적으로 습득한다는 뜻이다.

사랑을 표현하는
행동이란 무엇인가?

그렇다면 내면아이를 사랑하고 그 사랑을 표현하는 행동은 어떤 것일까? 이것은 자신과 다른 사람의 감정적·영적 성장을 돕고 지지하는 행동이다. 이 행동에는 자신의 고통과 행복을 책임지는 과정이 반드시 수반된다. 그래서 자신을 사랑한다는 것은 과거와 현재의 고통을 치유하고, 자신을 제한하는 잘못된 믿음을 바로잡으며,

인생에 기쁨과 행복을 주기 위해 필요한 행동을 하는 것을 말한다. 한편 다른 사람을 사랑한다는 것은 그 사람이 원하는 것을 당신도 원하고, 그 사람이 인생에서 기쁨을 느끼는 것을 당신도 지지한다는 의미다.

우리는 내면아이를 사랑할 때 마음을 열고 그 아이를 살펴봄으로써 많은 것을 알게 된다. 즉 내면아이를 사랑한다는 것은 자신을 살펴보고 더 알아가는 것을 선택한다는 뜻도 된다. 우리가 가진 과거와 현재의 고통, 두려움, 믿음에 대해서 말이다. 로라의 경우 "만약 네가 정말 내 안에 있다면, 뭐라고 말 좀 해봐."처럼 간단한 말로 마음을 열고 자신의 내면아이를 살펴볼 수 있었다. 이 말을 들은 그녀의 내면아이가 "도와줘!"라고 대답하면서 자신의 내면아이를 알아보았던 것이다.

사실 로라의 성인자아는 그 시점에서 다른 선택을 할 수도 있었다. 만약 로라가 "약한 모습 보이지마. 그만 징징거려!"라고 말하며 자신을 사랑하지 않는 것을 선택했다면, 내면아이는 존재를 인정받지도, 보살핌을 받지도 못했을 것이고 로라는 계속 고통 속에 갇혀 눈물을 흘렸을 것이다. 하지만 그녀는 과거에 배웠던 삶의 방식과 현재 느끼는 고통을 연결해보는 방식으로 자신의 감정과 내면아이를 인식하고 살펴보는 쪽을 선택했다. 그녀는 이러한 연결을 통해 다음과 같은 결론을 얻었다. "어린 시절의 나는 노는 것이 나쁜 일이라고 믿었어. 하지만 그건 틀린 생각이야. 나는 더이상 엄청나게 많은 일을 혼자서 해야 하는 가여운 아이가 아니야. 나는 이제 어른이고 예전과는 다른 방식으로 행동할 수 있어. 난 무거운 짐을 지고 어쩔 줄 몰라 하는 어린아이가 아니란 말이야."

　이 책은 수많은 사람이 불우한 어린 시절을 보냈다거나 부모에게 잘못된 교육을 받으며 자랐다는 것을 설명하기 위해서 쓴 것이 아니다. 이 책을 쓴 목적은 로라가 했던 말로 간단히 설명할 수 있다. "벌써 스트레스가 많이 풀리면서 제 몸속으로 에너지가 흘러들어오는 게 느껴지더군요." 그녀는 내면아이를 만나면서 자기 안에 갇힌 에너지를 자유롭게 풀어주고 비생산적인 고통에서 해방되었으며, 자신의 잠재력을 최대로 실현할 수 있었다.

　바로 이것이 내면적인 유대감 형성의 전부다. 두려움과 수치심을 조장하는 어린 시절의 잘못된 믿음에서 자신을 해방시키는 것이다. 이런 잘못된 믿음은 마치 족쇄처럼 우리의 발목을 잡는다. 그렇지만 내면적인 유대감 형성을 통해 잘못된 믿음에서 해방되면 우리는 사랑을 얻기 위해 더이상 자신을 희생할 필요가 없다. 우리는 자신의 모습을 있는 그대로 받아들이고 사랑할 수 있으며 타인과도 자유롭게 사랑을 주고받을 수 있다.

1장의 중요한 내용들 —

▸ '내면적인 유대감 형성'이란 성인자아로서 하는 생각과 내면아이로서 느끼는 직관적인 느낌을 연결하는 과정이다.

▸ 내면적인 유대감 형성에는 3단계가 있다. 1단계, 마음속의 갈등 인식하기, 2단계, 자신에게 선택권이 있다는 사실을 인정하기, 3단계, 어떤 선택을 하든 그에 상응하는 결과가 따른다는 사실을 인식하기다.

▸ '내면아이'란 우리의 인격 중 약하고 상처받기 쉬운 부분으로, 감정을 우선시하는 '직감적인' 본능을 말한다.

▸ '성인자아'란 논리적인 생각을 담당하는 부분으로, 현실 세계의 다양한 경험을 통해 지식을 축적한다.

▸ 내면아이를 사랑하고 그 사랑을 표현하는 행동은 자신과 다른 사람의 감정적 · 영적 성장을 돕고 지지하는 행동이다. 이 행동에는 자신의 고통과 행복을 책임지는 과정이 수반된다.

· 2장 ·

내면적인 유대감 형성을
위한 5단계 과정

왜 자신을 사랑받을 만한
사람이 아니라고 여길까?

앞서 1장에서 소개한 톰에게는 잘못된 믿음이 있었다. 그는 일을 우선시하면서 자신의 분노에 귀 기울일 시간 같은 것은 없다고 생각했다. 이런 잘못된 믿음은 자신을 돌보는 일에 시간을 낭비하면 일을 효율적으로 할 수 없다는 생각에서 비롯되었다.

한편 샌디는 자신이 사랑받을 만한 가치가 없다고 생각했다. 이것은 사실이 아니며 많은 사람이 그녀를 사랑했다. 하지만 그녀는 자신이 사랑받을 만한 사람이라고 믿지 않았기에 자신을 사랑하지 않았다.

이처럼 잘못된 믿음에 근거해서 제대로 살지 못하는 사람들이 많다. 그렇다면 이런 잘못된 믿음은 어디에서 비롯되는 것일까? 바로 오래전에 들었던 잘못된 말이나 잘못된 생각 때문이다.

보통 잘못된 믿음은 아주 어릴 적에 형성되는 경우가 많다. 예를 들어 한 소년의 아버지가 어느 날 갑자기 심장마비로 사망했다. 이때 소년은 그날 아버지의 말을 듣지 않고 속을 썩였기 때문에 아버지가 돌아가셨다고 믿는다. 또는 우울증을 앓던 어머니가 집을 나간 경우, 아이들의 할머니는 그녀가 어딘가로 놀러갔다고 거짓말을 한다. 그 결과 버림받은 아이들은 어른들의 거짓말, 자신이 부족해서 어머니에게 버림받았다는 자책감 등을 기반으로 잘못된 믿음을 형성하게 된다.

　　내면적인 유대감 형성의 목적은 이런 잘못된 믿음을 없애는 것이다. 즉 지금까지 아무런 의심 없이 믿으며 살아온 믿음들, 수치심을 주며 자신을 제한하는 잘못된 믿음에 대해 의심하고 그것을 바로잡는 것이다. 이를 통해 우리는 자유로워질 수 있으며 사랑과 기쁨을 경험하고 더 키워갈 수 있다.

　　내면적인 유대감 형성의 과정은 우리가 타고난 자아인 내면아이를 사랑하고 그 아이와 연결되는 방법을 배우는 것이다. 이를 통해 우리 안의 이성적인 면과 감정적인 면 사이에 내면적인 유대감을 만드는 것이다. 이를 위해서는 두려움과 수치심을 정면으로 마주보고, 그 속에 숨겨진 잘못된 믿음에 저항해야 한다.

　　자신의 내면과 단절되고 갈등이 생겼을 때는 소중한 사람들과 사랑스러운 관계를 맺는 것도 매우 힘들어진다. 즉 자신과의 내면적 관계 단절로 외로움을 느끼면, 타인과의 외부적 관계에서도 외로워지는 것이다. 다행히 내면적인 유대감 형성을 통해 자존감을 회복하고 타인과 사랑을 주고받기에 너무 늦은 시기란 없다.

이를 위한 첫 번째 과제는 자신의 내면과 다시 연결되는 법을 배우는 것이다. 3장에서는 왜 성인자아와 내면아이 사이가 단절되었는지, 그 뒤에 숨은 잘못된 믿음은 무엇인지 살펴볼 것이다. 하지만 그에 앞서 우선 이러한 단절을 회복하고 우리의 삶에 완전함을 가져올 수 있는 내면적인 유대감 형성의 과정을 살펴보기로 하자.

내면아이에게
사랑을 표현하는 행동

내면적인 유대감을 형성하기 위해서는 어떠한 갈등 상황에서도 내면아이에게 사랑을 베푸는 성인자아가 되는 법을 배워야 한다. 앞서 나온 톰의 내면 갈등을 다룬 〈도표 1〉~〈도표 6〉을 보면, 내면적인 유대감은 자신의 감정을 살펴보고 알아가려는 의도를 가질 때 자연스럽게 형성된다는 사실을 알 수 있다.

또한 성인자아의 믿음과 생각, 내면아이의 느낌과 욕구가 서로 갈등을 일으킬 때, 내면적인 유대감 형성을 통해 이 둘을 조화할 수 있는 행동을 알아볼 수 있다. 그렇다면 사랑을 베푸는 방식으로 감정을 치유하고 욕구를 충족하기 위해서는 어떤 행동을 해야 할까? 이때 행동을 담당하는 쪽은 성인자아다. 내면아이는 감정을 담당하고 실제로 행동을 취하는 것은 성인자아가 담당한다.

그렇다고 해서 성인자아가 내면아이가 바라는 모든 것을 행동으로 옮겨야 한다는 뜻은 아니다. 사랑을 표현하는 행동이란 성인자아와 내면아이 양쪽 모두의 성장에 도움이 되어야 하기 때문이다. 예를 들어 회사에 지각할 것이 분명한데도 내면아이가 늦잠을 자고 싶어 한다고 가정해보자. 이때 성인자아가 내면아이의 욕구를 무조건 들어주어서 늦잠을 자는 것은 사랑을 표현하는 행동이라고 할 수 없다.

그렇다면 어떻게 해야 할까? 내면아이가 늦잠을 자고 싶어하는 이유를 귀 기울여 듣고 나중에 휴식을 취하면 된다. 이것이 바로 사랑을 표현하는 행동이다.

왜 성인자아와 내면아이라는 용어를 사용하는가?

이 세상에서 당신은 단 한 명이다. 이것이 내면적인 유대감 형성에서 기억해야 할 가장 중요한 사실이다. 당신은 여러 명의 독립 개체로 분리된 사람이 아니다. 그저 단 하나의 자아를 가진 한 사람일 뿐이다. 다만 당신의 인격에는 수많은 측면과 그에 따른 독특한 속성, 다양한 기호가 있을 뿐이다.

또한 당신은 이성과 감정을 동시에 가지고 있다. 사실 감정은 생각과 마찬가지로 뇌에서 만들어지지만 우리는 이 감정을 신체적으로 경험한다. 감정을 느끼는 신체 부위는 보통 위·목·어깨·가슴 등이다. 그래서 감정·본능·충동을 신체적이고 본능적인 것이라고 하는 경우가 많다.

이성과 본능은 자주 충돌한다. 예를 들어 당신의 이성은 이렇게 말한다. "힘들고 하기 싫은 일이지만 벌써 마감 시간이 지났으니 빨리 해야겠군." 하지만 당신의 본능은 이렇게 말한다. "빨리 일하라고 재촉 받는 게 정말 싫어. 속까지 울렁거려." 또 다른 경우에 이성은 이렇게 말한다. "의사가 말한 대로 살을 10kg 빼면 장기적으로 봤을 때 건강에 좋을 텐데." 하지만 본능은 이렇게 말한다. "난 지금 불행해. 당장 기분이 좋아지려면 단 걸 먹어야 해."

이렇게 우리 마음속에서는 항상 내적 갈등이 일어나고 있다. 그런데 많은 사람이 성인자아와 내면아이의 개념을 잘 이해하지 못한 채 결정을 쉽게 내려버린다. 자신의 선택과 그에 따른 결과를 곰곰이 생각해보지 않았기 때문이다.

항상 옳은 선택만 하는 사람은 없다. 내적 갈등을 잘 해결하고 좋은 기분과 긍정적인 결과를 얻는 사람들도 있지만 대부분의 사람들은 나쁜 결과가 나오는 선택만 계속하는 경우가 많다.

아마 모든 사람이 자신과 내적 대화를 나눈 적이 있을 것이다. 가끔 긍정적인 대화를 나눌 지도 있지만("자, 너는 할 수 있어!"), 부정적인 경우가 더 많을 것이다("어떻게 그렇게 멍청한 짓을 할 수가 있지?"). 이런 혼잣말이 자존감에 얼마나 큰 영향을 주는지 아는 사람은 많지 않다.

그렇다면 삶에 기본적인 의식 변화를 가져올 수 있는 유용하고 건설적인 내적 대화를 나누기 위해서는 어떻게 해야 할까? 생각과 감정에 이름을 붙이면 된다. 이렇게 하면 자신의 다양한 측면을 더 정확하게 이해할 수 있다. 즉 이성적인 면과 감정적인 면에 '성인자아'와 '내면아이'라는 이름을 붙임으로써 둘의 관계를 더 명확히 이해하고 집중을 잘 할 수 있게 만든다. 또한 내면의 갈등을 인식하고 어떤 행동을 할지 살펴보는 데도 도움이 된다. 그렇게 하면 내면의 고통을 치유하고 타인과 만족스러운 관계를 즐길 수 있는 선택을 내릴 수 있다.

사랑하는 마음을 지닌 성인자아를 깨워야 한다

내면적인 유대감 형성의 과정은 현실 세계에 존재하는 어린아이에게 말을 걸고 도와주는 것과 매우 흡사하다. 예를 들어 어떤 아이가 곤경에 처해 있다면 당신은 아이를 도와주기 위해 우선 아이에게 무슨 일이냐고 물어볼 것이다. 그리고 아이의 대답을 귀 기울여 듣고, 어떤 식으로든 도와주려고 행동을 취할 것이다.

더 자세한 예를 들어 살펴보자. 한 여성이 길을 걷는데 어떤 어린아이가 길에서 우는 것을 보았다. 여성은 아이에게 무슨 일이냐고 물어본다. 이것은 여성이 아이의 존재와 아이의 감정을 인식한다는 사실을 보여준다. 아이에게 말을 걸면서 둘 사이에는 연결이 생기고 애정 어린 유대감이 형성되기 시작한다. 이렇게 사랑하는 마음을 지닌 성인이 기꺼이 가던 길을 멈추고 아이에게 말을 걸어 관심을 주면 아이는 자신이 보살핌을 받는다는 느낌이 들기 시작한다.

여성이 아이에게 질문을 하고 대답을 귀 기울여 듣는 식으로 대화를 이어나가면, 아이가 느끼는 감정의 원인이 드러난다. 사랑하는 마음을 지닌 성인은 "너 길 잃어버렸니?"라는 질문만 하고 휙 가버리지 않는다. 대신 "너 집이 어딘지 아니?"처럼 다음 질문을 계속한다. 마지막에는 "그러면 이제 내가 어떻게 해주면 될까?" 같은 질문이 나오는데, 이는 매우 중요한 의미가 있다. 왜냐하면 이 질문은 사랑을 베푸는 행동을 이끌어내기 때문이다. 아이가 혼자서는 집으로 가는 길을 찾을 수 없다면 이처럼 성인이 대신 행동을 취해야만 한다. "내가 경찰을 부를게. 경찰관이 올 동안 여기서 같이 기다리자." 이렇게 아이를 대신해서 행동을 취하는 것으로 성인과 아이 간의 유대감 형성 과정이 완결된다.

이런 행동은 아이를 정말로 신경 쓰고 보살핀다는 확실한 증거다. 사랑하는 마음을 지닌 성인은 아이를 길바닥에 혼자 두고 가지 않기 때문이다. 또한 이렇게 행동을 취한다는 것은 아이가 소중하고 보살핌 받을 가치가 있다는 사실을 증명하기도 한다. 아이에게 그럴 가치가 없다면 성인이 도움을 주기 위한 행동을 취하지 않을 것이기 때문이다.

실제로 한 성인이 아이를 돕는 과정과 그에 해당하는 원칙은 성인자아와 내면아이의 관계에도 그대로 적용된다. 성인자아는 위의 여성처럼 질문을 하고, 그에 대한 내면아이의 대답을 귀 기울여 들으며, 도움을 주기 위한 행동을 취해야 한다. 그러나 이 과정을 시작하기 전에 먼저 해야 할 일이 있다. 바로 사랑의 마음으로 사랑을 표현하는 행동을 하겠다고 마음먹는 것이다. 다시 말해 자신에게서 사랑하는 마음을 지닌 성인자아를 깨워야만 한다.

사랑을 표현하는 행동의
핵심은 의도 이해하기

내면적인 유대감 형성에서 가장 중요한 것은 '의도'라는 개념을 이해하는 일이다. 의도에는 여러 가지 뜻이 있다. 이 책에서의 의도란 우리의 마음 깊숙이 있는 가장 원초적 동기나 목적으로, 어떤 주어진 순간에 우리가 가장 원하는 것을 말한다.

어느 순간이든 우리는 단 2가지의 의도 중에서 하나만을 선택할수 있다. 바로 어떤 대상으로부터 자신을 보호하고 방어하려는 의도와 그것을 살펴보고 알아보며 배우려는 의도다. 이 사실은 우리가 이미 살펴보았던 다음의 상반되는 개념에도 적용된다.

- 사랑함 혹은 사랑하지 않음
- 연결 혹은 단절
- 기꺼움 혹은 마지못함
- 열림 혹은 닫힘
- 상처입기 쉬움 혹은 방어적임
- 살펴보고 알아봄 혹은 외면함

우리는 마음을 열고 기꺼이 알아보려는 의지가 있을 때만 자신에 대해 배울 수 있다. 반면에 우리가 마음을 닫고 자신을 보호하려고 하면, 자신에 대한 새로운 정보를 부정하거나 거부하게 된다. 즉 자신을 감정적으로 보호하려는 의도를 가지면 마음을 닫고 스스로 지각하고 경험하고 느끼지 못하게 된다. 그렇게 되면 내면아이의 고통·두려움·슬픔·불편함에 반응하지 못하며, 심지어 기쁨에도 반응하지 못한다.

만약 길 잃은 아이를 보았을 때 자신을 보호하는 것을 선택했다면, 그 아이를 책임지고 도와주는 일을 피하려고 그냥 고개를 돌리고 지나가버렸을 것이다. 마찬가지로 우리가 감정적으로 단절되어 내면의 감정을 인식하는 것을 거부한다면, 우리의 성인자아는 내면아이를 내버리는 셈이다. 반면에 자신의 감정을 인식하고 기꺼이 경험하려 할 때는 자신을 사랑하고 알아가려는 의도를 선택한 셈이다. 그때 우리의 성인자아는 내면아이와 연결된다.

자신을 알아가려는 의도를 선택했다는 것은 성인자아가 마음을 열고 내면아이의 감정을 느끼려 한다는 뜻이다. 또한 과거와 현재의 고통을 살펴보고 그 고통을 치유하며 기쁨을 가져오겠다는 의지를 선택했다는 말이다. 이럴 경우 우리는 피해자가 되어 다른 사람을 탓하는 대신, 두려움과 잘못된 믿음에 대한 책임은 자신에게 있다는 것을 인식할 수 있다. 또한 이러한 인식을 통해 긍정적인 결과를 얻기 위한 행동을 취하게 된다.

의도를 선택하는 것은 내면아이가 아닌 성인자아의 몫이다. 즉 내면을 바라보는 것을 회피하며 자신을 보호하려 하거나 혹은 기꺼이 자신을 알아가고 책임을 지는 것 사이에서 선택을 하는 것은 성인자아다. 만약 성인자아가 마음을 닫고 자신을 보호하고 방어하려는 의도를 선택하면, 내면아이에게는 사랑을 베풀지 못한다. 반면에 성인자아가 자신을 알아가려는 의도를 선택하면 내면아이에게 사랑을 베풀 수 있다.

이렇게 우리는 매 순간 의도를 선택한다. 즉 자신을 보호하거나 알아가거나, 내면아이의 감정을 회피하거나 혹은 경험하거나, 마음을 닫거나 혹은 열거나를 선택한다.[4]

톰의 내적 갈등을 그린 〈도표 1〉~〈도표 6〉을 보면, 그가 처음에 했던 선택에 따라 결과가 어떻게 달라지는지 알 수 있다. 톰이 처음에 했던 선택은 바로 마음을 닫고 사랑하지 않을지 혹은 마음을 열고 사랑할지에 대한 선택이었다.

앞으로 살펴볼 도표에는 내적 갈등을 겪으면서 우리가 내리는 여러 선택과 각각의 선택에 따른 역학관계가 나와 있다. 이를 통해 우리는 내면적 유대감 형성의 과정을 실생활에 적용할 수 있을 것이다.

성인자아와 내면아이가
단절되면 고통스럽다

먼저 우리가 자신의 감정과 연결되지 않는 것을 선택했을 때 어떤 일이 일어나는지 〈도표 7〉을 통해 살펴보자. 그런데 왜 이런 부정적인 선택의 결과를 먼저 살펴보아야 할까? 사람들은 자신도 모르는 사이에 부정적이고 잘못된 결정을 내리는 경우가 아주 많기 때문이다. 바로 이 잘못된 선택이 현재 느끼는 내면의 부조화와 불만의 원인이다.

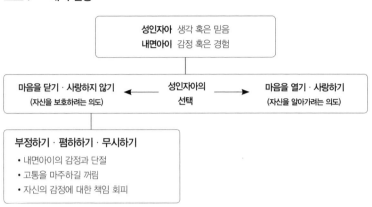

〈도표 7〉처럼 자신의 감정을 부정하거나("난 화가 나지 않았어. 그냥 겉으로 그렇게 보일 뿐이야.") 감정의 정도나 중요성을 폄하하면서("지금 잠깐 짜증이 났을 뿐이야, 하지만 시간이 지나면….") 생각과 감정을 단절시키는 사람들이 많다. 단절의 또 다른 방식으로는 자신의 감정을 아예 무시하는 것이 있다.

이렇게 자신의 감정을 부정하거나 폄하하는 것은 성인자아가 내면아이를 사랑하지 않는 행동이다. 길에서 우는 어린아이의 예로 돌아가보자. 만약 그 여성이 "넌 사실 길을 잃은 게 아니야." 혹은 "넌 잠깐 길을 잃었을 뿐이야."라고 어린아이에게 말한다면, 실제 상황을 부정하고 아이의 감정과 단절되는 선택을 한 것이다. 마찬가지로 당신이 자신의 감정을 무시한다면 길에서 우는 아이에게 고개를 돌리고 그냥 지나가는 것과 같다. 결국 이는 자신을 보호하고 방

도표 8 •• 내적 갈등

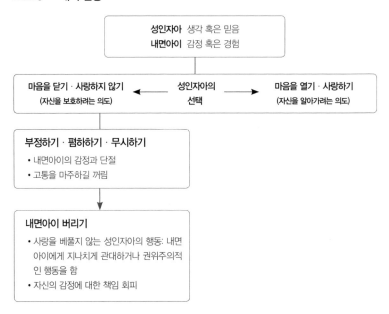

도표 9 •• 내적 갈등

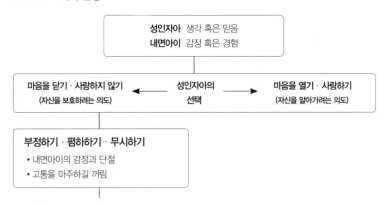

내면아이 버리기
- 사랑을 베풀지 않는 성인자아의 행동: 내면 아이에게 지나치게 관대하거나 권위주의적인 행동을 함
- 자신의 감정에 대한 책임 회피

의존적 상호작용

· 시중을 받는 쪽(지나치게 허용적 · 자기애적)	· 시중을 드는 쪽(권위주의적 · 공감적)
1. **내면아이**가 지배한다. 항상 애정에 굶주려 있다.	1. **성인자아**가 지배한다. 절대 약한 모습을 보이지 않는다.
2. **행동** 눈에 띄는 노골적인 방식으로 남을 조종한다. 비난하기, 울기, 관계 끊기	2. **행동** 눈에 띄지 않는 은밀한 방식으로 남을 조종한다. 동의하기, 비위 맞추기, 찬성하기
3. **감정** 거부당한, 두려운, 수치스러운, 분노의, 저항감, 외로움	3. **감정** 화남, 억울함, 갇힌 기분, 지친, 저항감, 외로움

어하기 위한 행위다.

이런 식으로 성인자아가 내면아이의 감정에 사랑을 베풀지 않으면, 이성적인 자아는 감정적 자아의 타당성과 중요성을 부정하게 된다. 그렇게 되면 내적 갈등과 단절은 증가할 수밖에 없다.

〈도표 8〉을 보면 자신의 감정과 단절되는 것을 선택하면 내면아이를 버리게 된다는 사실을 알 수 있다. 이때 성인자아는 내면아이에게 지나치게 관대하거나 무시하는 모습(못 본 척하고, 다 받아주는)이나 권위주의적인 모습(비판적이고, 폄하하고, 수치스러워 하는)을 보인다. 이런 성인자아의 모습 속에 숨은 메시지는 내면의 감정이 사랑과 관심을 받을 가치가 없다는 것이다.

자신의 감정에 주의를 기울이지 않으면 마치 감정이 중요하지 않

도표 10 ** 내적 갈등

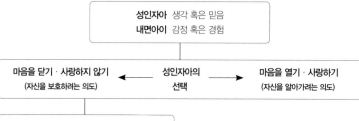

성인자아 생각 혹은 믿음
내면아이 감정 혹은 경험

마음을 닫기 · 사랑하지 않기 ← **성인자아의 선택** → 마음을 열기 · 사랑하기
(자신을 보호하려는 의도)　　　　　　　　　　　　　　　(자신을 알아가려는 의도)

부정하기 · 폄하하기 · 무시하기
• 내면아이의 감정과 단절
• 고통을 마주하길 꺼림

내면아이 버리기
• 사랑을 베풀지 않는 성인자아의 행동: 내면아이에게 지나치게 관대하거나 권위주의적인 행동을 함
• 자신의 감정에 대한 책임 회피

의존적 상호작용

• 시중을 받는 쪽(지나치게 허용적 · 자기애적)
1. **내면아이**가 지배한다. 항상 애정에 굶주려 있다.
2. **행동** 눈에 띄는 노골적인 방식으로 남을 조종한다. 비난하기, 울기, 관계 끊기
3. **감정** 거부당한, 두려운, 수치스러운, 분노의, 저항감, 외로움

• 시중을 드는 쪽(권위주의적 · 공감적)
1. **성인자아**가 지배한다. 절대 약한 모습을 보이지 않는다.
2. **행동** 눈에 띄지 않는 은밀한 방식으로 남을 조종한다. 동의하기, 비위 맞추기, 찬성하기
3. **감정** 화남, 억울함, 갇힌 기분, 지친, 저항감, 외로움

사랑을 베풀지 않는 행동
성인자아는 남의 시중을 드는 행동을 하거나 시중을 받으려고 한다. 자신의 내면 및 타인과 맺는 관계가 점점 단절된다. 이러한 단절로 내면아이는 물질중독 및 과정중독에 빠진다.

도표 11 •• 내적 갈등

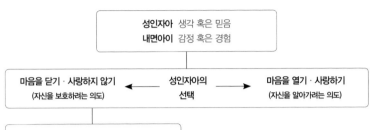

| 성인자아 생각 혹은 믿음 |
| 내면아이 감정 혹은 경험 |

| 마음을 닫기 · 사랑하지 않기
(자신을 보호하려는 의도) | ← 성인자아의 선택 → | 마음을 열기 · 사랑하기
(자신을 알아가려는 의도) |

부정하기 · 폄하하기 · 무시하기
- 내면아이의 감정과 단절
- 고통을 마주하길 꺼림

내면아이 버리기
- 사랑을 베풀지 않는 성인자아의 행동: 내면 아이에게 지나치게 관대하거나 권위주의적 인 행동을 함
- 자신의 감정에 대한 책임 회피

의존적 상호작용

• 시중을 받는 쪽(지나치게 허용적 · 자기애적)
1. **내면아이**가 지배한다. 항상 애정에 굶주려 있다.
2. **행동** 눈에 띄는 노골적인 방식으로 남을 조 종한다. 비난하기, 울기, 관계 끊기
3. **감정** 거부당한, 두려운, 수치스러운, 분노의, 저항감, 외로움

• 시중을 드는 쪽(권위주의적 · 공감적)
1. **성인자아**가 지배한다. 절대 약한 모습을 보 이지 않는다.
2. **행동** 눈에 띄지 않는 은밀한 방식으로 남을 조종한다. 동의하기, 비위 맞추기, 찬성하기
3. **감정** 화남, 억울함, 갇힌 기분, 지친, 저항감, 외로움

사랑을 베풀지 않는 행동
성인자아는 남의 시중을 드는 행동을 하거나 시중을 받으려고 한다. 자신의 내면 및 타인과 맺는 관계가 점점 단절된다. 이러한 단절로 내 면아이는 물질중독 및 과정중독에 빠진다.

부정적인 결과
- 자신의 내면에서
  의존, 중독, 낮은 자존감, 수치심, 무력감
- 타인에게
  단절, 사랑을 주고받지 못함, 고립, 소외, 타인과의 관계 끊기

거나 존재하지 않는 것처럼 행동하게 된다. 하지만 감정은 분명히 거기 있다. 감정을 무시하면 고통이 증가하는 악순환으로 이어질 뿐이다.

사실 의식적으로 자신을 사랑하지 않겠다고 결정하는 사람은 없다. 실제로 자신을 어떻게 대하고 있느냐는 질문을 받으면 우리 대부분이 '성숙하고 적절하며 책임감 있는 방식'으로 자신을 대하고 있다고 대답할 것이다.

하지만 이런 말은 행동이 뒷받침될 때만 의미가 있다. "우리가 한 선택이 사랑을 베푸는 행동으로 이어졌는가?" "우리의 행동이 나와 타인의 영적이고 감정적인 성장에 기여했는가?" "우리의 자존감이 증가했는가?" 이 질문에 "그렇다."라는 대답을 할 수 없다면, 내면아이를 버렸다는 뜻이 된다. 이렇게 내면아이를 버리면 자신을 돕기 위한 행동을 취할 수 없다. 행동을 취하지 않는다는 것은 자신에 대한 책임을 회피하는 것이다.

내면아이가 성인자아로부터 버림을 받으면, 자신이 사랑스럽지 못하고 무가치하다는 생각을 한다. 결국 성인자아가 자신을 소중한

62

사람이라고 생각하지 않기 때문에 자신의 가치를 찾기 위해 다른 사람이나 물건에 의지한다. 이런 식으로 자신이 아닌 다른 것에 의지하는 것이 바로 의존이다.

의존은 〈도표 9〉와 같이 크게 2가지 상반되는 행동으로 나눌 수 있다. 첫 번째는 내면아이가 항상 '남의 시중을 받으려고 하는 경우'로, 눈에 띄는 노골적인 행위로 타인들을 조종해서 그들의 사랑과 인정을 얻으려고 무던히도 애쓴다. 두 번째는 사랑을 베풀지 않는 성인자아가 '남들의 시중을 드는 역할을 하는 경우'로, 그들의 비난을 회피하거나 인정을 받기 위해 눈에 띄지 않는 은밀한 조종 방식을 사용한다.

의존에 대해서는 앞으로 더 자세히 살펴볼 것이다. 우선 알아둘 사실은 모든 종류의 의존은 자신의 내면 및 타인과의 상호 작용에서 갈등을 지속시키고 부정적인 결과를 가져온다는 것이다.

〈도표 10〉처럼 사랑을 베풀지 않는 의도와 그에 따른 행동을 선택하면 결국 자신에게 악영향만 미칠 뿐이다. 즉 내면아이나 타인에게 사랑을 표현하는 행동을 하지 않으면 결국은 고통만이 남는다. 사랑을 표현하지 않는 행위는 〈도표 11〉에서 보듯 자신과 타인에게 고통스럽고 부정적인 결과만 가져온다. 이는 어느 때나 적용되는 사실이다.

지금까지의 도표에서 알 수 있는 것은 성인자아와 내면아이가 단절되면 단절될수록 고통은 더 커진다는 사실이다. 사실 이런 고통을 한없이 견뎌낼 수 있는 사람은 없다. 그래서 결국은 심각한 부작용이 있더라도 당장 고통을 완화해줄 수 있는 것을 찾는다. 그 중

대표적인 것이 물질중독이다.

　자신을 소중하게 생각하지 않는 사람은 타인에게도 사랑을 베풀지 못한다. 그러면 타인 역시 그에게 사랑을 베풀지 않는다. 결국 자신을 소중하게 생각하지 않는 사람 곁에는 아무도 남지 않는다.

내면적인 유대감 형성을 위한 5단계

1단계: 내적 갈등을 인식하라

　내면아이의 고통을 덜어주고 욕구를 충족시키며 기쁨을 주기 위해서는 〈도표 12〉에서 보듯 먼저 자신의 감정을 인식해야 한다. 즉 내적 갈등을 해결하기 위한 1단계는 우리가 느끼는 감정을 인식하는 것이다.

　예를 들어 음식을 지나치게 많이 먹어서 위부팽만감으로 고통스러웠던 경험이 누구에게나 있을 것이다. 배가 부르다는 상태를 인식하지 못하면 배가 터질 때까지 그저 먹기만 할 뿐 다른 행동을 취하지 못한다. 이와 마찬가지로 많은 사람이 자신의 감정을 인식하지 못해서 다른 행동을 취하지 못한 채 고통이나 갈망 속에 내면아이를 방치한다. 이렇게 방치된 내면아이는 혼자 괴로움을 견디다 못해 이를 해소하기 위한 잘못된 방식을 찾는다. 이런 잘못된 방식을 무절제하게 수용하다 보면 결국 물질중독(알코올이나 특정 음식)이나 과정중독(섹스나 도박 등)에 빠진다.

도표 12 •• **내적 갈등**

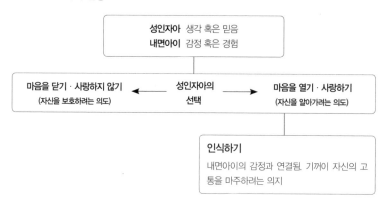

우리의 감정은 몸 안에 존재한다. 실제로 우리는 배고픔이나 갈증, 성욕, 졸음 같은 욕구를 신체적으로 인식한다. 이러한 욕구뿐만 아니라 두려움, 불안, 우울, 흥분, 기쁨에 대한 신호도 몸으로 보낸다. 그래서 겁이 날 때 다리가 후들거리거나 가슴이 조이는 느낌을 받는다. 흥분했을 때는 피부가 따끔거리며 일어나거나 가슴이 쿵쾅거리는 것을 느낀다.

이렇게 몸이 보내는 신호를 인식하는 것이 내면적인 유대감 형성의 1단계다. 일단 자신의 내면에 있는 좋고 싫은 감정을 인식할 수 있어야만 의식적인 선택을 시작할 수 있다.

2단계: 사랑을 베푸는 성인으로서 반응하라

1단계를 통해 자신의 감정을 인식한 후에는 〈도표 13〉에서 보듯 자신을 살펴보고 알아가려는 의도를 가지고 감정에 반응해야 한다.

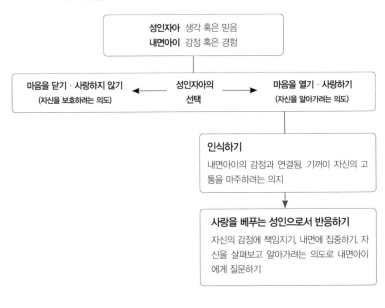

그러려면 내면에서 어떤 일이 일어나고 있는지 내면아이의 목소리를 통해 들으려고 진심으로 원해야 한다. 이는 관심과 애정, 공감과 따뜻한 마음으로 내면아이를 대하는 것을 의미한다.

자신을 알아가기 위해 내면에 집중할 때는 내면아이가 어떤 감정을 느끼는지 마치 실제 어린아이를 대하듯 질문해야 한다. 예를 들면 "무슨 일이니?" "어떤 것이 필요하니?" "지금 기분이 어떠니?"라고 물어보면 된다(내면아이에게 할 수 있는 질문들은 3장에 자세히 나와 있다).

그런데 내면아이가 질문에 대답했을 때, "아니야, 그건 잘못되었어." 혹은 "안 돼. 넌 그런 기분을 느껴서는 안 돼."라고 말한다면 사랑을 베푸는 성인이라고 할 수 없다. 사랑을 베푸는 성인이라면 이렇게 대답할 것이다. "넌 왜 그런 감정을 느끼는 걸까?"

3단계: 내면아이와 대화하라

내면의 고통과 열망을 이해하고 왜 그런 감정을 느끼는지 대답을 듣고 싶다면, 우선 '본능적인 감정의 수준으로 내려가서' 몸에서 느껴지는 감정을 잘 살펴보아야 한다. 자신의 내면에 실제로 아주 어린아이가 있다고 생각해보자.

내면아이가 느끼는 고통과 열망에 대한 이유가 의식 위로 떠오를 때까지 기다렸다가 그 목소리를 들어보자. 〈도표 14〉에서 보듯 이때 성인자아는 내면아이의 말을 잘 들어주어야 하고, 내면아이의 감정과 그 속에 숨은 잘못된 믿음이 무엇인지 알고자 노력해야 한다. 또한 자신의 행동이 이런 잘못된 믿음을 기반으로 하는 것은 아닌지 잘 살펴보아야 한다. 자신에 대한 이해를 바탕으로 앞으로 어떤 행동을 취할 것인지 결정해야 한다. 다시 말해 현재 상황에서 사랑을 베푸는 행동은 어떤 것이 될 것인가를 결정해야 한다.[5]

4단계: 고차원적인 힘과 대화하라

성인자아가 내면아이와의 대화를 통해 자신의 감정을 이해하고 고통을 유발하는 잘못된 믿음이 무엇인지 알고 나면, 그런 생각을 바로 잡고 적절한 행동을 취할 수 있다. 그런데 이를 위해서는 누군가의 도움이 필요할 수 있다. 그렇다면 도움을 어디서 얻을 수 있을까?

물론 상담가나 친구에게 도움을 구할 수 있다. 하지만 마음을 열

도표 14 •• 내적 갈등

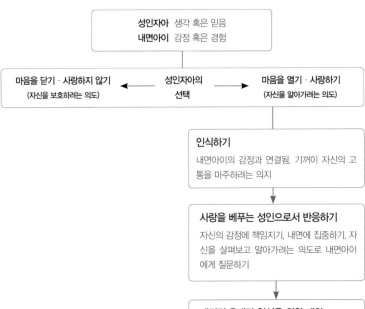

성인자아 생각 혹은 믿음
내면아이 감정 혹은 경험

마음을 닫기 · 사랑하지 않기
(자신을 보호하려는 의도)

← 성인자아의 선택 →

마음을 열기 · 사랑하기
(자신을 알아가려는 의도)

인식하기
내면아이의 감정과 연결됨. 기꺼이 자신의 고통을 마주하려는 의지

사랑을 베푸는 성인으로서 반응하기
자신의 감정에 책임지기, 내면에 집중하기, 자신을 살펴보고 알아가려는 의도로 내면아이에게 질문하기

내면적 유대감 형성을 위한 대화
• **내면아이와의 대화**(본능적인 감정으로 내려가서)
1. 내면아이의 감정, 욕구, 잘못된 믿음을 살펴보기 위한 질문을 한다.
2. 내면아이는 이 질문에 정직하게 대답한다. 성인자아는 이 대답에 편견 없이 반응한다.
• **고차원적인 힘과의 대화**(고차원적인 힘으로 올라가서)
1. **질문하라** 무엇이 진실입니까? 어떤 것이 사랑을 표현하는 행동입니까?
2. **들어라** 고차원적인 힘으로부터 배우려는 의도, 기꺼이 해답을 얻겠다는 의지

고 어떤 '고차원적인 힘으로 올라가서' 깊은 신앙심과 겸손한 자세로 진실과 해답을 얻을 수도 있다(고차원적인 힘이란 신, 존재의 근원, 개인적인 종교 등 성스럽게 여기는 영적인 믿음이면 어떤 것이든 될 수 있다).

나의 개인적인 경험에 비추어 보았을 때, 고차원적인 힘은 항상 우리를 바른길로 인도하기 위해 노력하고 있으며 진심으로 해답을 구할 때는 고차원적인 힘으로부터 가르침을 얻을 수 있었다. 고차원적인 힘에게 할 수 있는 질문 2가지를 소개한다.

- 저를 고통스럽게 하는 잘못된 믿음에 대한 진실은 무엇입니까?
- 지금 상황에서 사랑을 표현하는 행위란 어떤 것입니까?

이 질문에 대한 해답은 곧바로 구하지 못할 수도 있다. 그러다가 전혀 기대하지 않았던 순간에 찾아오기도 한다. 예를 들면 꿈을 통해서 말이다. 어느 때든 깨달음은 반드시 온다. 이런 깨달음이 찾아올 때는 스스로 생각해낸 것이 아니라, 누군가 다른 존재가 당신에게 내려준 것 같은 기분이 들 것이다.

우리는 성인자아의 지성이나 이성을 이용해 해답을 찾을 수 있다고 믿고 싶어한다. 하지만 진정한 해답이 자리하는 곳은 지성이나 이성이 아니다. 성인자아에게 후천적으로 배워서 습득한 지식은 있지만, 직관적이고 고차원인 지혜는 없다. 그래서 우리 자신에 대한 온전한 진실을 찾기 위해서는 안으로는 내면아이에게, 밖으로는 고차원적인 힘으로 올라가야 한다.

5단계: 행동을 취하라

내면아이와의 대화를 통해 어떤 결정을 내린다고 해도 〈도표 15〉에서 보듯 그 결정이 행동으로 이어지지 않는다면 아무 소용이 없다. 여기서 말하는 행동이란 성인자아가 지닌 생각과 내면아이의 욕구를 조화롭게 결합시키는 사랑을 표현하는 것이다.

이러한 행동을 하기 위해서는 반드시 용기가 필요하다. 하지만 그동안 지녔던 잘못된 믿음에 맞서야 하므로 힘든 경우가 많다. 또한 여기서 말하는 행동은 다른 사람의 반응과는 상관없이 자신만을 위해 행동하는 것을 뜻하기도 한다. 만약 당신이 이제 다른 사람의 시중을 드는 일은 그만 두고 자신을 보살피겠다고 결정하면 실제로 주변 사람들은 못마땅해하며 당신을 이기적이라고 비난할 수도 있다.

그렇지만 행동을 한다는 것은 사랑을 베풀겠다는 의도를 증명하는 동시에 내면아이가 사랑스럽고 소중하다는 것을 인정하는 행위라는 사실을 기억해야 한다. 또한 이러한 행동은 자존감을 높여주는 등 여러 긍정적인 결과를 가져온다.

취해야 할 행동의 일부는 내부적인 것이다. 즉 자신의 내면아이에게 말을 걸고 자신에 대한 잘못된 생각과 믿음을 바로 잡아주는 것이다. 반면 어떤 행동은 외부적이다. 다시 말해 다른 사람들에 대한 행동을 변화시키는 것이다. 만약 자신의 행동이 바람직한 결과를 가져오지 않는다면, 유대감 형성의 과정으로 되돌아가서 더 많이 이해하고 해답을 얻기 위해 더 노력해야 한다. 결국 이러한 과정을 통해 우리는 고통을 없애고 기쁨을 가져올 수 있는 행동이 무엇인지 알게 된다.

**도표 15 ** 내적 갈등

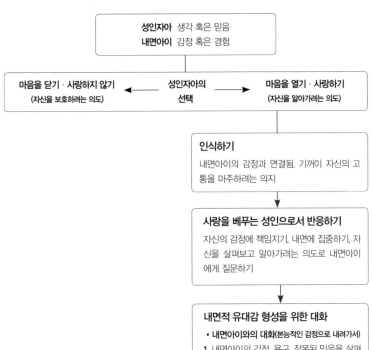

성인자아 생각 혹은 믿음
내면아이 감정 혹은 경험

마음을 닫기 · 사랑하지 않기
(자신을 보호하려는 의도)
← 성인자아의 선택 →
마음을 열기 · 사랑하기
(자신을 알아가려는 의도)

인식하기
내면아이의 감정과 연결됨. 기꺼이 자신의 고통을 마주하려는 의지

사랑을 베푸는 성인으로서 반응하기
자신의 감정에 책임지기, 내면에 집중하기, 자신을 살펴보고 알아가려는 의도로 내면아이에게 질문하기

내면적 유대감 형성을 위한 대화
• **내면아이와의 대화(본능적인 감정으로 내려가서)**
1. 내면아이의 감정, 욕구, 잘못된 믿음을 살펴보기 위한 질문을 한다.
2. 내면아이는 이 질문에 정직하게 대답한다. 성인자아는 이 대답에 편견 없이 반응한다
• **고차원적인 힘과의 대화(고차원적인 힘으로 올라가서)**
1. **질문하라** 무엇이 진실입니까? 어떤 것이 사랑을 표현하는 행동입니까?
2. **들어라** 고차원적인 힘으로부터 배우려는 의도, 기꺼이 해답을 얻겠다는 의지

사랑을 표현하는 행동
성인자아는 내면아이에게 사랑하는 부모로서 행동하고, 성인자아와 내면아이의 욕구를 조화롭게 결합시킨다. 성인자아와 내면아이의 내부적인 연결과 타인과의 외부적인 연결이 증가한다.

내면적인 유대감 형성에 따른
긍정적인 결과

우리가 욕구를 충족시키기 위한 행동을 취할 때 〈도표 16〉에서 보듯 내면적인 유대감 형성의 과정은 완료되고, 긍정적인 결과가 따라오기 시작한다. 내면적인 유대감 형성의 과정은 사람마다 다를 것이다. 하지만 어떤 과정을 거쳤든 일단 내면적인 유대감이 형성되면 이성적인 면과 감정적인 면 사이에 내적 갈등이 없어지고, 이때 모든 사람의 성인자아는 내면의 힘과 '결합된' 감정을 느낀다.

내면아이는 자유롭고 안전하며 소중하다는 느낌을 받는다. 이 과정에서 몸과 마음을 활짝 열어 타인과 사랑을 주고받을 수 있다. 그런데 타인에게 사랑을 표현하는 행동을 해도, 상대방의 내면이 단절되었을 경우에는 금방 긍정적인 결과를 얻지 못할 수 있다. 예를 들어 당신이 몸과 마음의 균형을 잡고 자신을 돌보기 위해 상사에게 휴가를 요청했을 때, 상사는 당신을 이해하기는커녕 소리만 지를 수도 있다. 상대방이 이런 반응을 보이면 당연히 기분이 좋지 않을 것이다. 하지만 결과야 어쨌든 당신은 자신을 위해 옳은 행동을 취했고, 이 사실만으로도 자신에 대한 긍정적인 기분을 느낄 수 있다.

〈도표 17〉을 보면 내면아이의 감정에 마음을 열거나 닫는 선택이 인생의 행복과 불행을 좌우한다는 사실을 알 수 있다. 또한 당신이 마음을 닫고 방어적인 태도로 내면아이를 버린다면 부정적인 결과는 점점 더 심각해진다.

긍정적인 결과를 얻을 수 있는 유일한 방법은 마음을 열어 자신

도표 16 ●● 내적 갈등

성인자아 생각 혹은 믿음
내면아이 감정 혹은 경험

마음을 닫기 · 사랑하지 않기
(자신을 보호하려는 의도)

← 성인자아의 선택 →

마음을 열기 · 사랑하기
(자신을 알아가려는 의도)

인식하기

내면아이의 감정과 연결됨. 기꺼이 자신의 고통을 마주하려는 의지

사랑을 베푸는 성인으로서 반응하기

자신의 감정에 책임지기, 내면에 집중하기, 자신을 살펴보고 알아가려는 의도로 내면아이에게 질문하기

내면적 유대감 형성을 위한 대화

• **내면아이와의 대화(본능적인 감정으로 내려가서)**
1. 내면아이의 감정, 욕구, 잘못된 믿음을 살펴보기 위한 질문을 한다.
2. 내면아이는 이 질문에 정직하게 대답한다. 성인자아는 이 대답에 편견 없이 반응한다.

• **고차원적인 힘과의 대화(고차원적인 힘으로 올라가서)**
1. **질문하라** 무엇이 진실입니까? 어떤 것이 사랑을 표현하는 행동입니까?
2. **들어라** 고차원적인 힘으로부터 배우려는 의도, 기꺼이 해답을 얻겠다는 의지

사랑을 표현하는 행동

성인자아는 내면아이에게 사랑하는 부모로서 행동하고, 성인자아와 내면아이의 욕구를 조화롭게 결합시킨다. 성인자아와 내면아이의 내부적인 연결과 타인과의 외부적인 연결이 증가한다.

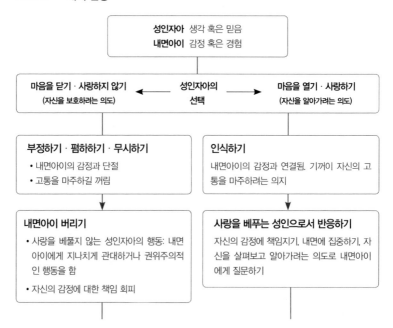

긍정적인 결과

- **자신의 내면에서**
  내면적인 유대감 형성, 자존감, 내면의 힘,
  수치와 두려움으로부터의 해방, 사랑을 주고
  받으며 기쁨을 느낄 수 있는 능력
- **다른 사람들과**
  연결, 사랑을 베푸는 행동, 건강한 상호관계,
  친밀함, 가까움, 서로에 대한 사랑이 깊어지
  고 보살핌

도표 17 •• 내적 갈등

성인자아 생각 혹은 믿음
내면아이 감정 혹은 경험

마음을 닫기 · 사랑하지 않기 ◄——— 성인자아의 ———► 마음을 열기 · 사랑하기
(자신을 보호하려는 의도)　　　　　　선택　　　　　(자신을 알아가려는 의도)

부정하기 · 폄하하기 · 무시하기
- 내면아이의 감정과 단절
- 고통을 마주하길 꺼림

인식하기
내면아이의 감정과 연결됨. 기꺼이 자신의 고
통을 마주하려는 의지

내면아이 버리기
- 사랑을 베풀지 않는 성인자아의 행동: 내면
  아이에게 지나치게 관대하거나 권위주의적
  인 행동을 함
- 자신의 감정에 대한 책임 회피

사랑을 베푸는 성인으로서 반응하기
자신의 감정에 책임지기, 내면에 집중하기, 자
신을 살펴보고 알아가려는 의도로 내면아이
에게 질문하기

의존적 상호작용

• **시중을 받는 쪽**(지나치게 허용적 · 자기애적)
1. **내면아이**가 지배한다. 항상 애정에 굶주려 있다.
2. **행동** 눈에 띄는 노골적인 방식으로 남을 조종한다. 비난하기, 울기, 관계 끊기
3. **감정** 거부당한, 두려운, 수치스러운, 분노의, 저항감, 외로움

• **시중을 드는 쪽**(권위주의적 · 공감적)
1. **성인자아**가 지배한다. 절대 약한 모습을 보이지 않는다.
2. **행동** 눈에 띄지 않는 은밀한 방식으로 남을 조종한다. 동의하기, 비위 맞추기, 찬성하기
3. **감정** 화남, 억울함, 갇힌 기분, 지친, 저항감, 외로움

내면적 유대감 형성을 위한 대화

• **내면아이와의 대화**(본능적인 감정으로 내려가서)
1. 내면아이의 감정, 욕구, 잘못된 믿음을 살펴보기 위한 질문을 한다.
2. 내면아이는 이 질문에 정직하게 대답한다. 성인자아는 이 대답에 편견 없이 반응한다.

• **고차원적인 힘과의 대화**(고차원적인 힘으로 올라가서)
1. **질문하라** 무엇이 진실입니까? 어떤 것이 사랑을 표현하는 행동입니까?
2. **들어라** 고차원적인 힘으로부터 배우려는 의도, 기꺼이 해답을 얻겠다는 의지

사랑을 표현하는 행동

성인자아는 내면아이에게 사랑하는 부모로서 행동하고, 성인자아와 내면아이의 욕구를 조화롭게 결합시킨다. 성인자아와 내면아이의 내부적인 연결과 타인과의 외부적인 연결이 증가한다.

사랑을 베풀지 않는 행동

성인자아는 남의 시중을 드는 행동을 하거나 시중을 받으려고 한다. 자신의 내면 및 타인과 맺는 관계가 점점 단절된다. 이러한 단절로 내면아이는 물질중독 및 과정중독에 빠진다.

긍정적인 결과

• **자신의 내면에서**
내면적인 유대감 형성, 자존감, 내면의 힘, 수치와 두려움으로부터의 해방, 사랑을 주고받으며 기쁨을 느낄 수 있는 능력

• **다른 사람들과**
연결, 사랑을 베푸는 행동, 건강한 상호관계, 친밀함, 가까움, 서로에 대한 사랑이 깊어지고 보살핌

부정적인 결과

• **자신의 내면에서**
의존, 중독, 낮은 자존감, 수치심, 무력감
• **타인에게**
단절, 사랑을 주고받지 못함, 고립, 소외, 타인과의 관계 끊기

과 연결되려는 의도를 가지고 내면아이의 감정을 살펴보는 것이다. 이렇게 자신의 감정을 알아가고 배우려는 선택을 할 때만 내면적인 유대감 형성을 시작할 수 있다. 내면적인 유대감 형성을 위한 5단계 과정을 요약해서 다시 한 번 살펴보자.

1단계 내적 갈등을 인식하라.

자신의 감정을 인식하라.

2단계 사랑을 베푸는 성인으로서 반응하라.

배우려는 의도를 가지고 질문하라.

내면에 집중하라.

3단계 내면아이와 대화하라.

내면아이에게로 내려가라.

무엇이 필요한지 들어보아라.

4단계 고차원적인 힘과 대화하라.

고차원적인 힘으로 올라가라.

질문을 하고 가르침을 받기 위해 마음을 열어라.

5단계 행동을 취하라.

행동을 통해 내면아이와 성인자아의 욕구를 충족시켜라.

각각의 단계는 내면적인 유대감 형성 과정에 필수적이다. 하지만 이 단계들을 실제 삶에서 어떻게 적용시킬지 잘 모르는 사람들이 많다. 이를 위해 이어지는 3장에서는 내면적인 유대감 형성을 위한 5단계를 좀더 자세히 살펴볼 것이다.

2장의 중요한 내용들 ——

▸ 내면적인 유대감 형성의 목적은 아무런 의심 없이 믿으며 살아온 믿음들, 수치심을 주며 자신을 제한하는 잘못된 믿음에 대해 의심하고 그것을 바로잡는 데 있다.

▸ 사랑을 표현하는 행동의 핵심은 '의도 이해하기'다.

▸ 성인자아가 자신을 소중한 사람이라고 생각하지 않으면 다른 사람이나 물건에 의지하는데 이를 '의존'이라고 한다.

▸ 내면적인 유대감을 형성하려면 내적 갈등 인식, 사랑을 베푸는 성인으로서 반응하기, 내면아이와 대화하기, 고차원적인 힘과 대화하기, 행동 취하기가 필수적이다.

▸ 긍정적인 결과를 얻을 수 있는 유일한 방법은 마음을 열어 자신과 연결되려는 의도를 가지고 내면아이의 감정을 살펴보는 것이다.

· 3장 ·

내면적인 유대감 형성을
위한 실제적인 조언

내면적인 유대감 형성은
생각처럼 쉽지 않다

내면적인 유대감 형성의 과정은 참으로 간단하고 논리적이기 때문에 너무나 쉬운 일처럼 보이기도 한다. 하지만 그 개념이 간단할 뿐이지 실행으로 옮기기는 쉽지 않다. 자신의 감정을 인식하는 법을 배우고, 생각과 감정을 살펴보며, 고차원적인 힘으로부터 조언을 듣고, 행동을 취하기 위해서는 시간과 노력이 필요하다.

그 중 가장 어려운 단계는 마음을 열고 사랑을 표현하는 것을 선택하는 부분인데, 이는 곧 자신을 살펴보고 알아가려는 의도를 선택하는 것이다. 하지만 대부분의 사람들이 마음을 닫고 살며 무의식적으로 자신을 보호하고 방어하기 때문에 그 선택은 쉽지 않다.

5단계 중 특히 내면아이와 대화하는 3단계, 그리고 고차원적인 힘과 대화하는 4단계가 막연하게 느껴지거나 이해하기 힘들 수 있다. 그래서 이번 3장에서는 이런 대화에 도움을 줄 수 있는 조언들을 많이 담았다.

1단계에서는 내적 갈등을
인식해야 한다

지금 느끼는 감정을 제대로 살펴보기 위해서는 우리가 지금 감정을 느낀다는 사실 자체를 먼저 인식해야 한다. 사실 많은 사람이 물질중독이나 과정중독에 빠져 아예 감정을 느끼지 못하는 사람처럼 살고 있다. 내면아이의 감정에 귀를 기울이고 느껴보려는 의지를 가질 때만 내면을 살펴보고 알아가기 시작할 수 있다. 자신의 감정을 느낀다는 것은 몸에 집중한다는 것을 의미한다. 긴장, 불안, 두려움, 슬픔, 실망 같은 당신의 감정이 신체 어느 부위에 머무는지 생각해보고 배, 목, 어깨, 다리 등의 부위에 마음을 집중해보는 것이다.

또한 감정을 느끼기 위해서는 고통에서 도피하는 행위를 중단해야 한다. 예컨대 술을 마시고, 단것을 먹고, TV를 멍하니 보고, 늦게까지 일에 파묻히고, 배우자나 아이들에게 소리를 치는 등의 행위를 말이다.

이처럼 1단계에서는 신체를 통해 당신과 의사소통을 하는 내면아이의 존재를 인식해야 한다. 또한 내면아이가 할 말이 있다며 당신의 옷을 슬며시 당길 때, 고개를 돌려 기꺼이 귀 기울여 들으려는 의지를 보여야 한다.

2단계에서는 배우려는 의도가 중요하다

일단 자신의 감정을 인식하고 그 감정에 책임을 지려는 마음을 먹었다면, 그다음 단계는 자신을 살펴보고 알아가려는 의도를 가지는 것이다.

앞서 소개한 로라를 기억하는가? 그녀가 어느 날 "만약 네가 정말 내 안에 있다면, 뭐라고 말 좀 해봐."라고 말하자 그 즉시 그녀의 내면에 있던 감정이 "도와줘!"라고 대답했다. 여기에 내면적 유대감 형성의 비밀이 숨겨져 있다. 바로 로라처럼 자신을 살펴보고 알아가려는, 즉 배우려는 의도를 가지고 사랑하는 성인자아로서 행동하는 것이다.

진실을 찾는 사람만이 진실을 발견할 수 있다. 자신을 살펴보고 배우려는 의도를 가지는 사람만이 내면아이와 대화를 시작할 수 있으며, 이 대화를 통해 내면의 단절을 불러오는 고통스러운 중독 행위와 의존 행위 뒤에 숨은 잘못된 생각을 알아낼 수 있다.

배우려는 의도에는 2가지 조건이 필요하다. 첫 번째는 모든 감정에는 나름의 타당한 이유가 있다는 믿음이고, 두 번째는 기꺼이 고통을 느끼려는 의지다.

1. 타당한 이유가 있다는 믿음

내면적인 유대감 형성을 비롯한 인간 실존적 치료humanistic-existential therapies에서는 우리의 감정과 행위에 항상 나름의 타당하고 중요한 이유가 있다고 믿는다. 타당한 이유로는 우리가 가진 두려움과 그 두려움 뒤에 숨은 잘못된 믿음을 들 수 있다. 잘못된 믿음은 우리가 어렸을 때는 진실로 여겼을 수 있으나 이제는 아니라는 사실을 깨달아야 한다. 우리에게 어떤 두려움을 주는 "나는 힘없는 사람이야." 혹은 "나는 나쁜 아이로 태어났어." 같은 생각이 바로 잘못된 믿음에 해당한다.

내면적인 유대감 형성에서는 옳고 그름과 좋고 나쁨에 대한 도덕적 판단을 한쪽으로 치워둔다. 판단이 유대감 형성 과정과 관계가 없을 뿐만 아니라 유대감 형성에 오히려 방해가 되기 때문이다. 그렇다고 해서 옳고 그름이 존재하지 않는다는 뜻은 아니다. 하지만 중요한 것은 우리가 타인에게 나쁜 사람으로 비추어질까 두려워할 때 자신을 제대로 알고 배울 수 없다는 사실이다. 실제로 다른 사람에게 나쁜 사람으로 여겨져 수치심을 느낄까 봐 두려워하는 마음이 배움에 방해가 되는 경우가 많다. 또한 타인에게 나쁜 사람으로 보여 거부당하지 않을까 하는 두려움도 생긴다. 그렇게 되면 자신에 대한 중요한 사실을 알게 될 기회가 있어도 그러한 두려움 때문에 마음을 열고 배우기보다는 방어적인 태도로 행동하게 된다. 그러므로 자신을 살펴보고 배우기 위해서는 옳고 그름에 대한 개념을 잠시 잊어야 한다. 이를 위해서는 우리의 감정과 행동에 항상 타당하고 중요한 이유가 있다는 사실을 이해해야 한다.

언젠가 이 개념을 딸아이에게 설명한 적이 있었다. 딸아이는 내게 이렇게 말했다. "만약에 살인을 저지른 사람이 상담을 받으러 온다면, 엄마는 그 사람이 나쁘다고 판단하지 않겠어요?" 나는 이렇게 대답했다. "다른 사람을 살해하는 것은 나쁜 일이야. 하지만 엄마가 그 사람을 나쁜 사람이라고 판단해 버리면 어떻게 그를 도와줄 수 있겠니? 대개 살인을 저지른 사람은 내면적으로 스스로를 심하게 학대하거나 마음속에 두려움과 잘못된 믿음이 있는 경우가 많더구나. 엄마는 그가 살인을 선택한 이유를 이해하고 내면의 고통을 치유해서 앞으로는 좋은 선택을 할 수 있도록 도울 거야. 그렇다고 해서 그 사람의 행동을 용납한다는 뜻은 아니야. 하지만 그를 무조건 비난한다면 그 사람은 분노만을 느끼겠지. 엄마가 할 일은 그 사람이 자신의 분노와 두려움, 잘못된 믿음을 살펴볼 수 있도록 안전하고 사랑이 넘치는 환경을 만들어서 스스로를 치유할 수 있게 해주는 거야. 그가 마음을 열고 자신을 살펴본다면 결국에는 자신이 한 선택에 전적으로 책임을 지고 고통도 치유할 수 있지. 그러나 엄마가 섣불리 그를 판단해버린다면 그럴 기회조차 없어질 거야."

어떤 행동을 옳고 그름으로 평가하지 않고 그 너머를 바라보는 것은 치유의 과정에서 아주 중요한 부분을 차지한다. 다시 말해 판단에 대한 두려움에서 자유로워질 때만 자신을 살펴보고 배우려는 진정한 의도를 가질 수 있다. 그렇지 않으면 나쁜 사람으로 평가되는 고통을 겪는 일을 피하기 위해 자신을 보호하고 방어적인 태도를 보일 수밖에 없다.

2. 고통을 느끼려는 의지

어릴 시절 아이로서 감당하기 너무 큰 고통을 겪으면 자신을 보호하고 방어하게 된다. 사실 우리는 대부분 어릴 적에 고통을 겪었다. 다른 사람으로부터의 무시, 방치, 조롱, 폄하, 욕, 정신적·신체적 학대를 경험하는 경우가 많기 때문이다.

그때 우리는 너무 어려서 집을 떠나 혼자 살 수도 없었고 친구를 불러 도움을 요청하거나 상담가를 찾아갈 수 없었기 때문에 홀로 고통과 수치심에 갇혀 있었다. 어떤 사람들에게는 어린 시절이 지옥이었고, 살아남기 위해서 자신을 보호하는 방법을 찾아야 했다.

이런 고통은 성인이 되어서도 여전히 내면아이 안에 존재하기 때문에 우리는 여전히 고통을 피해 방어적인 태도를 보인다. 그러나 우리가 고통을 마주하지 않고 방어적인 태도를 선택하는 한, 회피적인 행동이 삶을 지배한다. 그러므로 마음을 열고 자신을 알아가기 위해 반드시 내면의 고통을 마주하고 기꺼이 느껴야 한다. 마음을 열고 고통을 살펴보며, 그 속에 숨은 잘못된 믿음이 어떤 것인지 알아보는 것이 치유 과정의 핵심이자 기본이다.

이렇게 자신을 살펴보고 알아가는 것에 마음을 열면, 내면아이가 지닌 감정적 불편함과 고통에 귀를 기울일 수 있다. 마음의 불편함이나 고통에는 나름의 타당한 이유가 있다는 사실을 이해하게 된다. 또한 현재 느끼는 불행의 원인이 되는 잘못된 믿음을 살펴보고 바로 잡으며, 삶에 기쁨을 주는 것을 찾아 그것을 행동으로 옮길 수 있다.

이렇듯 우리는 기꺼이 고통을 마주하려는 의지를 통해 어린 시절의 불우했던 경험을 재발견할 수 있다. 과거 불행했던 경험이 자신이 나쁜 사람이고, 사랑받을 가치가 없으며, 부족한 사람이라는 수치심과 잘못된 믿음을 만들어냈다. 그렇지만 성인자아가 내면아이의 고통을 다루는 법을 배우면 과거 기억으로 가는 문이 열리며 마침내 우리는 잘못된 믿음을 만든 불우했던 경험을 찾아 애도하고 고통을 치유할 수 있다.

3단계에서 명심해야 할 내면아이와의 대화법

자신을 알아보고 내면의 고통이나 욕구를 이해하고 싶다면 우선 내면으로 관심을 집중하는 것부터 시작해야 한다. 예를 들면 내면아이에게 직접적으로 질문을 해보는 것도 좋다. 큰 소리로 묻거나, 말하거나, 글로 써보고, 내면아이가 되어 질문에 대답할 때는 평소에 잘 사용하지 않는 쪽의 손을 사용해보라. 이성적인 생각에서 감각적인 느낌으로 이행하면서 신체적으로 어떤 느낌이 일어나는지 집중하고, 마치 어린아이가 된 것처럼 반응하라. 그리고 질문에 대한 답이 저절로 의식 위로 떠오를 때까지 기다려라.

내면아이와의 대화 과정을 진행할 때 인형이나 어렸을 적 사진을 놓고 내면아이라고 생각하면 도움이 된다. 이 과정을 통해 본능적 수준에 있던 내면의 감정이 의식 위로 떠오른다. 이때 감정은 매우 다양한 방식으로 표현될 수 있다. 말로 표현될 수도 있고, 말로 표현할 새도 없이 일순간 머릿속으로 이해될 수도 있다.

내면아이가 자신의 감정을 드러낼 수만 있다면 대화의 형태는 중요하지 않다. 사실 모든 사람 안에 감정을 느끼는 내면아이가 있다.

그런데도 자신의 내면아이에게서 어떤 대답을 얻지 못했다면, 이는 성인자아가 내면아이의 감정을 알고 싶어하지 않거나 내면아이가 아직 성인자아의 의도를 믿지 못하는 상태를 반영하는 것이다.

길 잃은 어린아이의 예를 다시 생각해보자. 만약 지나가던 여성이 아이에게 춥지 않은지 물어봤다면, 아이는 지금 어떤 감정을 느끼는지 살펴보고 추운지 아닌지 대답을 할 것이다. 여성이 아이에게 지금 기분이 어떠냐고 묻는다면, 아이의 대답은 "저 지금 추워요." "슬퍼요." "배고파요." "무서워요." "어떻게 해야 할지 모르겠어요." 등 다양한 형태로 나올 수 있다.

이처럼 사람들에게 감정을 물어보면 솔직하게 대답을 해준다. 대답하지 않을 타당한 이유가 없는 질문이다. 만약 내면아이가 대답을 하지 않는다면, 그 이유 중 하나는 성인자아가 자신의 내면을 알거나 기억하고 싶지 않아서다. 예를 들어 내면아이가 수치심을 느끼는 경우 그 감정이 너무 고통스러워 아주 깊이 묻어버리는 바람에 감정을 드러내는 것이 어려울 수 있다. 이럴 때는 전문적인 상담이 필요하기도 하다.

내면아이가 감정을 표현하지 않는 또 다른 이유로는 그 감정을 알게 되면서 따라오는 결과를 두려워하기 때문이다. 그래서 아예 감정을 인식하기를 거부하는 것이다. 여기에 대해서는 4장에서 더 자세히 다룰 것이다. 지금은 다음과 같은 사실을 기억하는 것으로 충분하다. 내면아이가 침묵을 지킨다면 그 이유는 2가지다. 성인자아가 자신을 살펴보고 알아가려는 의도가 아닌 방어하려는 의도를 가진 경우 내면아이가 아직 당신의 의도를 믿지 못하는 경우다.

1. 내면아이에게 첫 번째 질문 건네기

그런데 자신을 살펴보고 배우려는 의도를 가지고도 내면아이와의 대화를 주저하는 사람들이 많다. 어떻게 시작할지 막연하기 때문이다. "시작이 반이다."라는 속담은 이 경우에 꼭 들어맞는 말이다. 내면아이에게 첫 번째 질문을 하는 것만으로도 이후의 질문과 대답이 꼬리를 물고 일어날 수 있다.

칼Carl이라는 내담자는 내면아이와의 대화를 통해 자신이 느끼는 수치심과 두려움을 알아보았는데, 그 대화는 다음과 같다.

성인자아 지금 네가 굉장히 혼란스럽다는 걸 알아. 왜 그런 감정이 들지?

내면아이 난 리즈Liz가 떠날까 봐 두려워.

성인자아 왜 리즈가 떠날 거라고 생각해?

내면아이 난 그녀에겐 너무 부족한 사람이야.

성인자아 왜 네가 부족하다고 생각해?

내면아이 왜냐하면 넌 항상 내가 제대로 하는 것이 없다고 하잖아. 그럴 때마다 어릴 때 엄마 아빠가 나를 지적하고 혼냈던 것이 떠올라. 내가 아무리 열심히 해도 항상 너는 부족하다고, 더 열심히 해야 한다고 말하지.

성인자아 내가 그렇게 말할 때마다 엄마 아빠가 혼내는 것처럼 들렸겠구나. 네가 그렇게 기분이 나쁜 것은 당연해.

내면아이 그래, 그런데 리즈는 내게 친절하게 대해줘. 만약 리즈가 날 떠나면, 나는 누구에게서도 그런 친절한 대접을 받지 못할 거야.

성인자아 그러니까 그녀를 잃게 될까 봐 두려운 이유가 그거구나? 너를 친절하게 대해주고 믿을 수 있는 누군가가 필요한 거지?

내면아이 그래.

이렇게 내면아이와 대화를 나눈 결과 칼은 2가지 사실을 알게 되었다. 자신의 내면아이가 버림받을까 봐 두려워하는 것이 어릴 적 부모에게서 받았던 수치심에서 비롯한다는 사실과 부모의 모습을 보고 자란 자신의 성인자아가 계속 내면아이를 비난한다는 사실이었다. 칼이 이런 사실을 깨닫자 앞으로 어떻게 행동해야 할지도 알 수 있었다. 바로 내면아이의 가치를 인정하고 그 아이의 감정을 소중히 여기며 내면적인 유대감을 만드는 것이었다.

내면아이와 대화를 할 때, 성인자아가 하는 질문의 내용은 각자의 상황에 따라 달라질 수 있다. 하지만 기본적으로 크게 3가지 기본 범주로 나눌 수 있다. 첫 번째는 일상생활에서의 내면적 유대감 형성이고, 두 번째는 타인과의 갈등 상황이나 고통스럽고 끔찍한 상황에 처했을 때의 내면적 유대감 형성이며, 세 번째는 과거의 기억과 믿음과의 유대감 형성이다. 앞으로 각각의 범주에 해당하는 질문을 살펴볼 것이다.[6]

2. 내면아이와의 일상적인 대화를 위한 질문

일상생활에서 짬을 내어 자신이 진심으로 원하는 것을 주의 깊게 살펴보면, 내면적인 유대감 형성이 습관으로 자리 잡을 뿐만 아니라 만족스러운 방식으로 하루를 보낼 수 있다. 일상의 자잘한 갈등에 마주했을 때, 예를 들어 내면아이는 몸에 나쁜 음식을 먹고 싶어하고 성인자아는 몸에 좋은 음식을 원할 때 양쪽 모두를 만족시킬 수 있는 해결책을 협상할 수 있다.

자신이 어떤 것을 원하는지 살펴보기 위해 다음과 같은 질문을 해보자.

- 지금 어떤 일을 하고 싶어?
- 지금 어떤 것을 먹고 싶어?
- 어떤 색의 옷을 입고 싶어?
- 오늘 하루를 어떤 식으로 보내고 싶어?
- 지금 어떤 음악을 듣고 싶어?
- 휴가 때 어디에 가고 싶어?
- 어떤 운동을 하고 싶어?
- 지금 하는 일이 좋아, 싫어?
- 지금 맺고 있는 배우자나 친구와의 관계가 만족스러워 아니면 불만족스러워?
- 어떤 취미 생활을 하고 싶어?
- 예전부터 항상 하고 싶었지만 못했던 일이 뭐야? 혹시 내가 그 일을 못하게 했어?

물론 이전에 언급했던 것처럼 내면아이에게 이런 질문을 하는 것만으로는 아무 소용이 없다. 이를 행동으로 옮겨야만 한다. 행동으로 옮기지 않고 말만 하는 것은, 마치 어린아이에게 아이스크림이 먹고 싶은지 물어본 다음 "그래? 재밌는 대답이네."라고 하는 황당한 상황과 같다.

그렇다고 내면아이에게 질문을 한 뒤에는 아이가 원하는 모든 것을 무조건 해줘야 한다는 뜻은 아니다. 하지만 내면아이가 무엇을 원하는지, 성인자아는 무엇을 원하는지 알아가면서 우리 안에 존재하는 2가지 모습 전부를 만족시킬 방법을 찾을 수 있다.

3. 힘든 상황에서 내면아이와 대화하기 위한 질문

우리가 겪는 고통의 많은 부분이 다른 사람들과의 관계에서 비롯된다. 그리고 자신을 사랑하는 것에 가장 큰 걸림돌이 되는 것도 타인과의 관계다. 그래서 타인과의 갈등이 생겼을 때 자신을 사랑하는 법을 집중적으로 다루고자 한다.

우리는 살아가면서 사랑하는 사람을 떠나보내거나 결혼 실패, 실직, 재정 문제, 질병 등 고통스러운 상황을 겪는다. 이런 상황에서 자신의 괴로운 감정을 인식하고 알아가려는 의도를 가진 후, 다음과 같은 질문으로 내면아이와의 대화 과정을 시작할 수 있다.

- 지금 어떤 감정을 느끼니?
- 지금 네가 화가 난 걸 알아. 왜 화가 났는지 듣고 싶어.
- 나한테 화가 났니? 나한테 소리를 질러도 괜찮아.
- 네가 화를 내도 괜찮아. 네가 아무리 화를 내도 널 사랑하는 건 변하지 않아.
- 지금 부끄러운 감정이 느껴지니? 어떤 일 때문에 그런 느낌이 들

지? 어떻게 하면 널 도와줄 수 있을까? 혹시 내가 널 부끄럽게

하는 거니?

• 울어도 괜찮아. 울고 싶으면 울어도 돼. 넌 혼자가 아니야. 내가

너의 곁에 있을게.

• 지금 넌 불안하고 우울한 감정이 드는구나. 왜 이런 감정을 느끼

는지 좀더 자세히 이야기해줄 수 있니? 너 혼자 이런 감정을 감

당하지 않아도 돼.

• ○○(현재 당신과 갈등 상황에 있는 사람의 이름이나 힘든 일을 쓰면 된다)

에 어떤 감정을 느끼니?

• 이 사람에게 혹은 이 상황에서 내가 실망스럽게 행동했니?

• 지금 내가 어떤 식으로 네게 도움이 되었으면 좋겠니?

• ○○(사람 이름이나 사건)에 대해서 내가 어떻게 행동하길 바라니?

• 지금 네 감정은 너무 강렬해서 나 혼자 감당할 수가 없어. 하지만

외부에서 적절한 도움을 받을 수 있을 거야.

또한 여러 감정(긴장되고, 두렵고, 화가 나고, 멍하고, 상처 받고, 슬픈 감
정, 속상하거나 불편한 기분)이 들 때마다 내면아이에게 다음과 같은
질문을 할 수 있다.

• 왜 이런 느낌이 드는 걸까? 내가 널 속상하게 해서 그런 걸까?

• 이런 감정에 대처하려면 내가 널 어떻게 도울 수 있을까?

• 넌 내가 어떻게 해주길 바라니?

• 혹시 내가 널 실망시키거나 잘 돌보지 못하고 있니? 어떤 식으로?

- 혹시 내가 널 무시하거나 널 폄하하고 있니? 아니면 널 통제하고 있거나 널 부끄럽게 하고 있니?

만약 내면을 살펴보고 알아가려는 의도를 가졌음에도 내면에서 해답을 찾을 수 없다면, 고차원적인 힘에서 가르침을 구하라. 또한 친구나 상담가에게 도움을 청하는 것도 한 방법이다.

내면아이가 되어 말할 때는 인형을 이용하는 것이 도움이 된다. 우선 인형의 얼굴을 바깥쪽으로 향하게 하고 가슴에 안은 상태에서 숨을 들이마신다. 내면에 의식을 집중하면서 마치 아이가 된 것 같은 상상을 하라. 인형이 당신의 내면아이가 되는 것이다.

성인자아가 앞에 앉아 있거나 사랑의 에너지로 내면아이를 감싸주는 모습을 그려라. 당신의 지금 현재 얼굴, 즉 성인의 얼굴을 찍은 사진을 앞에 두는 것이 도움이 될 수 있다. 특히 고통을 느낄 때 내면아이 혼자가 아니라, 성인자아가 옆에 함께 있다고 믿는 것이 중요하다.

어린아이였을 때 우리는 혼자서 외로움과 고통을 겪어야 했다. 하지만 이제 내면아이 곁에서 사랑을 베풀면 그 외로움을 사라지게 할 수 있다. 진정으로 자신을 알고 배우려는 의도로 내면아이와 말이나 글을 통해 대화할 때 우리 안에 있는 사랑과 보살핌의 에너지를 이끌어내어 고통을 치유할 수 있는 것이다.

내면아이가 되어 자신의 감정을 표현하고 나면, 다시 성인자아의 역할로 돌아와 아이를 위로해주어야 한다. 가슴에 품었던 인형을 안아 올려서 인형의 얼굴을 자신 쪽으로 돌려라. 사랑의 마음으로 인형을 바라보면서 내면아이에게 그 아이의 감정을 이해했다고 알려야 한다. 또한 내면의 감정을 더 깊이 이해하기 위해 다른 질문들을 할 수도 있다.

이제 매일 시간을 내어 다음의 말을 내면아이에게 해주자. 이를 통해 사랑이 넘치는 성인자아로서 내면아이의 감정을 지지해줄 수 있다.

- 네 곁에는 내가 있어. 난 어디로 가지 않아. 넌 내게 매우 중요한 사람이니까.
- 넌 혼자가 아냐. 네 곁에 내가 있어.
- 널 사랑해. 나에게는 네 행복이 아주 중요해.
- 넌 정말 똑똑해. 내게 놀라운 지혜를 주어서 늘 고마워.
- 넌 놀라울 정도로 창조적인 사람이야.
- 실수를 해도 괜찮아. 아무리 실수해도 넌 사랑스러운 사람이야. 내게 사랑받기 위해서 항상 완벽할 필요는 없어.
- 항상 '바른' 말과 행동을 할 필요는 없어. 네가 무슨 말을 하든 혹은 아무 말도 하지 않는다고 해도 난 계속 널 사랑할 거야.

4. 과거 기억과 믿음과의 대화를 위한 질문

현재의 갈등 상황이나 어떤 사건이 과거의 고통스러운 기억을 떠올리게 하는 경우가 있다. 그럴 때는 다음과 같은 질문을 통해 내면아이와 대화해보자.

- 지금 일어나는 이 일이 어렸을 때 일어났던 일을 떠오르게 하니?
- (지금 갈등을 겪는) 이 사람이 어린 시절 엄마, 아빠, 형제, 자매, 조부모님을 떠오르게 하니?
- 지금 상황이 어렸을 때의 충격적인 사건을 떠오르게 하니?
- 난 네가 과거의 모든 기억을 떠올렸으면 좋겠어. 네 기억은 내게 정말 중요한 의미가 있어. 두려움과 수치심을 치유할 수 있도록 너를 도와주고 싶어.
- 누군가가 널 도와주었으면 좋겠니? 네가 고통을 겪는 동안 누군가 널 안아주었으면 좋겠니?

만약 내면아이가 누군가에게 안기고 싶어하는데 주변에 안아줄 사람이 없다면, 인형을 내면아이라고 생각하고 꼭 안아주자. 그러면 놀랍게도 아주 편안한 느낌을 받을 수 있다. 인형을 내면아이와의 대화 과정에 넣는 것이 중요한 이유가 바로 이것이다.

한편 두려움이나 수치심이 느껴질 때는 감정 이면에 숨은 잘못된 믿음을 잘 살펴봐야 한다.

- 나 자신에 대한 잘못된 믿음은 어떤 것이 있을까? 혹시 내가 부족하고 결함투성이인 나쁜 사람이라고 믿는 것은 아닐까?
- 내가 고통을 책임질 수 없다고 생각하는 것은 아닐까? 다른 사람의 감정에 내가 책임이 있다거나 내 감정에 다른 사람이 책임이 있다고 생각하고 있진 않을까?
- 내가 가진 이런 생각은 어디서 비롯된 걸까? 어린 시절의 경험이

이런 생각을 하게 한 걸까?

- 이런 생각이 진실이라고 믿으면서 행동한 결과 내가 얻는 것이 무엇일까? 내가 두려워하는 건 무엇일까? 내가 잘못된 믿음을 바로잡는다면 어떤 일이 일어날까?

과거의 기억을 떠올리면서 자신의 잘못된 믿음이 무엇인지 알아볼 수 있다. 그리고 자신의 잘못된 믿음으로부터 과거 기억을 불러올 수도 있다.

내면적인 유대감 형성 과정을 통해 내면아이의 두려움과 수치심에 성인자아가 사랑을 베풀면, 현재의 고통스러운 갈등을 치유의 경험으로 변화시킬 수 있다. 잘못된 믿음을 바로잡고, 삶의 어려움에 대처하며 건강한 선택을 할 수 있는 내면의 힘을 기를 수 있도록 행동하는 것은 성인자아의 몫이다.

3단계에서는 잘못된 믿음을 바로잡아야 한다

자신을 제한하는 잘못된 믿음을 바로 잡고 사랑과 기쁨으로 가는 길을 여는 것이 내면적인 유대감 형성의 진정한 목표다. 내면적인 유대감 형성에서는 개인의 문제점을 해결할 대상이자 과거에 형성된 잘못된 믿음의 결과로 본다. 이 잘못된 믿음은 성인자아와 내면아이의 단절을 불러오고 이는 깊은 외로움으로 이어진다.

그래서 잘못된 믿음을 근본적으로 바로잡고 내면적인 유대감을 형성하지 않는다면 문제를 해결하려고 노력한다 해도 삶의 본질에는 영향을 주지 않는 피상적인 변화로만 이어지는 경우가 많다. 한 알코올중독자가 열심히 노력해서 술을 끊었다고 가정해보자. 그런데 내면적 유대감 형성을 통해 알코올중독의 근본적 원인인 잘못된 믿음을 바로잡고 오래된 상처를 치료하지 않았다면, 이는 그저 표면적인 음주 행위만 끊은 '건성중독dry drunk'에 해당한다. 겉으로 드러나는 음주 행위는 해결했지만 내면적으로는 아무 변화도 일어나지 않은 것이다. 이 경우 그의 삶이나 관계의 문제점은 그대로 남아 있다. 그렇게 되면 내면의 공허함을 채우고 두려움과 고통을 잊기 위해 다른 중독으로 빠져든다.

우리는 여러 고통으로 힘들어지면 상담가, 친구, 성직자, 알코올중독자 모임 등 외부에서 도움을 구한다. 하지만 고통의 가장 근본적인 원인은 우리의 잘못된 믿음 때문이다. 이 잘못된 믿음이 우리의 성인자아와 내면아이 사이의 단절을 불러온다. 잘못된 믿음과 그에 따른 내면의 단절은 다음과 같은 증상들을 불러온다. 고통, 두려움, 우울증, 질병, 공허하고 잘못된 관계, 불만족스러운 직업, 실직, 가난, 물질중독, 관계중독, 섹스중독, 외로움 등이다. 때로는 이런 증상이 너무나도 고통스러워 자살을 시도하는 사람들도 있다.

이 모든 증상이 우리가 내면아이를 사랑하지 않고 불신할 때 발생하는 내면적 단절의 결과다. 우리는 다음과 같은 잘못된 믿음 때문에 내면아이를 사랑하지도 믿지도 않는다. "나는 나쁜 사람이고, 가치 없고, 중요하지 않고, 하찮고, 사랑받을 자격이 없고, 단점이 많고, 능력도 없고, 불완전하고, 부족한 사람이야." 우리 모두의 마음 저 깊은 곳에는 이렇게 수치심을 주는 잘못된 믿음이 있다. 그리고 이런 믿음이 삶을 부정적인 방식으로 통제하고 있다.

우울증을 예로 들어보자. 우리는 우울증 약을 복용하는 것처럼 표면적인 방식으로 증상을 완화할 수 있다. 혹은 우울증의 원인이 되는 자신을 제한하는 잘못된 믿음을 이해하고 바로잡는 방식으로 이 증상을 아예 없애버릴 수도 있다.

메릴린Marilyn이라는 내담자는 몇 년 동안 심각한 우울증을 주기적으로 겪었다. 그녀는 이 우울증 때문에 병원에 입원한 적도 많았다. 상담을 진행하며 살펴본 결과 그녀가 우울증으로 고통 받는 이유는 내면아이의 목소리를 듣지 않았기 때문인 것이 확실했다. 그녀가 자신의 목소리를 듣지 않았던 이유는 자신의 직관inner knowing에 의지할 수는 없다는 잘못된 믿음 때문이었다.

그녀는 성공적인 법조인이었고 일을 할 때는 자신의 직관에 귀를 기울일 줄 알았다. 하지만 살아가면서 개인적인 문제가 발생했을 때는 자신이 아닌 다른 사람이 그 일의 해결 방법을 제시할 수 있다는 잘못된 믿음을 가지고 있었다. 다행히 그녀는 내면적인 유대감을 통해 자신의 직관을 믿는 법을 배웠다. 그러자 그녀의 우울증은 점차 나아졌고, 나중에는 복용하던 약도 전부 끊을 수 있었다.

메릴린은 그동안 자신의 건강 상태가 우울증의 원인이 된다는 말을 들어왔기 때문에 이 결과에 매우 놀랄 수밖에 없었다. 실제로 그녀가 두려움을 느낄 때 몸에서 어떤 화학 변화가 일어났고, 그녀에게는 특정한 화학 변화에 취약한 유전적 소인이 있었다.

하지만 이런 화학적 변화를 유도하는 두려운 감정은 자신을 믿지 않는 잘못된 믿음에서 비롯된 것이었다. 일단 그녀가 내면적 유대감을 통해 자신의 직관을 믿는 법을 배우기 시작하자 다양한 상황에서 나타나던 강한 불안감이 진정되었다. 그 결과 우울증을 야기하는 화학적인 반응도 나타나지 않았다.

잘못된 믿음은 우울증의 원인이 되고 사랑을 주고받으며 기쁨을 느끼는 것을 방해한다. 결국 우리를 불행하게 만드는 것은 외부의 사건이나 다른 사람의 행동이 아닌 자신만의 잘못된 믿음 때문이다. 대부분 사람들이 가진 잘못된 믿음이 있다. 바로 우리의 행복과 불행이 외부에서 온다는 믿음이다. 즉 타인이 우리를 바라보고 대하는 방식과 사랑하고 인정해주는지 여부 등 말이다. 잘못된 믿음으로 우리가 느끼는 감정은 다른 사람이 자신을 대하는 방식에 대한 어쩔 수 없는 반응이며 결국 우리는 타인의 희생양이라고 생각한다.

이런 잘못된 생각에 사로잡힌 한 우리는 스스로 행복해질 수 없다. 누군가 나를 행복하게 해주기를 바라는 마음이나 다른 사람을 바꾸면 내가 행복해질 거라는 생각에 갇혀버리기 때문이다. 즉 건강하지 못한 의존에 갇혀버리는 것이다.

우리가 느끼는 감정은 자신의 생각과 믿음, 자신과 타인에 대한 나의 행동에서 비롯된다는 진실을 알아야 한다. 이 진실에 마음을 열지 못하는 한, 자신은 무력하고 다른 사람의 행동에 의한 피해자라는 생각에 갇혀버린다. 하지만 우리가 내면아이와의 사랑스러운 유대를 통해 스스로의 행복과 불행, 기쁨과 고통에 대한 책임을 지기 시작할 때 건강한 삶을 위한 첫발을 내디딜 수 있다.

삶을 힘들게 하는 잘못된 믿음 6가지

사람들 대부분이 삶을 제한하고 고통을 불러오는 자기 제한적인 믿음들을 수백 개는 가지고 있는데, 대표적인 잘못된 믿음 6가지를 골라 소개한다. 사람들과의 관계에서 느끼는 어려움과 개인적으로 겪는 문제를 살펴보면 이런 생각이 숨어 있는 경우가 많다.

1. 나에게 뭔가 잘못된 부분이 있다. 나는 사랑받을 가치가 없는 사람이다. 나는 부족하고 기본적으로 결함이 있으며 나쁜 사람이다. 나는 하찮고 중요하지 않은 사람이다. 그러므로 나의 진정한 모습을 보이거나 솔직한 모습으로 행동하면 사람들은 나를 사랑하지 않을 것이다.

2. 나는 내가 느끼는 감정에 무력하다. 나를 행복하거나 불행하게 만드는 것은 다른 사람들이나 외부의 사건이다. 나의 상처, 분노, 죄책감, 실망에 대한 책임은 다른 사람들에게 있다. 내 감정은 나도 어쩔 수가 없다. 내가 좋은 감정이 들 때는 다른 사람들이 나를 인정할 때고, 나쁜 감정이 들 때는 그들이 나를 인정하지 않을 때다. 내 안에는 자신을 행복하게 만들거나 돌볼 힘이 없다. 나는 어떤 사람이나 물질에 기대야만 행복을 느끼거나 자신을 돌볼 수 있다.

3. 다른 사람들의 감정은 내 감정보다 중요하고, 나는 그들의 감정에 책임이 있다. 다른 사람들이 내가 한 일 때문에 (그럴 의도는 전혀 없었는데도) 상처받거나 실망하거나 속이 상하면, 내가 잘못한 것이기 때문에 나는 죄책감을 느껴야 한다. 다른 사람이 나를 원할 때 내 행복만 생각하는 것은 (역시 다른 사람에게 피해를 줄 의도는 전혀 없는

데도) 이기적이고 사랑을 베풀지 않는 잘못된 행동이다. 사랑스러운 사람이 되기 위해서는 다른 사람을 위해 자신이 원하는 것을 희생해야 한다. 나는 희생자다.

4. 나는 다른 사람이 가지는 나에 대한 생각과 느낌, 나를 대하는 방식을 통제할 수 있다. 나는 그들에게 좋은 사람이나 친절한 사람이 됨으로써 그들이 나를 좋아하거나 사랑하도록 '만들 수' 있다. 혹은 그들에게 화를 내거나 비난해 내가 원하는 방식으로 대접하도록 '만들 수' 있다.

5. 다른 사람이 나에게 무엇인가를 원할 때는 나의 진정성을 지키기 위해 반드시 저항하는 모습을 보여야 한다. 다른 사람이 내게 무엇을 원한다는 사실을 아는 순간, 그것이 설령 내가 원하는 일이고 베풀고 싶은 것이라고 해도 정반대로 행동해야만 한다. 그렇지 않으면 나는 나 자신을 잃고 말 것이다.

6. 나는 고통, 불편함, 두려움, 상처, 슬픔, 타인과의 단절, 지루함, 실망, 수치심, 외로움을 견딜 수 없다. 나는 화를 내거나 다른 사람을 위해 희생하거나, 관계를 끊거나, 섹스 · 일 · 알코올 · 약물 · 음식 등에 대한 중독을 통해 이런 감정에서부터 나 자신을 보호해야 한다.

이런 잘못된 믿음들은 우리 안에 너무나도 깊게 자리 잡고 있다. 따라서 이를 바로잡는 과정에서 많은 저항에 부딪힌다. 또한 믿음들 때문에 타인과 맺는 관계도 어려워진다.

중독과 의존 관계는 앞에서 살펴본 6가지 잘못된 믿음들의 직접적인 결과인 셈이다. 어릴 적 누구나 이런 잘못된 생각 중 하나는 안고 자라났을 것이다. 물질이든 활동이든 사람이든, 어떤 것에 대한 중독은 "나는 자신을 행복하게 만들 수 없어. 내가 아닌 다른 사람이나 물건만이 나를 행복하게 만들 수 있어."라는 믿음에서 비롯한다. 하지만 이런 잘못된 믿음을 계속 가지고 있는 한 스스로 행복해질 수 없고, 결국은 자신이 아닌 다른 사람이나 다른 물건에 의존하는 중독과 의존으로 이어진다.

다른 사람에게 화를 내거나 위협하는 등 노골적인 통제 행위를 하는 것은 "다른 사람이 나를 사랑하고, 인정하고, 나를 봐주고 내 말을 들어주게 만들 수 있어."라는 믿음에서 비롯된다. 또한 다른 사람을 돌보아주거나 친절한 행위를 통한 은밀한 조종 행위는 "내 감정은 다른 사람의 감정만큼 중요하지 않아. 나는 다른 사람의 감정에 책임이 있어." "나는 다른 사람에게 친절하게 대하는 방식으로 그 사람이 나를 사랑하게 만들 수 있어."라는 믿음에서 비롯된다.

내면적인 유대감 형성의 목적은 내면아이와의 연결을 통해 잘못된 믿음을 인식하고 바로잡는 것이다. 잘못된 믿음을 없애고 자신에 대한 책임을 지면, 사랑하고 믿을 수 있으며 자존감을 높이고 기쁨을 창조할 수 있다.

자신의 믿음과 반응은 선택할 수 있다

우리가 어떤 것을 선택할 수 있는지 구별하는 것이 치유의 과정에서 필수적인 요소다. 자신이 그저 다른 사람의 행동에 무력하게 반응하는 희생자라고 믿는다면 자신에게는 어떤 선택권도 없는 셈이다. 반대로 타인의 감정과 행동을 선택할 수 있다고 믿는다면 우리는 타인에게 통제적인 행동을 하게 된다.

사실 우리는 타인의 행동에 대해서는 어떤 선택권도 없었지만 그에 따른 자신의 믿음과 반응은 선택할 수 있다. 토드Todd와 매트Matt의 예를 들어보자. 둘은 형제로 토드가 매트보다 두 살 더 많았다. 그들은 부모에게 신체적·정신적·성적으로 심한 학대를 받았다. 그렇지만 그들의 선택은 서로 달랐다.

토드는 부모님과 자신을 동일시하는 것을 선택했다. 그는 약자를 괴롭히는 사람이 되어 부모님에 대한 분노를 동생들에게 퍼부었다. 어른이 된 토드는 분노에 가득 찬 통제적인 사람이 되었으며, 상담은 시간과 돈 낭비일 뿐이라며 알코올중독에 빠져들었다.

반면에 매트는 부모님처럼 되진 않았지만 마음을 닫고 움츠러드는 방식을 선택했다. 성인이 된 그는 다행히 상담을 시작했고, 용기를 가지고 과거의 기억으로 돌아가 분노와 고통을 살펴보았다. 그 결과 지금 그는 아내와 아이들과 사랑스러운 관계를 유지하고 있으며, 친구들은 그를 따뜻하고 다정한 사람으로 평가한다.

같은 환경에서 자란 두 형제는 불행에 어떻게 반응할지 서로 다른 선택을 했다. 그 선택에 따라 그들의 운명도 바뀌었다.

엘런 배스Ellen Bass와 로라 데이비스Layra Davis는 저서 『아주 특별한 용기The courage to heal』에서 어린 시절 성적 학대를 겪은 여성들의 치유 과정을 다루었다.[7] 이 책에 등장하는 많은 여성들은 어린 시절에 겪은 학대 속에서 각기 다른 방식으로 살아남았다. 이들은 성인이 되었을 때 과거의 상처에 마음을 열고 치유해서 사랑과 기쁨이 넘치는 삶을 살기로 선택했다. 그들은 자신을 피해자가 아닌 생존자로 여겼고, 어렸을 때와 성인이 되었을 때 스스로 내렸던 선택들을 소중하게 여기는 법을 배웠다. 하지만 일반적으로는 이들과 다른 선택들을 한다. 그들은 과거의 고통에 제대로 대처하는 대신 자신을 상처 입히거나 자살을 하고 다른 사람에게 상처를 입히기도 한다.

사람들은 결혼이나 가족 관계에서 자신을 희생자로 생각하는 경우가 많다. 자신들이 선택을 내리기보다는 그저 배우자나 아이들의 행동에 어쩔 수 없이 반응할 뿐이라고 믿는 것이다. 다음의 대화들은 자신을 희생자로 보는 전형적인 사례다.

- 남편 때문에 너무 화가 나. 그는 나랑 대화하는 걸 거부해.
- 술을 끊을 수가 없어. 숨 막히는 집안 분위기 때문에 술을 마실 수밖에 없어.
- 그래, 난 바람을 피웠어. 그래서 뭐? 아내가 잠자리를 좋아하지 않아서 다른 데서라도 욕구를 해결해야 한다고.
- 그래, 저번 주에 아들을 좀 때리긴 했어. 미안하게 생각해. 하지만 그 애가 날 너무 화나게 하니까 어쩔 수가 없어.
- 난 항상 외로워. 그이는 전혀 나를 신경 쓰지 않아. 나를 위해 조금도 시간을 내주질 않아.
- 남편에게 항상 돈을 타 쓰는 게 너무 싫어. 하지만 어쩌겠어? 그이는 내가 일하는 걸 싫어하는데.

이들은 자신이 느끼는 감정과 행동에 대한 책임이 다른 사람에게 있다고 믿는다. 감정과 행동을 만드는 것은 스스로의 선택과 의도라는 것을 이해하기 전까지는 그저 희생자라는 생각에 갇혀 상처를 치유하지 못할 것이다.

3단계에서는 고차원적인 자아를 선택하라

심리 치료가 성공하기 위해서는 상담을 받는 사람이 영적이고 고차원적인 진실과 연결될 수 있어야 한다. 이런 고차원적인 힘이 자신의 내면에 존재한다고 믿든, 외부적인 종교에 존재한다고 믿든 그건 중요하지 않다. 중요한 것은 지식과 사랑, 위안을 주는 고차원적인 존재와 연결되어야 한다는 점이다.

우리 안에 있는 고차원적인 자아higher self 혹은 진정한 자아를 알고 믿는 법을 배울 때만이 진정한 치유가 일어날 수 있다. 그때만이 우리가 사랑을 주고받을 수 있다는 사실을 알 수 있기 때문이다. 고차원적인 자아는 내면에 존재하는 사랑의 원천으로 자신과 타인을 사랑하는 힘이다.

내면적인 유대감 형성에서는 성인자아와 내면아이 사이의 연결을 통해서 고차원적인 자아에 도달할 수 있다고 본다. 성인자아가 자신을 알고 배우려는 의도를 통해 내면아이와 연결될 때, 머리부터 가슴까지 온몸이 열려 고차원적인 지식higher knowledge을 얻을 수 있다. 열린 상태가 우리의 힘이 머무는 곳이 곧 고차원적인 자아다. 열린 상태를 통해 신, 우주의 사랑, 위대한 영혼 등 모든 고차원적 힘과 연결될 수 있다.

한편 에고ego 혹은 거짓자아false self란 우리의 성인자아가 자신을 보호하고 방어하면서 내면아이와 단절될 때 보이는 모습을 말한다. 사랑을 베풀지 않는 성인자아와 사랑받지 못하고 버려진 내면아이가 에고의 2가지 얼굴인 셈이다.

내면적인 유대감 형성에서 말하는 에고는 동양 철학에서 기술된 에고의 정의와 『기적 수업A Course in Miracles』 같은 영적 도서에서 사용된 정의를 참조한다. 여기서 에고란 만들어진 인격, 낮은 자아 혹은 거짓자아로 정의된다. 거짓자아는 두려움과 그 두려움의 원천이 되는 거짓 믿음에서 비롯되는 반면에 고차원적인 자아는 진실과 사랑의 에너지다. 그래서 우리의 정신 건강 수준은 고차원적 자신의 진실을 기반으로 행동하는지, 아니면 에고의 거짓된 믿음을 기반으로 행동하는지에 따라 결정된다.

고차원적인 자아와의 단절은 아주 어렸을 때 발생한다. 어릴 적 학대를 받고, 버림받고, 무시당하고, 통제받고, 신체적·성적 폭력을 경험하면서 자신이 가치 없고, 사랑받을 만한 자격이 없으며 하찮고 결점이 많다는 결론을 내린다. 바로 이것이 수치심을 주고 자신을 제한하는 잘못된 믿음이다. 이런 잘못된 믿음에서 에고가 생성되어 고차원적인 자아와 고차원적인 힘으로부터 자신을 단절시킨다. 내면과 외부의 단절로 공허함이 생기면 에고는 물질중독이나 과정중독을 통해 공허함을 메우려고 한다. 자신의 모습이 사랑받을 가치가 없고 소중하지 않다고 믿는 사람은 부모님이나 세상에 받아

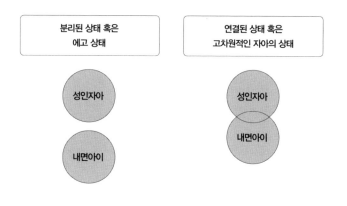

들여질 만한 또 다른 자신을 창조하려 한다. 이렇게 창조된 것이 바로 에고다.

한편 성인자아는 우리의 생각에 존재하며 생각의 과정을 담당한다. 반면에 내면아이는 몸에 존재하며 감정의 과정을 담당한다. 이성과 감정을 담당하는 이 둘이 단절될 때, 에고는 그 단절 사이에 존재한다. 다시 말해 성인자아와 내면아이가 분리될 때, 에고 상태에 있는 것이다. 이 상태는 마음을 닫아걸고 두려움에 있는 상태를 뜻한다.

진정한 자신과 고차원적인 힘에서 분리된 에고 상태에서는 공허함을 느끼는데, 각종 중독 행위를 통해 공허함을 채우려고 한다. 또한 내면의 외로움도 느낀다. 자신의 일부가 분리된 상태로 진실이 아닌 잘못된 믿음 속에서 살고 있기 때문이다. 결국에는 자신뿐만 아니라 타인과 세상에서도 분리되어 깊은 외로움을 느끼게 된다.

하지만 우리가 고차원적인 자아와 연결되어 사랑을 베풀면, 자신과 잘 연결된 상태로 바뀔 수 있다. 그 결과 성인자아는 마음을 열고 내면아이를 살펴보며 사랑을 주고받는다.

내면적인 유대감 형성을 위해서는 에고가 지닌 잘못된 믿음과 고차원적인 자아가 지닌 진실을 구별하는 법을 배워야 한다. 또한 에고가 아닌 고차원적인 자아를 선택하는 법도 배워야 한다.

4단계에서는 고차원적인 힘과 대화하라

이제 다음 단계는 고차원적인 힘과의 대화다. 이 단계에서는 사랑을 베푸는 행위가 무엇인지, 실제로 행동으로 옮길 수 있는 방법에 대해 가르침을 구하는 것이다.

고차원적인 힘의 목소리를 듣기 위해서는 자신을 살펴보고 배우려는 의도를 가지고 마음을 열어야 한다. 마음을 열고 심호흡을 한 뒤 다음과 같이 말해보자.

- 제게 고통을 주는 이 잘못된 믿음에 대한 진실은 무엇입니까?
- 이 잘못된 믿음을 바로잡으려면 어떤 행동을 해야 합니까?
- 저의 내면아이가 사랑을 느끼도록 하려면 어떻게 해야 할까요?
- ○○(특정 대상의 이름)과 갈등을 겪는 이 상황에서 저의 내면아이를 향해 어떤 사랑의 행동을 해야 할까요?

• 힘든 지금의 상황에서 저의 내면아이를 향해 어떤 사랑의 행동
  을 해야 할까요?
• 내면아이를 위해 사랑의 행동을 할 수 있는 힘과 용기를 주세요.

이때 기억할 것은 자신에게 진정으로 사랑을 베푸는 것은 곧 타인
에게도 사랑을 베푸는 행동이 된다는 사실이다. 그런데 우선적으로
초점을 맞출 대상은 우리 자신과 내면아이다. 만약 반대로 타인에게
먼저 초점을 맞추면 진정한 사랑이 아닌 다른 사람의 시중을 드는
것에 그치고, 정작 자신의 내면아이는 버려질 것이다.

당신이 꾸준히 내면아이에게 말을 걸면 마침내 내면아이가 당신
에게 대답을 하는 것처럼, 고차원적인 힘도 마찬가지다. 꾸준히 연
습하면 비록 아주 조그만 목소리라도 내면에 존재하는 고차원적인
힘의 목소리를 들을 것이다.

사실 고차원적인 힘은 조그만 목소리를 지녔고, 에고는 큰 목소
리를 가졌다. 그래서 고차원적인 목소리를 듣기 위해서는 힘든 노
력이 필요하다. 또한 에고의 목소리는 내면의 단절·두려움·거짓
믿음에 기반을 둔다는 사실을 기억해야 한다. 반면에 고차원적인
목소리는 내면의 연결·사랑·진실에 기초한 목소리다.

고차원적인 자아에 도달하기 위해 노력하는 동안 에고는 계속해
서 그 일을 방해하려 할 것이다. 하지만 우리가 내면아이의 감정을
인식하기 위해 계속 노력한다면 마침내 평화와 기쁨을 느낄 수 있
을 것이고, 더 오랫동안 내면과의 연결을 유지할 수 있을 것이다.

어떤 것이 사랑을 표현하는 행동인지 알아가는 과정은 가장 창

조적인 과정이자 만족을 주는 과정이다. 이 과정이 창조적인 이유는 우리가 지닌 문제에 대한 새로운 해답을 찾는 과정이기 때문이다. 화가가 빈 캔버스를 채우기 위해서는 마음을 열고 창조적인 힘을 끌어올리는 과정이 필요하듯, 자신을 사랑하는 것의 의미를 깨닫기 위해서는 마음을 열고 새로운 생각과 가능성에 마음을 열어야 한다. 내면아이와 고차원적인 힘과 함께 이런 창조적인 과정을 겪는 것은 삶에서 가장 활기차고 흥미로운 경험일 것이다.

5단계에서는 반드시
행동을 취해야 한다

일단 내면아이 및 고차원적인 힘과 대화를 하고, 현재 상황에서 어떤 것이 사랑을 표현하는 행동이 될 것인지 결정하고 나서는 반드시 이를 행동으로 옮겨야 한다. 현실 세계에서 고통받는 아이를 만났을 때 그 아이를 위해 행동을 취하는 것처럼, 성인자아는 내면아이의 고통을 줄여주기 위해 행동을 취해야 한다.

앞에서 설명했던 것처럼 성인자아가 내면아이의 욕구를 긍정적인 방식으로 충족시켜주면, 내면아이는 사랑받고 보살핌을 받는 느낌을 받고, 이에 따라 성인자아는 내면의 힘을 느낀다. 이것은 성인자아와 내면아이의 강력한 조합에서 비롯된 힘이다.

만약 당신이 어린 시절 부모에게서 충분한 보살핌을 받았다면, 아마 자신에 대해 기본적으로 좋은 감정이 있을 것이다. 하지만 앞서 살펴본 내담자들처럼 자식을 학대하고 비판하는 부모 밑에서 자랐다면 낮은 자존감으로 고통받고 있을 것이다. 즉 불우한 어린 시절이 낮은 자존감과 고통에 대한 정당하고 충분한 이유가 되는 셈이다. 하지만 이런 이유는 핑계가 되지 않는다. 부모에게서 좋은 양육을 받았든 그렇지 못했든 인생의 진실은 항상 똑같다. 자신의 마음에 영향을 미칠 수 있는 사람은 오직 당신뿐이라는 사실이다. 마음을 결정하는 것은 자신만이 할 수 있는 일이다. 아무도 이를 대신할 수 없다.

누구나 타인에게서 좋은 느낌, 안전한 느낌, 사랑받는 느낌을 받고 싶어할 것이다. 사실 삶의 슬픈 진실 중 하나는 우리가 어릴 적 부모로부터 받지 못한 것을 어른이 되어 다른 누군가에게 받을 수는 없다는 사실이다. 세상으로부터 사랑을 얻거나 중독과 같이 우리를 잠시 기분 좋게 하는 행동도 할 수는 있다. 하지만 우리가 자신을 사랑하고 행동으로 표현하지 않는 한 외부에서 아무리 많은 사랑을 얻어도 내면에서는 자신이 하찮고 사랑받을 자격이 없다는 느낌만 지속될 뿐이다.

그러므로 우리는 외부에서 사랑을 구하기 전에 먼저 자신에게 사랑을 주어야 한다. 내면을 살펴보고 배우려는 의도를 가지고 사랑하지 않는다면 마음은 닫혀버린다. 그렇게 되면 외부에서 사랑이 온다고 해도 우리에게 제대로 전달되지 못하고 그저 일시적인 진통제 같은 역할만 할 뿐이다.

만약 공허함을 채우고 고통과 외로움을 없애기 위해 완벽한 부모나 이상적인 배우자를 계속 찾고 있다면 아마도 평생 기다려야 할 것이다. 또한 그 과정 속에서 인생의 소중한 것을 놓치고 있다는 생각에 계속 고통스러울 것이다. 문제를 해결할 열쇠는 바로 우리 내부에 있다.

행동의 결과를 평가하기

자신에게 사랑을 표현하는 행동을 하고 있다는 것을 어떻게 알수 있을까? 성인자아가 내면아이에게 진실을 말하고 있다는 것을 어떻게 알 수 있을까? 바로 자신에게 어떤 느낌이 드는지 살펴보면 알 수 있다.

"자신에게 사랑을 베풀면 마음속의 수치심이 줄어들고 자존감은 올라간다."라는 말이 있다. 이 말은 사랑하는 행동을 할 때마다 곧바로 기쁨과 평화를 느낀다는 뜻은 아니다. 마음속의 거짓된 믿음을 마주할 때는 두렵고 무서운 감정부터 들기 마련이지만 그 순간이 지나면 점점 더 자신에 대한 좋은 감정이 피어오른다. 반면에 자신과 타인을 사랑하지 않는 행동은 나중에 분노와 불안, 우울로 이어진다. 따라서 우리가 사랑을 베풀고 있는지 확인해보는 기준은 그 행동을 하는 순간 어떤 기분이 드느냐가 아니라, 그 행동을 마친 결과 자신에게 어떤 기분이 드느냐다.

예를 들어 집에 불이 났다면 당신은 가족을 살리기 위해 불속에 뛰어들 것이다. 불속으로 뛰어드는 순간에는 무섭기도 하고 신체적으로도 고통스러울 것이다. 하지만 나중에는 두려움에 맞서 사랑하는 사람들을 살리기 위해 최선을 다했다는 사실에 좋은 감정이 들 것이다. 내면적인 유대감 형성에 비유하자면 당신이 불난 집에서

구하려고 애썼던 가족은 바로 당신 자신이다.

또 다른 예로는 흡연·음주·폭식 같은 중독을 끊는 것이 있다. 사실 중독을 끊으면 그 중독에 가려졌던 고통이 드러나면서 한동안 매우 괴롭고 힘들 것이다. 그렇지만 중독에 가려졌던 자신을 마주 보고 고통과 거짓 믿음을 살펴본다면, 마침내 자신에게 훨씬 더 좋은 감정을 느끼게 될 것이다.

진정한 기쁨이란 어떤 것일까?

자신을 보살피고 내면적인 유대감을 형성하면 기쁨이라고 불리는 큰 행복을 맛볼 수 있다. 그런데 성인이 되어서 느끼는 진정한 기쁨이란 어떤 것일까? 아마 어렸을 적 친구들과 놀러 다니고 야구 경기에서 홈런을 쳤을 때 느꼈던 즐거움과는 약간 다를 것이다.

어른의 기쁨이란 다음과 같이 다양한 방식으로 표현될 수 있다. '모든 것이 제대로 되고 있는 기분' '일체감' '순조롭게 흘러가는 느낌' 등이다. 그런데 이런 것들을 관통하는 하나의 공통된 주제가 있다. 바로 자유다. 두려움으로부터의 자유, 내적 투쟁으로부터의 자유, 내부의 저항으로부터의 자유, 자신을 보호하고 방어하는 것으로부터의 자유, 통제로부터의 자유, 다양한 감정을 자유롭게 느낄 수 있는 자유를 말한다. 또한 열린 마음·활기·균형과 중심이 잡힌 마음도 기쁨의 개념에 포함된다.

기쁨의 확실한 징표로는 마음껏 웃을 수 있는 능력도 있다. 사실 스트레스를 받고 갈등이 있는 상황에서도 다른 사람에게 예의바르게 맞장구를 쳐주고 웃을 수는 있다. 하지만 자유를 느낄 때는 자발적인 웃음이 거품처럼 자연스럽게 수면 위로 떠오른다. 심리학자 셸던 콥sheldon kopp 또한 "웃음은 자유의 소리다."라고 말했다. 웃음은 기쁨의 소리이기도 하다.

3장의 중요한 내용들 ——

▶ 자신을 알아보고 내면의 고통이나 욕구를 이해하고 싶다면 우선 내면으로 관심을
집중하는 것부터 시작해야 한다.

▶ 내면적인 유대감 형성에서는 개인의 문제점을 해결할 대상이자 과거에 형성된 잘못
된 믿음의 결과로 본다. 이 잘못된 믿음은 성인자아와 내면자아의 단절을 불러오고,
깊은 외로움으로 이어진다.

▶ 성인자아가 자신을 알고 배우려는 의도를 통해 내면아이와 연결될 때, 머리부터 가
슴까지 온몸이 열려 고차원적인 지식을 얻을 수 있다.

▶ 자신에게 진정으로 사랑을 베푸는 것은 곧 타인에게도 사랑을 베푸는 행동이 된다.
그러므로 우선적으로 초점을 맞출 대상은 우리 자신과 내면아이다.

▶ 내면아이 및 고차원적인 힘과 대화를 하고, 현재 상황에서 어떤 것이 사랑을 표현하
는 행동이 될 것인지 결정하고 나서는 반드시 이를 행동으로 옮겨야 한다.

4장

버려진 내면아이를
보호하려고 하지 마라

한밤중에 내 안에서
우는 사람은 누구일까?

우리는 행복과 평화 속에서는 마음을 열고 자신을 알아가려는 의도를 가진다. 하지만 어떤 감정적 고통이나 불편함이 찾아오는 순간, 즉시 자신을 보호하고 방어하려는 의도로 바꾸는 경우가 많다. 왜냐하면 스스로 고통을 감당할 수 없다거나 이 고통이 끝나지 않을 거라는 잘못된 믿음을 가지고 있어서다. 그래서 감당할 수 없는 고통으로부터 자신을 보호하려고 하는 것이다. 이렇게 자신을 보호하는 방법으로 감정을 무시하고 부인하며 폄하한다. 이 과정에서 내면아이는 버려진다.

자신의 내면에서 한밤중에 외롭게 울고 있는 사람은 누구일까? 바로 버려진 내면아이다. 어느 날 친구 린Lynn이 나에게 이런 질문을 한 적이 있다. "한밤중에 내 안에서 울고 있는 사람은 누구일까?" 다음은 우리가 나눈 대화다. 린과 나의 대화를 살펴보자.

린 지난주 우리가 나누었던 대화와 버려진 아이라는 개념을 생각
해보았어. 생각해보면 내 감정적인 자아가 가장 사랑받기를 원하고
심적으로 가장 힘든 시간이 한밤중인 것 같아. 너에게 물어보고 싶
은 게 있어. 한밤중에 내 안에서 울고 있는 사람은 누구일까?

나 바로 버려지고 외로운 내면아이야. 그 아이는 두려움과 슬픔, 비
탄에 빠져있는 데다가 누구와도 유대감을 맺지 못하고 있어. 이렇게
내면아이가 성인자아와 분리되었다는 건, 성인자아가 자신의 할 일
을 제대로 못했다는 뜻이야. 사랑을 베푸는 성인자아와 부모로서의
역할을 못한 거지. 사실 내면아이는 옆에 성인자아가 있어도 울 수
있어. 하지만 성인자아가 옆에 있어준다면 자기를 혼자 내버려두지
않았다는 사실에 그 아이의 외로움은 서서히 사라질 거야.

린 버려진 내면아이는 울면서 누구를 기다리는 걸까?

나 그건 사람마다 다를 거야. 가끔 난 남편이나 친구들이 내 고통
을 돌봐주러 오는 걸 상상해. 어렸을 때는 엄마 아빠가 오길 바랐
지. 하지만 어른이 되니 아무도 내 감정을 해결해줄 수 없어. 다른
사람이 도움을 줄 수는 있지만 그저 보조적인 역할만 할 수 있을
뿐 나를 대신할 수는 없어.

한밤중에 울고 있는 내 안의 작은 소녀가 이렇게 말하는 것이 들려.
"오, 누군가 와서 날 안아주고 돌봐주었으면 좋겠어." 그 순간 나는
이렇게 말하지. "이제 내(성인자아)가 여기 왔어. 널 도와줄 거야. 네
상처를 치유하도록 도와줄게." 그리고 이렇게 물어봐. "지금 내가

어떤 것을 해주면 될까?"

가끔 다른 어른이나 부모님이 곁에 있는 것을 상상하기도 해. 그러면 나는 어린아이가 되어서 그들에게 내가 원하는 걸 말하지. 그런데 그들에게 말하는 것이 바로 내면아이가 성인자아에게 원하는 것이야.

린 그러면 그때 못 오는 사람은 누굴까?

나 환상은 절대 오지 못해. 배우자, 엄마, 아빠, 친구들 말이야. 너 자신의 성인자아 말고는 아무도 올 수 없어. 만약 다른 사람들이 와서 너의 고통을 해결해주려고 한다면, 그들은 그저 너의 시중을 들어줄 뿐이야. 진정한 성장은 방해하는 거지. 그러니 전혀 도움이 되지 않아.

하지만 그들이 이렇게 말하는 건 도움이 돼. "네가 자신의 감정을 살펴볼 때 옆에서 내가 도와주길 바라니?" "너의 내면아이와 성인자아가 유대감을 쌓을 때 혹시 내 도움이 필요하니?"

혼자서 자신을 책임져야 한다는 생각에 압도당해서 부담을 느낄 필요는 없어. 내면아이에게 사랑을 베푸는 성인자아가 되는 데는 주변의 도움을 많이 얻을 수 있거든. 그러니까 혼자서 다 할 필요는 없어. 사랑을 베푸는 성인자아가 되는 법을 혼자서 완벽히 배울 수는 없으니까.

그러니까 자신을 돌보기 위해 어떤 행동을 해야 할지 친구나 상담가에게 도움을 받을 수 있어. 사실 우리 모두에겐 도움이 필요해. 자라면서 점점 혼자 할 수 있는 일들이 많아지는 것이 사실이지만 다른 사람의 관점에서 살펴보는 것은 항상 도움이 되지. 인간은 혼자 살 수 없는 존재고, 혼자서만 살아가고 싶은 사람도 없을 거야. 다른 사람과 사랑을 나누는 것은 큰 기쁨이니까.

린 내면적인 유대감 형성 과정을 배우고 나니 이제 어떤 문제에 대한 해답을 찾기 위해서 내 안의 깊고 어두운 부분을 믿을 수 있게 되었어. 지금까지 인생을 살아오며 의지했던 이성적인 것들을 모두 내려놓고, 그냥 내 안으로 들어가 해답을 기다리는 거지.

나 그게 바로 영적인 부분이야. 신이나 고차원적인 자아에게 해답을 구하는 거지. 마음의 혼란을 느낄 때 갈 수 있는 2가지 장소가 있어. 하나는 내면아이에게로 내려가는 거고, 다른 하나는 고차원적인 힘으로 올라가는 거지. 내면아이에게 갔을 때는 성인자아가 이렇게 물어볼 수 있어. "어떤 것이 필요하니?" 고차원적인 힘에게는 이렇게 물어볼 수 있지. "나 자신을 돌본다는 것이 어떤 것일까요?" 그러면 해답이 나의 본능을 통해 내려올 때도 있고, 어떨 때는 생각으로 떠오르기도 해. 어쨌든 해답을 준 것은 고차원적인 자아나 신 같은, 어떤 초월적인 존재야. 중요한 것은 먼저 마음을 열어야 한다는 점이야. 마음을 활짝 열고 해답을 받기 위해 질문을 해야 해.

린 내면아이의 곁에 있어준다는 것이 어떤 것인지 이해가 되기 시작해. 하지만 나 자신을 돌본다는 것이 어떤 것인지는 아직 잘 모르겠어.

나 아마 대부분 그럴 거야. 왜냐하면 주변에서 제대로 보지 못했으니까. 자신을 돌보는 것은 이기적이라는 말을 듣고 자랐지. 우리 부모님은 우리를 많이 사랑해주셨지만, 아마 부모님도 자신을 잘 돌보지는 않으셨을 거야. 우린 그런 모습을 보고 자라서 그대로 따라

하는 거고.

자신을 돌본다는 것을 이해하기 위해서 책을 읽거나 다른 사람들의 행동을 살펴볼 수도 있어. 하지만 정말로 자신을 돌보고 행동으로 옮기겠다는 의지를 가져야 해. 그리고 자신의 행복이 성인자아와 내면아이를 연결할 때 나온다는 사실을 이해해야 하지. 너도 알다시피 마음을 열지 않으면 다른 사람과 사랑을 주고받을 수 없어. 열린 마음은 성인자아와 내면아이 사이에 원활한 소통이 될 때만 가능해.

린 그러면 한밤중에 울고 있는 버려진 내면아이와 연결되기 위해 올 수 있는 사람은 누구지?

나 성인자아가 올 수 있지. 성인자아가 찾아올 때만이 다른 사람들 역시 도움이 될 수 있어. 다른 사람들은 억지로 성인자아가 찾아오도록 만들거나 너의 성인자아를 대신해서 올 수도 없어. 만약 네가 다른 사람에게 내면아이를 돌봐달라고 부탁한다면, 너만의 사랑스러운 성인자아를 살리지 못하게 될 거야. 그렇게 된다면 너는 항상 사랑에 굶주리고, 다른 사람에게 의존하고, 스스로를 희생자로 여기면서 공허함을 느끼게 될 거야.

린 그러면 어떻게 해야 사랑스러운 성인자아를 살릴 수 있지?

나 네가 질문하는 것 자체로 이미 성인자아는 살아났어. 왜냐하면 질문을 한다는 것은 이미 배우려는 의도를 가지고 있다는 뜻이니까. 질문의 내용은 어떤 것이든지 될 수 있어. 어떤 사람들은 "사랑하는 행동이란 어떤 것이지?"라고 묻기도 해. 개인적으로 나는 "넌 내게 어떤 것을 필요로 하니?"라는 질문을 중요하게 생각해. 이런 질문을 통해 어떤 행동을 해야 사랑을 베풀 수 있을지 알게 되니까. 성인자아를 살리기 위해서는 자신을 살펴보고 배우려는 의도를 가지고 내면아이와 연결되어 유대감을 형성해야 해.

린 만약 내면아이가 한밤중에 울고 있는데 성인자아가 나타나지 않는다면 어떤 일이 일어날까?

나 아마 외롭고, 버려진 것 같고, 무력한 기분이 들겠지. 네 성인자아는 자신을 보호하고 방어하려는 의도를 선택한 거고, 내면아이는 그 선택을 바꿀 수 없어.

자신을 보호하면 내면아이와 단절된다

매 순간 우리는 자신을 살펴보고 배우려는 의도와 보호하고 방어하려는 의도 중에서 하나를 선택한다. 또는 내면아이의 내적 감정을 경험하거나 회피하는 것, 마음을 열거나 닫는 것으로 표현할 수도 있다.

성인자아가 자신의 감정, 내면아이의 고통, 기쁨에 책임을 지는 대신 마음을 닫고 자신을 보호하기로 선택하면 내면아이와 단절된다. 마음이 닫히면 내면아이는 성인자아에 도달할 수 없기 때문이다. 그렇게 되면 내면아이는 마치 부모에게 버림받은 것처럼 사랑받지 못하고 버려진 감정을 느낀다.

여기서 '보호하다'라는 단어에 대해 추가적인 설명이 필요하다.

이 단어에는 긍정적인 뜻과 부정적인 뜻이 모두 담겨 있다. 내면적인 유대감 형성에서는 '보호하다'라는 말이 성인자아가 내면아이의 고통이나 그에 대한 책임을 회피한 채 자신을 보호하고 방어하는 의미로 사용된다. 사랑을 베풀지 않는 성인자아는 내면아이에게 지나치게 관대하거나 권위주의적인 모습으로 자신을 보호하려고 한다. 또한 내면아이가 고통을 당할 때, 그 고통을 외면하거나 중독적인 행동으로 회피한다. 한편 '보호하다'라는 말에는 긍정적인 면도 있다. 성인자아가 마음을 열고 배우려는 의지를 가지고, 사랑을 베풀며 내면아이를 보호하는 것이다.

사랑을 베푸는 성인자아는 내면아이의 고통을 치유하고 기쁨을 가져오는 역할을 한다. 성인자아의 역할에 대해서는 5장에서 좀더 자세하게 다룰 것이다. 지금은 사랑을 베푸는 성인자아는 내면아이에 대한 책임을 지는 방식으로 내면아이를 보호하는 반면에 사랑을 베풀지 않는 성인자아는 개인적인 책임을 지지 않는 방식으로 자신을 보호한다는 사실만 기억하자. 이 책에서는 별도의 설명이 없는한 '보호하다'라는 의미는 '사랑을 베풀지 않는' 부정적인 의미로 사용될 것이다.

우리가 자신을 보호하려는 의도를 선택하는 이유는 앞서 말했던 것처럼 우리가 스스로의 고통을 감당할 수 없거나 치유와 좋은 느낌은 외부에서 온다는 잘못된 믿음이 있기 때문이다. 우리는 고통이나 불편함도 외부에서 온다고 믿는다. 즉 누군가 우리를 실망시키고, 우리와 단절되었으며, 우리를 비판하고 비난하며, 위협하거나 거부했기 때문에 그런 감정이 든다고 말한다. 그 결과 우리는 자신의 내면에서뿐만 아니라 다른 사람과의 관계에서 자신을 보호하려고 한다.

우리가 자신을
보호하는 4가지 방식

사랑받지 못하고 버려진 내면아이는 외로움을 느낀다. 또한 고통을 잊고 공허함을 채우기 위해 중독이나 의존 행위에 빠진다. 중독이나 의존 행위의 방식은 크게 4가지 범주로 나눌 수 있다. 첫 번째는 자신의 감정은 죽인 채 외부의 무언가로 자신을 채우는 방식이다. 두 번째는 다른 사람을 조종하기 위해 노골적인 방식으로 행동하는 것이다. 세 번째는 다른 사람을 조종하기 위해 은밀한 방식으로 행동하는 것이다. 마지막 네 번째는 다른 사람들이나 사회로부터 어떤 조종도 받지 않겠다며 저항하는 것이다.

이러한 방식으로 자신을 보호하려는 이유는 이 방법을 통해 고통, 두려움, 마음의 불편함을 없앨 수 있다고 믿기 때문이다. 우리가 마음속의 불편함에서 무언가를 배우기보다는 그 감정 자체를 없애려는 의도를 가지는 한, 계속 자신을 보호하려고 한다.

1. 물질 · 활동 · 사람에 대한 중독

공허함을 채우고 고통을 잊기 위해 내면아이는 다양한 중독에 빠진다. 물질중독의 대상으로는 음식, 설탕, 담배, 카페인, 약물, 알코올 등이 있다. 과정이나 물건, 활동에 대한 중독 대상으로는 TV, 일, 독서, 운동, 권력, 도박, 쇼핑, 돈, 잠, 도벽, 과거를 곱씹기, 걱정, 고통, 수다, 명상, 드라마, 위험, 성적 매력, 종교 등이 있다. 사람들에 중독되는 경우는 관계, 섹스, 연애, 사랑, 인정 등이 있다.

성인자아에게 가치를 인정받지 못한 내면아이는 '다른 사람'의 사랑과 인정에 의존한다. 사랑받지 못한 내면아이가 이렇게 의존적인 모습을 보이는 이유는 성인자아가 내면아이의 가치를 인정해주지 않았기 때문이다.

부모가 아이를 버리면 내면아이는 버려졌다는 감정과 동시에 외부의 인정을 받고 싶은 강렬한 욕구를 갖게 된다. 이는 다른 사람에게 거부당하고 버림받을까 하는 두려움, 혹은 다른 사람에게 조종당하고 압도당하지 않을까 하는 두려움으로 이어진다. 이러한 두려움은 통제적이고 저항적인 행동으로 이어지는데, 결국은 문제가 많은 결혼이나 가족 관계를 낳는 악순환을 겪게 된다.

2. 노골적인 통제

우리는 자라면서 자신이 원하는 방식으로 다른 사람의 행동을 조종하는 방식을 배우면서 자란다. 가장 흔히 보이는 것이 죄책감이나 두려움을 주입하는 방식이다. 예를 들면 분노, 비난, 성질부리기, 위협, 거짓말, 폭력, 짜증, 조용하게 사랑을 거두어가는 방식 등이 있다. 또한 상대를 인정하지 않기, 망신주기, 욕하기, 비판, 심문, 비난, 잔소리, 설명, 정의 들먹이기, 자신의 감정을 털어놓기, 못마땅한 표정, 눈물 보이기 등도 사용한다. 이렇게 다양한 방식을 동원해 다른 사람으로 하여금 자신이 잘못했다는 느낌이 들게 하고 자신을 믿지 못하게 만든다. 사람들이 겁을 먹거나 자신을 믿지 못하면, 우리는 그들을 마음대로 조종할 수 있다. 언어적·신체적인 방식으로 그들이 잘못했다거나 못마땅하다는 사실을 표현하면서 말이다.

우리가 남을 조종하려고 의도할 때는 주로 말이 아니라 '어조'나 '시선'을 이용한다. 목소리를 날카롭게 하거나 입을 꾹 닫아버리고 차가운 시선을 던지면, 하고 있는 말에 상관없이 상대에게 못마땅한 감정을 표현할 수 있다. 하지만 우리는 조종하려는 의도를 숨길 수 없다. 의도란 우리가 내는 에너지를 통해 드러나게 마련이다.

내면적인 유대감에서는 각각의 상황에서 드러나는 에너지를 이해하고 주의 깊게 집중해 살펴보는 것을 배운다. 말보다는 에너지를 통해 훨씬 더 많은 것을 주고받을 수 있다. 모든 사람이 에너지에 반응하지만 대부분은 자신이 에너지에 반응한다는 사실을 인식하지 못한다. 왜냐하면 다른 사람의 에너지를 느끼는 자신의 내면아이와 단절되어 있기 때문이다.

내면적인 유대감 형성은 사람들이 각각의 상황에서 자신이 느끼는 에너지와 그 느낌을 믿도록 도와준다. 즉 내면아이의 느낌을 믿도록 해주는 것이다. 만약 어떤 사람이 자신을 보호하려는 방어적인 의도를 가진 것이 느껴진다면, 당신의 느낌이 맞는 경우가 많다. 그 사람이 아무리 그 사실을 부인한다고 해도 말이다. 사람들은 자신의 느낌을 존중하고 믿을 필요가 있다. 분노의 에너지와 사랑의 에너지와는 매우 다르다. 그러므로 자신이나 타인에게서 느껴지는 에너지를 구분하고 인식하는 것이 매우 중요하다.

3. 은밀한 조종

은밀한 조종은 칭찬·보살핌·친절함·유혹 등을 이용해서 다른 사람이 우리를 좋아하거나 인정하도록 만들려는 것을 말한다. 또한 남에게 잘 보이기 위해 그의 말에 동의하거나 자신은 원하지 않는데도 다른 사람이 원하는대로 따를 수도 있다. 예를 들면 하고 싶지 않은데 상대방과 잠자리를 한다든지, 다른 일을 하고 싶은데도 그 사람과 억지로 시간을 보낸다든지, 사고 싶지 않은 것을 산다든지, 심지어 아이를 원하지 않으면서도 갖는 경우까지 있다.

이런 일을 하는 이유는 다른 사람의 사랑을 얻고 인정을 받거나, 거부당하는 것을 피하기 위해서다. 이런 방식으로 자신을 포기할 때만 타인에게 사랑받을 수 있다며 자신을 설득하기도 한다. 하지만 사랑이란 이렇게 얻어지는 것이 아니다.

우리가 인정을 받거나 상대방의 비판적인 시각을 피하기 위해 무언가를 준다면, 우리는 상대를 조종하고 있는 것이다. 이런 행동 뒤에 숨은 진짜 의도는 타인에게 베푸는 것이 아니라 무언가를 받거나 회피하려는 의도다. 진정한 기쁨으로 베푸는 것만이 사랑에서 우러난 행동이라고 할 수 있다.

은밀한 조종은 알아차리기 어려운 경우가 많다. 다른 사람의 의도를 알아볼 수 있는 확실한 방법은 그 사람의 에너지를 잘 살펴보는 것이다. 내면적인 유대감 형성에서는 우리가 상대방에게 무언가를 베풀도록 강요받는 것 같을 때, 자신의 느낌을 믿도록 가르친다. 이런 느낌을 받는다는 것은 상대방이 은밀한 방식으로 우릴 조종한다는 뜻이다.

잉그리드Ingrid는 자신이 우울할 때 남편이 장난을 치는데, 남편이 자신의 기분을 풀어주기 위해 그런다는 걸 알지만 화가 난다고 말했다. 또 자신이 화가 난다는 사실에 죄책감이 든다고 말했다. 나는 그녀에게 더 자세하게 말해달라고 했다.

> **잉그리드** 음, 가끔 남편은 발가벗고 제 앞에서 장난을 쳐요. 남편이 이럴 때 저는 화가 나는데 정확한 이유는 잘 모르겠어요.
>
> **나** 남편이 무엇을 원한다고 생각하세요?
>
> **잉그리드** 아마 관심을 바라는 것 같아요.
>
> **나** 남편이 당신에게 무엇인가를 베풀려고 하는 것 같나요?
>
> **잉그리드** 아니요…. 그냥 어린 꼬마가 제 관심을 끌려고 하는 것 같아요. 남편은 제가 기분 좋게 해주길 바라는 것 같아요.
>
> **나** 그러니까 당신의 기분이 우울할 때, 남편은 곁에서 당신을 위로하는 대신 오히려 당신이 그를 위로하고 기분 좋게 만들어주길 바라는 거네요?
>
> **잉그리드** 맞아요! 바로 그거예요! 저는 남편이 그럴 때마다 뭔가 강요받는 느낌이 들어요. 제 감정에는 별로 신경 쓰지 않는다는 느낌이 들어서 화가 나요!

잉그리드의 남편은 은밀한 방식으로 그녀를 조종하려고 했다. 하지만 그녀는 자라면서 자신의 느낌을 믿는 법을 배우지 못했기에 혼란스럽고 죄책감을 느끼면서도 어떻게 반응할지 몰랐다. 게다가 잉그리드는 기분이 우울할 때 자신의 기분을 남편이 책임지고 풀어주길 기대했기 때문에 그가 제대로 자신의 감정을 해결해주지 않으면 화가 났던 것이다.

남편과의 의존적 관계에서 그녀는 자기애적인 면을 담당하면서 자신의 분노로 그를 조종하려고 했다. 남편은 타인의 시중을 드는 면을 담당하면서 은밀하게 그녀의 인정을 받으려고 했다(자기애적인 면과 타인의 시중을 드는 면에 대한 내용은 계속해서 자세히 다룰 것이다).

칭찬은 다른 사람을 조종하려는 은밀한 방식의 하나로 사용될 수 있는데 진정한 칭찬인지는 하는 사람의 의도에 따라 달라진다. 예를 들어 좋은 사람으로 인정받고 싶다거나 칭찬에 대한 답례로 자신도 칭찬받기 위해서 등 타인에게 무언가를 얻기 위해 칭찬을 한다면 조종이 된다. 이렇게 조건적으로 칭찬을 하는 사람들은 자신이 원하는 방식으로 상황이 이어지지 않을 때는 못마땅한 감정을 드러낸다. 사실 진정한 마음에서 우러난 칭찬의 말(내면적으로 잘 연결된 상태와 베푸는 마음에서 나온)과 조종하려는 의도를 가진 칭찬의 말(내면적으로 단절된 상태와 받으려는 마음에서 나온)은 겉으로는 똑같이 들릴 수 있다. 하지만 둘 사이에서 나온 에너지에는 큰 차이가 있다. 당신이 내면적으로 유대감을 형성하면 사람들 사이에 흐르는 에너지를 느끼고, 자신의 느낌도 믿을 수 있다.

또한 친절함도 조종의 은밀한 형식이 될 수 있다. 패티Patti는 상담중에 다음과 같은 고민을 털어놓았다.

> **패티** 며칠 전에 저는 너무나도 우울했어요. 선생님이 추천한 성적 학대에 대한 책을 읽다가 잊고 있던 어린 시절의 기억이 떠올랐거

든요. 저는 울음을 터트렸죠. 남편 로저Roger가 무슨 일이냐고 물었어요. 저는 어린 시절 기억이 떠올라 우울하다고 말했어요. 그러자 남편은 절 안아주었어요. 하지만 전 이상하게 편안하지 않았어요. 그런데 그 이유를 모르겠어요. 사실 이런 일이 꽤 자주 있었는데, 제가 느끼는 이런 감정을 이해할 수가 없어요.

나 남편이 당신을 안아줄 때 어떤 에너지가 느껴지나요? 그가 당신에게 집중하고, 사랑하는 성인자아로부터 강력한 에너지가 나오는 게 느껴지나요? 아니면 약하고 공허한 에너지가 느껴지나요?

패티 확실히 약하고 공허한 쪽이었어요. 남편의 얼굴에는 마치 어린 소년 같은 표정이었어요. 마치 저를 달래주는 연기를 하는 것 같았어요.

나 남편의 그런 행동 뒤에 어떤 메시지가 있다고 느꼈나요?

패티 마치 "내가 얼마나 착한 소년인지 좀 봐줘." 같았어요. 아니면 "당신 기분이 우울한 게 싫어. 왜냐면 그럴 때는 내 곁에서 날 기분 좋게 해주지 않으니까."라고 하는 것 같아요.

나 남편이 당신에게 무언가 원하는 것처럼 느낀다는 말이네요. 당신에게 무언가를 베푸는 대신에 남편의 버려진 내면아이가 당신에게 뭔가 원하는 느낌이 든다는 거죠.

패티 맞아요. 제 느낌이 그거였어요. 그는 제가 자신을 좋은 사람으로 인정해주길 바랐던 것 같아요. 아니면 자기가 원하는 방식으로 제가 행동할 수 있도록 제 기분이 괜찮아지길 원했던 것 같아요.

나 그래서 어떤 기분이 들었나요?

패티 지친 기분이 들었어요. 남편이 원하는 방식으로 반응하지 않으면 그가 거부당한 기분을 느낄 거라는 어떤 의무감이 들었어요. 남편이 믿음직스럽게 느껴지질 않았죠. 그가 원하는 대로 해주지 않으면 제 곁에 있어주지 않을 것 같았어요. 만약 제가 "별로 기분이 좋지 않아."라고 말하면 그는 속이 상해서 저를 이해해주려 하지 않을 것 같아서 두려웠어요.

맙소사! 저는 어린 시절과 똑같은 감정을 느낀 거였어요! 어릴 적제 아버지는 이상한 방식으로 저를 안고 입을 맞추었어요. 하지만 아버지를 밀어내면 아버지가 상처받은 모습을 보였기 때문에 죄책감이 들었어요. 지금 남편에게 느끼는 감정이 그때와 똑같아요. 만약 남편을 밀어낸다면 그는 상처 받거나 화가 나서 저를 이해하려 하지 않을 것이고, 그러면 저는 죄책감을 느낄 것 같았어요. 그래서 솔직하게 제 기분을 말하길 두려워한 거죠. 제가 갇힌 것 같은 기분이 든 이유가 바로 그거였어요.

나 그래서 당신은 남편의 태도에 정면으로 맞서기보다는 자신을 포기하고 남편이 그냥 당신을 '위로'하게 놓아두었다는 소리네요. 그렇다면 이런 행동 또한 남편의 반응을 조종하기 위한 방식이 아니었을까요?

패티 맞아요. 그랬던 것 같아요. 그냥 남편이 저를 위로하게 두어서 제게 화를 내지 않도록 했던 거죠. 대신 저는 형편없는 기분이 들었어요.

이 대화를 보면 패티 부부는 서로에게 은밀한 조종 방식을 사용했음을 알 수 있다. 그래서 겉으로는 서로를 보살피는 것처럼 보였지만 결국은 둘 다 좋은 기분을 느끼지 못했다.

타인의 시중을 드는 쪽의 사람은 은밀한 행동 방식을 통해 자신이 원하는 사랑이나 감사를 얻지 못했을 경우, 분노 같은 노골적인 조종 방식을 사용한다. 즉 내면의 단절과 그에 따른 의존 성향이 발생할 때마다 노골적 조종 방식과 은밀한 조종 방식 사이를 왔다 갔다 하는 것이다.

노골적이거나 은밀한 조종 방식은 다른 사람의 행동이나 감정을 조종할 수 있고, 타인이 내 감정에 책임이 있거나 반대로 자신이 타인의 감정에 책임이 있다는 잘못된 믿음에서 비롯한다. 하지만 우리는 타인의 행동이나 감정에 어떤 영향력도 책임도 없다.

우리는 매 순간 어떤 사람이 되고 싶은지 결정한다. 마음이 관대하고 친절하며 따뜻한 사람이 되기를 결정하기도 하고, 편견에 사로잡혀 마음을 닫은 매정하고 차가운 사람이 되기로 결정할 수도 있다. 우리의 감정은 이런 결정에서 시작된다. 본인 외에 다른 사람은 이 결정에 어떤 영향력도 행사할 수 없다. 그렇다 해도 우리는 '바르게' 행동하면 다른 사람이 자기를 사랑할 거라고 믿고 싶어한다.

물론 우리가 마음을 열고 사랑할 때 그 대가로 사랑을 받을 수 있는 확률이 더 높아지는 것은 사실이다. 하지만 그것을 절대적으로 보장할 수는 없다. 우리가 진정으로 사랑을 베풀 때는 그 보상으로 사랑받으려는 기대가 없어지며, 다른 사람의 사랑을 의존하지 않게된다. 사랑을 베푸는 것은 그 자체로 자신의 가치와 사랑스러움을 스스로 인정하는 방법이기 때문이다.

사랑한다는 것은 타인을 조종하지 않고 자신을 보호하거나 방어하지 않는 것을 의미한다. 다른 사람을 조종할 수 있다는 잘못된 믿음으로 행동하면 비참함만 남을 뿐이다.

4. 저항

성인자아가 내면아이와 단절되면 내면아이는 다른 사람에게 인정을 받고 싶은 마음에 조종당하기 쉬운 상태가 된다. 때로는 자신의 온전한 정체성을 유지하기 위해서 타인에게 반항해야 한다는 잘못된 믿음으로 저항적인 행동을 할 수 있다. 그래서 다른 사람이 우리에게 어떤 것을 원할 때마다 저항하면서 사랑하는 사람이나 배우자, 부모, 자녀, 동료와 힘겨루기를 하게 된다. 이때 나타나는 저항의 방식으로는 부정 · 방어 · 지연 행동 · 반항 · 수동적인 행동 · 무책임 · 무관심 · 관계 끊기 · 완고함 · 태만 · 무능력 등이 있다.

데이비드David는 아내 바버라Barbara를 진심으로 사랑한다고 생각했다. 그렇지만 애정 어린 방식으로 그녀를 대하지 않았고, 특히 그녀가 직접적으로 그런 행동을 요구할 때는 더 반대로 행동했다. 데이비드의 주목적은 아내에게 애정을 쏟는 것이 아니라 아내에게 조종당하지 않는 것이기 때문이었다. 아내가 그에게 무엇인가 원할 때는 비록 자신을 위한 것이라고 해도 자신을 조종하려고 한다고 생각했다. 사실 바버라는 데이비드가 불행한 사람이라고 생각해서 그가 불행한 선택을 할 때 일깨워주려고 했다. 하지만 그럴 때마다 그는 저항할 뿐이었다.

어릴 적 데이비드는 통제하는 성향의 어머니 밑에서 자랐다. 데이비드는 어렸을 때 자신의 감정을 어머니에게 낱낱이 보고해야만 했고, 어머니는 그의 모든 생각과 행동을 통제하려 했다. 그는 여자들이란 다 그렇다고 생각해버렸다. 결국 자신의 정체성을 지키기 위해서 겉으로는 자신을 포기한 것처럼 행동했지만 속으로는 저항했다. 어른이 된 데이비드는 겉으로 보기에는 친절하고 남에게 베푸는 '좋은' 남자로 보였다.

하지만 바버라는 그가 속내를 전혀 내어주지 않으며 항상 자신을 밀어내는 기분이 들었다고 말했다. 심지어 그녀가 어린 시절을 이야기하며 속내를 털어놓을 때도 그는 저항감에 뻣뻣한 태도를 보였다. 겉으로는 데이비드가 사랑을 베푸는 것 같았지만, 바버라는 그에게 사랑을 느끼거나 연결된 기분이 들지 않아 혼란스러웠다.

이렇게 데이비드의 목표가 남에게 조종받지 않으려는 것이고 아내의 충고를 조종으로 오해하는 한, 그는 사랑을 베풀지 않는 저항적인 행동을 계속할 것이다. 반면에 아내에 대한 오해를 풀거나 사랑을 베푸는 성인자아로서 내면아이를 살펴보기 위해 마음을 연다면, 그의 인생은 생동감과 기쁨으로 가득 찰 수 있을 것이다. 그렇지 않다면 데이비드는 계속해서 불행한 삶을 살 수밖에 없을 것이다.

데이비드가 요청하지도 않았는데도 바버라가 그에게 조언을 하는 것 같은 행동은 일종의 조종 행위라고 볼 수도 있다. 하지만 여기서 중요한 것은 바버라가 실제로 데이비드를 조종하려 했는지 아닌지가 아니다. 바버라의 의도가 데이비드를 조종하려는 것이었다고 해도, 그의 저항 행동은 자신과 아내를 향한 잘못된 행동이었다. 사랑을 표현하지 않는 이런 행동은 배우려는 의도로 전환되어야 하며, 그녀의 조언이 그에게 타당한 것인지 살펴보는 쪽으로 바뀌어

136

야 한다.

데이비드와 같이 상대방에게 무조건 저항하는 것은 관계를 점점 더 힘들게 만들 수 있다. 바버라는 데이비드와 가까워지고 연결되고 싶어서 잔소리를 했다. 그리고 그를 비난하거나 눈물을 보이기도 했다. 하지만 데이비드는 바버라에게 마음을 열고 자신을 살펴보는 것이 곧 자신을 포기하고 항복하는 것이라고 믿었다. 또한 자기 본연의 모습을 완전히 잃게 될 것이라고 생각했다. 그래서 자신의 자존감을 높여줄 수 있는 아내의 조언에 무조건적으로 저항했다. 이렇게 바버라는 데이비드에게 마음을 열도록 강요하고 이에 데이비드가 저항하는 한 그들의 끝나지 않는 힘겨루기는 계속될 것이다.

의존적인 관계는
서로의 중독을 부채질한다

내면이 단절된 사람 중 성인자아의 모습으로만 살아가는 사람들이 있다. 그들은 주어진 일을 잘해내는 능력 있는 사람들이지만 삶의 기쁨이나 생동감을 느끼지 못하고 삶의 의미 또한 찾지 못한다. 반면에 내면아이의 모습으로만 살아가는 사람들도 있다. 이들은 매우 창의적이고 카리스마 넘치지만 생각을 어떤 구체적인 형태로 만들어내지 못한다. 게다가 적정한 한계를 설정하는 성인자아의 모습을 지니지 못해서 지나친 중독이나 분노, 혹은 폭력적인 행위로 자

도표 19 ᵒᵒ 수치심을 주는 믿음: 나는 나쁘다 · 잘못됐다 · 결함이 있다

```
                        ┌──────────────┐
                        │     의존     │
                        └──────────────┘
```

다음과 같은 믿음을 기반으로 한다.

1. 나의 가치와 사랑스러움은 내가 아닌 다른 사람이 정의한다.
2. 나의 고통과 기쁨의 감정은 외부에서 비롯된다.
3. 나는 사랑을 잃는 상황을 감당할 수가 없다.

남의 시중을 받으려고 하는 사람 (지나치게 허용적 · 자기애적)	**남의 시중을 드는 사람** (권위주의적 · 공감적)
믿음 1. 당신은 내 감정에 책임이 있다. 당신이 마땅히 해야 할 방식으로 나를 돌본다면, 나는 행복하고 사랑스럽고 가치 있다는 느낌을 받을 것이다. 2. 나의 욕구는 당신의 욕구보다 더 중요하다. 3. 나는 당신이 나를 사랑하고, 나를 바라보고, 나의 말을 들으며, 나를 인정하도록 만들 수 있다.	**믿음** 1. 나는 당신의 감정에 책임이 있다. 내가 바르게 행동하면 당신은 나를 사랑하고 인정해 줄 것이고, 나는 행복하고 사랑받으며 가치 있는 느낌이 들 것이다. 2. 당신의 욕구와 감정은 나의 욕구와 감정보다 중요하다. 3. 나는 당신이 나를 사랑하고, 나를 바라보고, 내 말을 듣고, 나를 인정하도록 만들 수 있다.

노골적인 조종 행동

• 분노폭발	• 위협
• 짜증내기	• 울기
• 정의를 들먹이기	• 못마땅한 표정 하기
• 폭력	• 침묵
• 설명	• 성질부리기
• 취조	• 비판
• 비난	• 상처주기
• 잔소리	• 사랑을 주지 않기
• 거짓말	

은밀한 조종 행동

칭찬	강요
• 항복하기	• 친절함
• 따르기	• 칭찬
• 기쁘게 하기	• 유혹
• 포기	• 가르치기

느낌
• 조종 행위가 효과가 있을 때
  잠깐의 자존감, 행복, 안정감
• 조종 행위가 효과가 없을 때
  거부당하고, 버림받고, 두렵고, 외롭고, 사랑
  에 굶주린 느낌, 저항감과 분노.

느낌
• 조종 행위가 효과가 있을 때
  잠깐의 자존감, 행복, 안정감
• 조종 행위가 효과가 없을 때
  화나고, 분개하고, 진이 빠지고, 궁지에 몰리
  고, 저항하고, 외롭고, 인정 못 받고, 좌절함

다음과 같은 중독 행동으로 이어진다.
• 누군가에게 보살핌을 받으려고 한다.
• 누군가의 시중을 들려고 한다.
(언제든지 양쪽의 역할은 바뀔 수 있다. 각각의 상황에서 맞닥뜨리는 재정적 · 감정적 · 성적 · 신체적 · 지적 · 사회
적 문제에 따라서 바뀔 수 있다.)

신이나 타인에게 해를 입힐 수도 있다.

이러한 모든 행위는 잘못된 믿음과 자신을 보호하려는 의도의 결과로 중독과 의존적인 관계로 이어진다. 불행하게도 이런 의존적인 관계는 현재 우리 사회 전반에 만연해 있다.

의존의 기본이 되는 것은 성인자아와 내면아이의 단절에서 오는 공허함과 외로움이다. 이 둘이 단절될 때 의존적인 사람들이 모여 의존적인 관계를 만든다. 사람들은 대부분 하나 이상에 중독되어 있는데, 의존적인 관계는 서로의 중독을 더 부채질한다.

의존적인 관계는 성인자아가 내면아이에 대한 책임을 저버릴 때 일어난다. 의존적 관계에 있는 사람들은 2가지로 나뉘어 각자의 역할을 담당한다. 첫 번째는 자기애적인 사람 혹은 남의 시중을 받으려고 하는 사람이다. 두 번째는 공감적인 사람 혹은 남의 시중을 드는 사람이다.

예를 들어보자. "당신은 내 감정에 대한 책임이 있어."라는 잘못된 믿음을 가진 사람들은 의존적 관계에서 자기애적인 면이 있다. 이 유형의 사람들은 주로 타인에게 노골적인 조종 행위를 한다. 반면에 "나는 다른 사람의 감정에 책임이 있어."라는 믿음을 가진 사람들은 의존적 관계에서 남의 시중을 들며 은밀한 조종 행위를 한다. 〈도표 19〉에서는 의존적 관계의 이러한 2가지 측면이 자세히 나와 있다.

심리학자 에리카 초피크 박사는 의존의 본성을 다음과 같이 설명한다.[8]

우리 자신을 다이아몬드라고 생각해보면, 다이아몬드의 수많은 측면이 모두 모여 빛나는 우리를 만든다는 사실을 알 수 있다. 각각의 측면은 인간성의 다양한 면을 나타낸다. 그런데 우리가 세상 속에서 관계를 맺는 방식을 살펴볼 때 특히 중요한 2가지 측면이 있다. 바로 자기애적인 측면과 공감의 측면이다. 자기애를 '자신'으로, 공감을 '타인'으로 생각하면 이해하기 쉬울 것이다. 이 2가지 측면은 인간성에서 매우 필수적인 부분이지만, 서로 반대 방향에 있기 때문에 우리는 그 사이에서 균형을 잡아야 한다.

이를 다음의 그림과 같이 연속적인 선으로 나타낼 수 있다. 중간에 찍은 점은 균형 잡힌 인간을 의미한다. 하지만 자신을 솔직하게 바라보면 보통 자기애적인 면이나 공감적인 면 중 한쪽으로 치우쳤다는 사실을 알 수 있다.

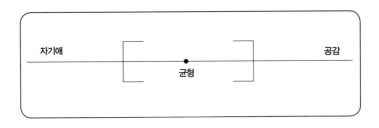

상담을 받으러 오는 사람들은 대부분 양쪽 극단에 속한 사람들이었다. 즉 관계에서 어려움을 느끼는 사람들은 대부분 이 둘 사이에서 균형을 잡지 못한다는 뜻이다. 그들은 자기애적인 부분이 너무 많은데 공감적 부분은 거의 없거나 그 반대의 경우였다.

자기애적인 모습이 너무 많은 사람은 자기중심적이며 타인을 노골적으로 조종하려는 사람이다. 그들은 다른 사람과의 관계에서 느껴지는 감정으로 자신을 정의한다. 이렇게 되면 자신이 느끼는 감정을 다른 사람이 책임지도록 만든다. 이런 사람은 좋은 느낌이 들면 다른 사람이 자신을 즐겁게 했기 때문이라고 생각한다. 반면에 기분이 나쁘거나 속상하면 다른 사람의 행동이 잘못됐기 때문이라고 결론 내린다. 이처럼 자기애적인 모습으로 타인과 상호작용하면 매 순간 자신이 어떤 기분이 드는지에만 집중하고 다른 사람의 감정은 안중에도 없는 모습을 보인다.

테드Ted라는 30대 내담자의 예를 들어보자. 상담실을 찾은 그는 여성과의 관계를 잘 유지하지 못한다고 했다. 좋아하는 여자가 있어도 결국은 늘 그를 떠난다고 했다. 상담중 그는 여성과 있을 때면 둘 사이에 일어나는 모든 일에 신경이 쓰인다고 말했다. 그는 여성의 모든 행동에 의미를 부여했다. 만약 상대 여성이 손으로 그를 만지거나 특정한 방식으로 그를 바라보면 이런 행동이 어떤 의미인지 초조하게 생각했다. 또 상대방이 정말 자신을 좋아하는 건지 끊임없이 판단하고 분석했다. 이렇게 그가 온통 자신에게만 초점을 맞추었기 때문에 정작 상대방을 제대로 바라보거나 애정을 쏟지 못했다.

실제로 너무 많은 자기애를 가진 사람은 남이 하는 말을 제대로 듣지 못한다. 왜냐하면 자신이 다음에 무슨 말을 할지 생각하느라 머릿속이 너무 바쁘기 때문이다. 다른 사람과 마음을 나누지 못하고, 사랑을 주기보다는 받길 원한다. 또한 자신의 내면아이를 책임지고 돌봐줄 적임자를 평생 찾아다닌다.

반대로 너무 많은 공감을 지닌 사람도 문제이긴 마찬가지다. 일반적으로 이런 사람들은 자신의 감정을 잘 인식하지 못한다. 건강한 자기애가 부족하기 때문이다. 그들은 다른 사람의 감정에 지나치게 집중하면서 당장에라도 다른 사람을 책임질 준비가 되어 있다. 즉 그들은 타인을 보살피기 위해 헌신한다. 다른 사람의 내면아이를 돌보느라 자신의 내면아이는 무시한 결과, 주변과 맺는 모든 관계에서 자아를 너무 쉽게 잃어버린다.

재닛Janet이라는 내담자는 남편의 감정을 자신의 것인 양 생생하게 느낀다. 그래서 그가 화를 낼 때마다 실제로 자신의 몸이 아플 정도였다. 그녀는 남편의 기분을 맞춰주기 위해 늘 그를 기쁘고 행복하게 해줄 준비가 되어 있었다. 하지만 그 과정에서 자신의 고통은 전혀 인식하지 못했다.

건강한 관계를 만들기 위해서는 양쪽 당사자 모두가 자기애와 공감 사이에서 균형을 잡는 것이 중요하다. 하지만 어떻게 해야 균형을 잡을 수 있을까? 그 해답은 바로 우리의 성인자아와 내면아이 간

142

에 사랑스러운 관계를 만드는 것이다. 내면의 관계가 건강하고 충만해야만 외부적인 관계에서도 균형을 잡을 수 있다.

테드는 자신의 가치를 입증해줄 사랑을 베푸는 성인자아가 없었다. 그래서 그 역할을 다른 여성들에게서 찾는 자기애적으로 (자신에게) 치우친 사람이 되었다. 반면에 재닛은 남편이 소리를 지를 때 자신의 내면아이가 얼마나 고통스러운지 인식하지 못하고 있었다. 그녀의 성인자아는 오직 남편(타인)에게만 초점을 맞추고 있었기 때문이다. 두 사람 모두 각자의 성인자아와 내면아이 사이에 유대감을 형성하지 못해 공감과 자기애 사이에서 균형을 잡지 못한 경우였다.

어느 쪽으로든 약간 균형을 벗어나는 것이 일반적이지 않느냐고 말하는 독자도 있을 것이다. 사실 그 말이 맞다. 하지만 개인의 자기애나 공감이 한쪽으로 극단적으로 치우쳤을 때 어떤 일이 일어나는지 살펴보자.

지나친 극단은 정신 질환의 원인이 된다. 자기애 쪽으로 지나치게 치우치면 폭력적인 성향의 반사회적 인격 장애, 편집성 정신 분열증 등이 나타날 수 있고 신체적·성적인 학대, 강간, 살인으로도 이어질 수 있다. 반면에 공감적인 면으로 지나치게 치우친 사람에게는 극심한 긴장, 심각한 우울 장애, 해리성 장애 등 비폭력적인 정신 장애가 나타날 수 있다. 이 말은 자기애와 공감 사이에서 균형을 잡지 못하는 것이 반드시 정신 질환으로 이어진다는 뜻이 아니라, 다음 페이지의 그림에서 보듯 정신 질환을 자기애와 공감의 불균형으로 설명할 수 있다는 말이다.

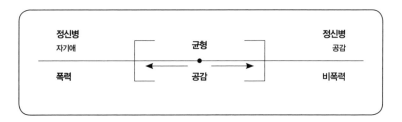

일반적인 사람들은 불균형이 그렇게 심각하지 않으므로 일상에서 경험하는 잘못된 관계에 잘 대처하면 된다. 자신이 균형에서 벗어나 어느 쪽으로 더 치우쳐 있는지 살펴보는 것만으로도 더 나은 관계를 만들어갈 수 있다.

내면아이와의
단절이 불러오는 악순환

사람들은 내면의 단절과 그로 인한 방어적 · 의존적인 행동으로 고통을 겪으며 상담을 받거나 도움을 청하러 온다. 불안 · 우울 · 죄책감을 느끼거나 결혼 생활에서 부부 싸움 · 거리감 · 권태 · 열정 부족 · 섹스리스 등의 문제로 오기도 한다. 그런 사람들은 끝나지 않는 문제로 힘겨루기를 한다. 힘겨루기는 자신은 다른 사람을 통제하려고 하면서 다른 사람에게 통제 받기는 싫어할 때 생기는 불가피한 결과다.

자신을 보호하고 방어하려는 마음에서 비롯되는 중독과 의존적인 행동은 결국 외로움으로 이어진다. 그리고 이 외로움과 내면의 단절에서 비롯된 공허함을 채우기 위해 중독과 의존 행위는 더욱 강화된다. 결국 이런 패턴은 낮은 자존감으로 이어져 "나는 가치가 없고 사랑스럽지 않아."라는 믿음을 더욱 강화하는 악순환으로 이어진다.

다음 페이지에 나오는 〈도표 20〉과 〈도표 21〉은 『내 안의 어린아이』에서 발췌한 것으로, 이 도표들을 통해 지금까지 소개한 내용을 정리할 수 있다.

도표 20 ** 성인자아와 내면아이의 단절

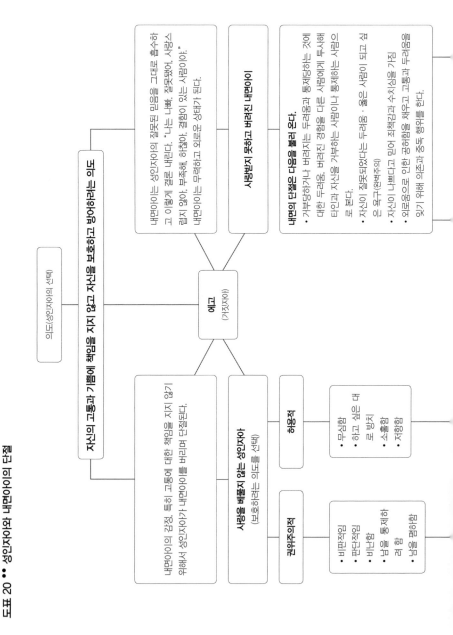

의도(성인자아의 선택)

자신의 고통과 기쁨에 책임을 지지 않고 자신을 보호하고 방어하려는 의도

내면아이의 감정, 특히 고통에 대한 책임을 지지 않기 위해서 성인자아가 내면아이를 버리며 단절된다.

내면아이는 성인자아의 잘못된 믿음을 그대로 흡수하고 이렇게 결론 내린다. "나는 나빠, 잘못됐어, 사랑스럽지 않아, 부족해, 하찮아, 결함이 있는 사람이야." 내면아이는 무력하고 외로운 상태가 된다.

에고
(거짓자아)

사랑받지 못하고 버려진 내면아이

사랑을 베풀지 않는 성인자아
(보호하려는 의도를 선택)

권위주의적

• 비판적임
• 판단적임
• 비난함
• 남을 통제하려 함
• 남을 폄하함

허용적

• 무심함
• 하고 싶은 대로 방치
• 소홀함
• 저항함

내면의 단절은 다음을 불러 온다.

• 거부당하거나 버려지는 두려움과 통제당하는 것에 대한 두려움, 버려진 경험을 다른 사람에게 투사해 타인과 자신을 거부하는 사람이나 통제하는 사람으로 본다.
• 자신이 잘못되었다는 두려움·좋은 사람이 되고 싶은 욕구(완벽주의)
• 자신이 나쁘다고 믿어 죄책감과 수치심을 가짐
• 외로움으로 인한 공허함을 채우고 고통과 두려움을 잊기 위해 이중과 중독 행위를 한다.

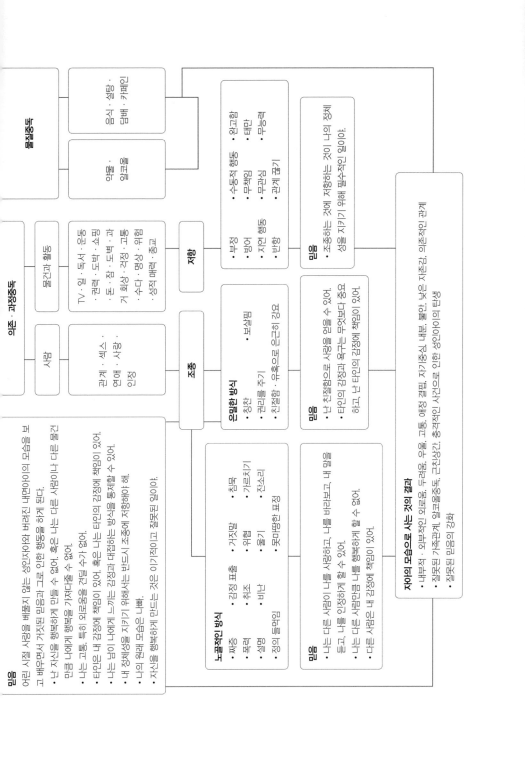

물질중독

- 약물·알코올
- 음식·설탕·담배·카페인

믿음

어린 시절 사랑을 배풀지 않는 성인아이와 버려진 내면아이의 모습을 보고 배우면서 거짓된 믿음과 그로 인한 행동을 하게 된다.

- 난 자신을 행복하게 만들 수 없어. 혹은 나는 다른 사람이나 다른 물건 만큼 나에게 행복을 가져다줄 수 없어.
- 나는 고통, 특히 외로움을 견딜 수가 없어.
- 타인은 내 감정에 책임이 있어. 혹은 나는 타인의 감정에 책임이 있어.
- 타인이 나에게 느끼는 감정과 대정하는 방식을 통제할 수 있어.
- 내 정체성을 지키기 위해서는 반드시 조종에 저항해야 해.
- 나의 온래 모습은 나빠.
- 자신을 행복하게 만드는 것은 이기적이고 잘못된 일이야.

이존·과정중독

물건과 활동

- TV·일·독서·운동
- 권력·도박·쇼핑
- 돈·잠·도벽·과
- 가 화상·걱정·고통
- 수다·명상·위험
- 성적 매력·종교

사람

- 관계·섹스·
- 연애·사랑·
- 인정

저항

- 부적
- 방어
- 지연 행동
- 반항
- 수동적 행동
- 무책임
- 무관심
- 관계 끊기
- 완고함
- 태만
- 무능력

믿음: 조종하는 것에 저항하는 것이 나의 정체성을 지키기 위해 필수적인 일이야.

조종

은밀한 방식:
- 칭찬 · 보설핌
- 권리를 주기
- 친절함·유혹으로 은근히 강요

믿음:
- 난 친절함으로 사랑을 얻을 수 있어.
- 타인의 감정과 욕구는 무엇보다 중요하고, 난 타인의 감정에 책임이 있어.

노골적인 방식:
- 짜증 · 감정 표출 · 거짓말 · 침묵
- 폭력 · 취조 · 위협 · 기르치기
- 설명 · 비난 · 울기 · 잔소리
- 정의 들먹임 · 못마땅한 표정

믿음:
- 나는 다른 사람이 나를 사랑하고, 나를 바라보고, 내 말을 듣고, 나를 인정하게 할 수 있어.
- 나는 다른 사람만큼 나를 행복하게 할 수 없어.
- 다른 사람은 내 감정에 책임이 있어.

자아의 모습으로 사는 것의 결과:
- 내부적 : 외부적인 두려움, 우울·고통·애정 결핍·자기중심, 내포 불안, 낮은 자존감, 의존적인 관계
- 잘못된 가족관계, 알코올중독, 근친상간, 충격적인 사건으로 인한 성인아이의 탄생
- 잘못된 믿음의 강화

도표 21 •• 성인자아와 내면아이의 연결

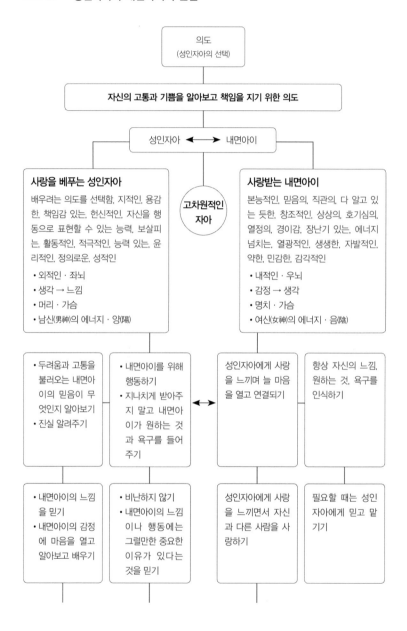

의도
(성인자아의 선택)

자신의 고통과 기쁨을 알아보고 책임을 지기 위한 의도

성인자아 ◀━━━▶ 내면아이

고차원적인
자아

사랑을 베푸는 성인자아

배려는 의도를 선택함, 지적인, 용감한, 책임감 있는, 헌신적인, 자신을 행동으로 표현할 수 있는 능력, 보살피는, 활동적인, 적극적인, 능력 있는, 윤리적인, 정의로운, 성적인

• 외적인 · 좌뇌
• 생각 → 느낌
• 머리 · 가슴
• 남신(男神)의 에너지 · 양(陽)

사랑받는 내면아이

본능적인, 믿음의, 직관의, 다 알고 있는 듯한, 창조적인, 상상의, 호기심의, 열정의, 경이감, 장난기 있는, 에너지 넘치는, 열광적인, 생생한, 자발적인, 약한, 민감한, 감각적인

• 내적인 · 우뇌
• 감정 → 생각
• 명치 · 가슴
• 여신(女神)의 에너지 · 음(陰)

• 두려움과 고통을 불러오는 내면아이의 믿음이 무엇인지 알아보기
• 진실 알려주기

• 내면아이를 위해 행동하기
• 지나치게 받아주지 말고 내면아이가 원하는 것과 욕구를 들어주기

성인자아에게 사랑을 느끼며 늘 마음을 열고 연결되기

항상 자신의 느낌, 원하는 것, 욕구를 인식하기

• 내면아이의 느낌을 믿기
• 내면아이의 감정에 마음을 열고 알아보고 배우기

• 비난하지 않기
• 내면아이의 느낌이나 행동에는 그럴만한 중요한 이유가 있다는 것을 믿기

성인자아에게 사랑을 느끼면서 자신과 다른 사람을 사랑하기

필요할 때는 성인자아에게 믿고 맡기기

148

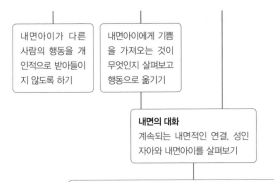

내면아이가 다른 사람의 행동을 개인적으로 받아들이지 않도록 하기

내면아이에게 기쁨을 가져오는 것이 무엇인지 살펴보고 행동으로 옮기기

내면의 대화
계속되는 내면적인 연결, 성인 자아와 내면아이를 살펴보기

고차원적인 자아의 모습으로 사는 결과
- 중심이 잡힌, 내면과 연결됨
- 자신과 타인을 무조건적으로 사랑함
- 자신과 타인을 비난하지 않음
- 높은 자존감
- 즐겁고, 평화롭고, 부드럽지만 강렬하며, 마음이 따뜻함
- 진실한 본연의 모습, 거짓 없는 삶
- 온전함
- 창조성을 표현할 수 있는 능력
- 신체적인 건강함
- 자신의 선택에 따라 살며, 그 결과에서 교훈을 얻음

4장의 중요한 내용들 —

▸ 사랑을 베푸는 성인자아는 내면아이에 대한 책임을 지는 방식으로 내면아이를 보호
  하는 반면에, 사랑을 베풀지 않는 성인자아는 개인적인 책임을 지지 않는 방식으로
  자신을 보호한다.

▸ 은밀한 조종은 칭찬·보살핌·친절·유혹 등을 이용해서 다른 사람이 우리를 좋아
  하거나 인정하도록 만들려는 것을 말한다.

▸ 의존적인 관계는 성인자아가 내면아이에 대한 책임을 저버릴 때 일어난다.

▸ 자기애적인 모습이 너무 많은 사람은 자기중심적이며 타인을 노골적으로 조종하려
  는 사람이다.

▸ 자신을 보호하고 방어하려는 마음에서 비롯되는 중독과 의존적인 행동은 결국 외로
  움으로 이어진다.

· 5장 ·

내면아이의 부모가 되어주고
유대감 유지하기

내면아이에게 사랑을 베푸는
성인자아의 예

나는 사랑스럽고 중요한 사람이야!

메리Mary와 조니Johnny는 어슴푸레한 빛과 부드러운 음악이 흐르고 따뜻한 물이 가득 찬 욕조에서 태어났다. 출산시 어머니는 마취제를 맞지 않고도 온전한 정신을 유지하고 있었다. 아기는 피와 산소를 충분히 공급받은 후에야 탯줄이 잘라졌다. 어머니는 고차원적인 자아와 잘 연결된 사람으로 아기를 꼭 안아주며 깊은 사랑을 전했다.

출산 이후 아기들은 계속 어머니 곁에서 보살핌을 받았고 어머니의 따뜻함과 사랑을 느꼈다. 메리와 조니는 어머니, 아버지, 주변 사람들로부터 이런 메시지를 받았다. "너는 사랑스럽고 중요한 사람이야."

음식, 따뜻함, 편안함, 사랑에 대한 아기들의 욕구는 유아기 내내 충족되었다. 그들은 하루 종일 따뜻한 보살핌을 받았다. 낮에는 늘 어머니나 아버지 곁에 함께 있거나 사랑을 베푸는 다른 양육자에게서 보살핌을 받았다. 또한 어머니 옆에서 잠을 잤기 때문에 필요할 때마다 보살핌을 받으며 항상 안전하고 사랑받는 기분을 느낄 수 있었다. 가끔 그들은 발가벗겨진 채로 품에 안겨 어머니의 살결을 직접 느낄 수 있었다.

그들은 어머니와 아버지와 서로 가깝고 연결된 시간을 보냈다. 아기들이 가끔 울면 주변 사람들은 그 울음에 주의를 기울이고 잘 보살폈다. 그래서 아기들은 다음과 같은 메시지를 전달받았다. "나는 사랑받을 가치가 있어" "나는 나의 욕구를 충족시킬 수 있는 힘이 있어."

어렸을 때 우리가 부모님과 함께한 순간은 2가지로 나뉠 수 있다. 바로 사랑과 유대감을 느낀 순간과 유대감이나 사랑을 받지 못한 순간이다. 그때 느낀 감정은 우리의 내면에 반영되어 어른이 되었을 때 다음과 같이 나타난다. 첫 번째는 내면아이가 사랑 받는 감정을 느끼면서 성인자아와 유대감을 느끼는 것이다. 이때 성인자아는 항상 내면아이의 감정과 필요, 욕구를 살핀다. 두 번째는 내면아이가 사랑받지 못하고 버려진 외로움을 느끼는 것이다. 이때는 성인자아가 내면아이의 감정과 욕구에 대한 책임을 다하지 않는다.

나는 충분히 능력 있는 사람이야!

메리와 조니는 걸음마를 시작하면서 여러 가지 일을 혼자 해내고 싫어한다. 부모님은 더 이상 아이들을 도와주기 위해 뛰어가지 않는다. 부모님은 아이들의 건강과 안전을 지켜주었지만 점차 아이들이 스스로 선택하고 해보도록 놔두었다. 그 결과 메리와 조니는 이런 메시지를 얻을 수 있었다. "나는 충분히 능력 있는 사람이야."

동시에 메리와 조니의 부모님은 부부만의 시간이나 혼자만의 시간을 더 많이 가졌다. 아이들은 부모가 만족스러운 직업을 택해 열심히 일하고 흥미로운 취미생활을 즐기는 것을 보며 자란다. 또한 부모님이 혼자만의 시간을 즐기거나 부부가 서로 걱정이나 기쁨을 나누는 것을 본다. 부부간 또는 친구들과 함께 즐거운 시간을 보내는 것을 본다. 부모님은 서로의 자유와 경계선을 존중한다. 또한 부모님이 슬픔을 겪거나 고통을 맞이하는 모습도 본다. 이럴 때 부모님은 곁에서 서로를 위로하고 아이들이 힘들어 할 때 위로와 사랑을 준다.

이러한 부모님의 모습을 보며 아이들은 다음과 같은 여러 가지 메시지를 받는다. "나는 나만의 행복을 만들어갈 책임이 있고 그럴 권리가 있어." "나는 자신을 행복하게 만들고 나 자신을 돌볼 수 있어." "나는 고통을 감당할 수 있어." "여성과 남성은 지적이고 감정적인 면에서 서로 동등한 능력이 있어."

성인자아로부터 꾸준한 사랑을 받은 내면아이는 놀라운 존재가 된다. 사람을 신뢰하고, 창의적이며, 상상력이 넘치고, 호기심이 많으며, 열정적이고, 즐길 줄 안다. 게다가 에너지가 넘치고, 열광적이고, 자발적이고, 부드럽고, 세심하며, 감각적이고, 경이로움과 생동감에 넘친다. 또한 살아가는 것만으로도 기쁨을 느끼고 새로운 생각이나 경험에 마음을 열고 잘 받아들이는 사람이 된다.

하지만 불행하게도 대부분의 사람은 이런 감정을 느끼는 일이 드물다. 이런 감정을 느낄 때는 처음 사랑에 빠졌거나 힘든 일을 이루어낸 후 정도다. 이때는 마음이 활짝 열린다. 하지만 곧 두려움과 잘못된 믿음이 다시 찾아오고, 성인자아는 고통을 피하기 위해 마음을 닫고 자신을 보호한다.

나는 내 감정과 경험을 믿을 수 있어!

메리와 조니가 말을 배워 자신의 감정과 욕구를 표현하기 시작하면서 부모님은 아이들을 진지하게 대우하기 시작한다. 메리가 유치원 선생님에 대한 불만을 말하면, 어머니와 아버지는 그 말을 적극적으로 들어주고 선생님과 이야기를 나누어 그 상황을 해결하도록 도와준다. 조니가 어떤 친구의 집에 가기 두렵다고 말하면 부모님은 이유를 알아보고 그 집에 어떤 가족 문제가 있다는 사실을 알아낸다. 부모님이 자신의 감정과 경험을 믿어주자 메리와 조니는 다음과 같이 생각한다. "나는 자신을 믿을 수 있어." "나는 내 감정과 경험을 믿을 수 있어."

이렇게 메리와 조니는 사랑 · 보살핌 · 따뜻함 · 신뢰의 분위기 속에서 사랑을 베푸는 행동을 몸소 보여주는 어른들 틈에서 자랐기 때문에 고차원적 자신과 강한 유대감을 유지한다. 또한 자신을 소중하게 생각하는 법과 사랑을 베푸는 성인으로 행동하는 것을 배운다. 그 결과 그들은 자신이 사랑스럽고 능력 있으며, 부드럽고도 강하며, 기쁨과 재미를 느낄 능력이 있고, 사랑을 주고받을 수 있다는 감정을 느끼며 자란다.

물론 메리와 조니의 이야기는 이상적인 이야기로 실제 우리의 경험과는 동떨어져 있다. 우리는 대부분 이상적이지 못한 어린 시절을 보냈으며 그 결과 고차원적인 자아와 완전히 분리되어 내면적인 유대감 형성을 위해서 엄청나게 노력해야 한다. 다음에 나오는 이야기가 우리에게는 더 사실적으로 다가올 것이다.

내면아이에게 사랑을 베풀지 않는 성인자아의 예

나는 사랑받을 만한 사람이 아니야!

딕Dick과 제인Jane은 병원 분만실에서 태어났다. 천장의 형광등은 너무 밝고 방은 춥다. 의사는 기구를 사용해 어머니의 몸에서 아기를 끄집어낸다. 어머니는 마취제에 취해 있다. 막 세상에 태어난 아기들은 사랑을 느끼지 못한다. 그들은 신생아실로 옮겨져서 최소 반나절은 엄마를 만나지 못한다. 그래서 그들은 다음과 같은 결론을 얻는다. "난 중요하지 않아. 나는 사랑받을 만한 사람이 아니야. 나는 능력이 없어(의사 선생님이 나를 끄집어내야 했어. 나는 혼자서 세상에 나올 능력이 없었던 거야)."

신생아는 너무 어려서 이런 생각을 하지 못한다고 믿을 수 있다. 하지만 세상에는 자신의 출생을 기억하는 사람들도 있다. 그들은 자신의 출생과 그때 가졌던 생각을 똑똑히 기억한다. 심리학자 스타니슬라프 그로프Stanislav Grof 박사는 『일체 지향적 마음Holotropic

Mind』에서 이렇게 말했다.

"사람들은 종종 자신의 출생에 대한 세부사항까지 정확히 기억해낸다. 주변 사람들에게 당시의 상황을 전해 듣지 않고도 의사가 기구를 사용했다거나 자신이 엄마 뱃속에 거꾸로 있었다거나, 탯줄이 목을 감고 있었다는 사실 등을 기억해낸다. 또한 출산에 사용되었던 마취제의 종류까지 식별하기도 한다. 출생 후 일어났던 특정한 사건의 세부사항을 기억하는 경우도 있다. 많은 경우 이러한 증언이 사실로 입증되었다."⁹

나는 내 욕구를 충족시키기엔 너무 무력해!

딕과 제인은 사흘 동안 병원에 있었고 수유를 할 때만 엄마를 만날 수 있었다. 나머지 시간에는 신생아실에 있었다. 집으로 가도 그들은 대부분 홀로 시간을 보냈다. 아기가 울어도 주변 사람들은 잘 듣지 못하거나 주의를 기울이지 않는 경우가 많았다.

아기들은 배고프고, 무섭고, 불편하고, 외로워서 울었다. 가끔은 울며 잠들기도 했다. 그들은 이런 결론을 내렸다. "나는 내 욕구를 충족시키기에 너무 무력해." "아이들은 중요한 존재가 아니기 때문에 어른들은 아이들을 무시해." 그 결과 아이들의 성인자아도 내면아이를 무시하게 되었다.

내면아이가 계속해서 성인자아에게 사랑을 받지 못하면, 어린 시절 사랑을 베풀지 않는 부모에게서 비롯된 잘못된 믿음이 더욱더 강화된다. 그것은 바로 자신이 나쁘고, 잘못되었고, 사랑스럽지 않고, 하찮으며, 부족하고, 결함이 있다는 믿음이다. 누구나 어린 시절에

158

어느 정도는 이런 수치심을 주는 잘못된 믿음을 가지는데, 성인자아가 사랑을 베풀지 않으면 이러한 잘못된 믿음은 결국 낮은 자존감으로 이어진다. 이 낮은 자존감이 우리의 모든 행동을 부정적으로 지배하게 된다.

나는 부모님의 감정에 책임이 있어!

제인의 어머니는 아이에게 차갑게 거리를 두며 화를 내고 보살피지 않았다. 제인은 어머니한테서 끊임없이 거부를 당했다. 어머니는 항상 화가 난 것처럼 보였고 그것이 제인의 탓인 것 같았다. 제인은 시키는 대로 얌전하게 말을 잘 들으면 어머니가 소리를 덜 지른다는 사실을 알게 되었다.

제인의 아버지는 어머니보다는 훨씬 더 따뜻하게 제인을 돌봐주었지만, 그 따뜻함에는 항상 성적인 에너지가 있었다. 제인은 아버지의 사랑을 원했지만 아버지의 성적 에너지와 조금은 이상한 방식으로 자신을 안고 입 맞추는 것이 무서웠다. 하지만 아버지를 밀어내면 아버지는 매우 상처받은 모습을 보였다. 그래서 제인은 싫은 마음을 참고 아버지가 하는 대로 내버려두었다.

제인은 민감한 아이여서 부모의 상처를 깊이 느낄 수 있었다. 어머니의 분노와 그 속에 감춰진 고통, 아버지의 상처를 느낀 제인은 다음과 같은 결론을 내렸다. "난 부모님의 감정에 책임이 있어."

자신의 행동을 통해 어느 정도는 부모의 감정과 행동을 조종할 수 있다는 것을 알게 된 그녀는 다음과 같은 결론도 내렸다. "나는 다른 사람이 느끼는 감정과 그들이 나를 대하는 방식을 조종할 수 있어."

또한 딸의 감정과 욕구를 이해하려는 어떤 노력도 하지 않은 채 그저 비난만 하는 어머니나 상처 받는 아버지를 보면서 이런 결론도 얻었다. "다른 사람의 감정과 욕구는 내 감정과 욕구보다 더 중요해. 나는 그들을 기쁘게 하기 위해서는 내가 원하는 걸 포기해야 해. 그러면 그들은 나를 사랑해줄 거고, 난 가치 있는 사람이 될 거야." 결국 제인은 의존적인 관계를 맺고 다른 사람의 시중을 드는 사람이 되었다.

나는 자신을 돌볼 능력이 없어!

딕의 어머니는 매우 통제적인 사람으로 자신의 인생을 자녀의 인생보다 우선시했다. 어머니는 내면의 공허함을 아이들을 통해 채우려고 했다. 그래서 매우 부드럽고 솔깃한 방식으로 자녀에게 지나친 애정을 쏟았다. 딕이 요청하기도 전에 그의 모든 욕구를 채워주려고 했다. 그 대가로 아들의 사랑과 헌신을 기대했다. 딕은 어머니에게 보살핌을 받으면서도 침해당하는 기분을 느꼈다. 그는 이런 결론을 얻었다. "난 자신을 돌볼 능력이 없어." "여자들은 나를 조종하려고 해."

딕의 아버지는 내성적이면서도 냉담한 알코올중독자였다. 그는 약하고 한심한 남자였다. 딕은 그런 아버지를 보며 이런 결론을 얻었다. "남자는 약하고 여자는 강해. 그래서 나도 어쩔 수 없이 약하고 무력해. 나를 행복하게 만들기 위해서는 여자가 필요해." 딕은 그렇게 관계중독으로 빠져들었다.

딕이 고통을 느낄 때 부모는 아들의 곁에 있어주지 않았다. 아버지는 그를 무시했고 어머니는 아들의 고통에는 관심 없이 자신만을 바라보았다. 또한 딕은 아버지가 고통을 피하려고 술에 빠져드는 것을 보았다. 그는 이런 결론을 얻었다. "나는 고통을 감당할 수가 없는 사람이야." 이렇게 딕은 자신의 고통과 단절되어 물질중독에 빠지기 시작했다.

딕은 어린 시절부터 자신의 감정과 인식은 부끄럽고 믿을 수 없는 것이라고 배웠다. 그가 "엄마, 왜 아빠는 나를 사랑하지 않아요?"라고 물으면 엄마는 "바보 같은 소리 하지 마. 아빠는 너를 사랑해."라고 말했다. 딕이 "선생님이 이유도 없이 제게 소리를 질렀어요."라고 말하면 엄마는 "뭐, 네가 뭔가 잘못했겠지."라고 했다. 딕이 "엄마, 아빠랑 왜 싸웠어요?"라고 물으면 "싸운 적 없는데."라고 대답했다. 그래서 딕은 자신이 아는 것과 본 것을 믿지 않고, 결국 다른 사람의 말에 의존하기 시작했다.

물론 딕과 제인에게는 이보다 더 심한 일이 일어날 수도 있었다. 신체적 학대를 받거나 버림을 받았을 수도 있었다. 또는 부모의 죽음을 겪고 홀로 감당해야 할 수도 있었다. 의도적이든 무의식적이든 부모가 사랑을 베풀지 않으면 아이들은 잘못된 믿음을 형성하고 고차원적인 자아와도 단절된다.

우리는 대부분 어린 시절에 배신당한 경험이 한 번쯤은 있다. 여기서 말하는 배신이란 우리를 사랑하고 보호해야 할 부모가 사랑을 베풀지 않는 행동을 했을 때를 말한다. 그래서 온전히 자신의 모습으로 사랑받을 수 있는 안정적인 가정환경을 경험하지 못한 사람이 많다. 또한 자신의 경계선과 개인적인 정체성이 끊임없이 침해당하고 훼손되었기 때문에 거기에 무뎌지면서, 결국 어른이 되어서 똑같이 다른 사람의 감정을 침해한다. 즉 사랑이 부족한 환경에서 자란 우리는 내면아이에게 사랑을 베풀지 않는 성인자아로 자라나는 것이다.

내면아이에게
다시 부모가 되어주자

부모와 새로 태어난 아기 사이에 가장 중요한 경험은 유대감이다. 유대감이란 영적으로 깊은 연결을 경험하는 것으로, 이를 통해 세상에 혼자라는 외로움은 사라지고 아이들은 안심할 수 있다. 유대감은 생존에 무척 중요하기 때문에 주변에 유대감을 형성할 사람이 없다면 아기는 동물이나 물건에 유대감을 형성하기도 한다. 이런 유대감이 없다면 아기는 죽는다.

또한 극단적인 학대를 받으면 자신을 여러 인격체로 분리시켜서 내면에 혼자가 아닌 여러 사람이 있도록 만든다. 혹은 영적인 존재와도 유대감을 맺는데, 이를 통해 견디기 힘든 학대에도 살아남을 수 있다.

불행하게도 현대 사회에서는 유대감의 중요성을 간과하는 경우가 많다. 예전에는 병원에서 신생아가 태어나면 건강에 이상이 없는지 살펴보면서 첫 24시간은 엄마와 분리시켜 놓는 관행이 있었다. 출생 직후의 시간들이 유대감 형성에 얼마나 중요한지 간과했기 때문이었다.

내가 25년 전에 첫 아이를 출산했을 때 병원에서는 아기를 위해서 엄마랑 떨어진 다른 곳으로 데려간다고 말했다. 나는 아기를 떼어놓으면 꼭 죽을 것만 같았다. 내가 아기의 곁에 있어야 하고, 아기도 나와 함께 있어야 한다는 것을 본능적으로 느꼈던 것 같다. 그들이 아기를 데려가자 나는 가슴이 찢어지는 듯했다.

나는 울고 또 울었지만 아무것도 할 수가 없었다. 병원 규칙이었기 때문에 무력하게 있을 수밖에 없었다. 만약 내가 내면에 귀를 기울였다면 다른 방식으로라도 아기를 데려왔을 것이다. 하지만 그때는 아직 내 본능과 직관을 믿는 법을 모르던 시절이었다.

우리는 이처럼 부모로부터의 보살핌이 부족했거나 신체적·감정적·성적·영적인 학대[10]를 경험했기 때문에 부모와 적절한 유대감을 형성하지 못했다. 그 결과 자신의 내면아이와 유대감을 맺는 법도 배우지 못했다. 우리는 부모를 보고 자라기 때문이다. 다시 말해 부모가 자신과 자녀를 대하는 방식이 곧 우리가 우리 자신을 대하는 방식이 된 것이다. 이제 우리가 할 일은 내면아이에게 다시 사랑스러운 부모가 되어주는 것이다.

부모 중에는 어릴 때 깊은 상처를 받아서 일부러 자녀를 학대하는 사람들도 있다. 그런 부모한테서 심각한 신체적·성적·감정적 학대를 경험한 사람들은 사랑을 베푸는 성인자아가 되는 데 많은 어려움을 겪는다.

물론 대부분의 부모는 자녀를 사랑하기 위해 노력하고 할 수 있는 한 최선을 다한다. 하지만 자신을 사랑하는 법을 모르기 때문에 자녀에게도 사랑을 베풀지 못한다. 또는 자녀에게는 사랑을 베풀지만 정작 자신에게는 사랑을 베풀지 못하는 부모도 있다. 그런 부모를 보고 자라면 커서도 자신을 사랑하지 못한다.

어린 시절에 상처를 겪은 사람들이 알아야 할 사실이 있다. 누군가를 비난하느라 소중한 시간을 낭비해서는 안 된다는 것이다. 비난은 결코 자신에게 도움이 되지 않는다. 단지 우리가 무력한 희생자라는 느낌만 계속 들어서 고통을 연장할 뿐이다. 누군가를 비난할 때 우리는 에고의 모습을 보인다. 이때 에고란 사랑을 베풀지 않는 성인자아나 버려진 내면아이를 의미한다. 이런 에고 대신 사랑하는 성인자아가 모습을 드러낸다면 비난 대신 이렇게 말할 것이다. "그래, 과거에 그런 일이 있었어. 그렇다면 상처를 치유하기 위해서는 지금 어떤 행동을 해야 할까?"

그러면 내면아이의 고통을 치유하기 위해 사랑을 베푸는 부모가 되어줄 수 있다. 내면아이에게 다시 부모가 되어줌으로써 우리는 과거의 고통을 치유하고 잊을 수 있다. 사랑을 베푸는 성인자아는 내면아이의 욕구를 살펴보고 돌보며 지지해주는 방식으로 부모의 역할을 한다.

우리가 가슴 깊이 쌓인 오래된 고통과 수치심을 살펴보려 마음을 여는 것 자체가 자신을 사랑하는 행동이 된다. 사랑을 베푸는 성인자아는 내면을 들여다보고 살펴볼 용기를 지녔고, 내면아이의 상처를 치유하는 데 헌신한다. 내면아이에게 따뜻한 부모가 되어 상처를 치유하면 과거를 극복하고 자유와 기쁨을 느낄 수 있다.

우리는 내면아이에게
어떤 부모였는가?

　어린 시절의 고통을 아직까지 느끼는 사람도 있을 것이고 아닌 사람도 있을 것이다. 어쨌든 누구나 자신의 내면아이에게 계속 부모의 역할을 해주어야 한다. 우리는 어린 시절 부모님이나 다른 양육자의 태도에 따라 자신의 내면아이에게 각기 다른 모습을 보인다. 아이들의 소꿉놀이를 보면 이를 알 수 있다. 한 아이가 부모 역할을 맡았을 때 어떤 행동을 하는지 살펴보면, 아이의 부모가 평소 하는 행동과 말을 그대로 따라 한다는 것을 알 수 있다.

　만약 우리가 고통에서 자신을 보호하기 위해 아예 감정과 단절되어 살았다면, 이것은 그동안 내면아이에게 사랑을 베풀지 않는 부모였다는 뜻이 된다. 이런 부모는 크게 2가지 양상의 행동을 보이는데, 첫 번째는 권위주의적인 모습이고 두 번째는 지나치게 허용적인 모습이다.

　성인자아가 권위주의적인 부모의 모습일 때 내면아이를 비난하고 수치스러워하고, 통제하며 폄하한다. 이 경우 두려운 마음이 들 때마다 스스로에게 이렇게 말한다. "비겁하고 약하게 굴지 좀 마." 어떤 일에 실패하면 자신을 이렇게 괴롭힌다. "어떻게 그렇게 멍청할 수가 있지? 넌 항상 일을 망쳐버린다니까." 혹은 어떤 사람이 자신을 비난하거나 자신의 감정에 책임을 져주기를 바랄 때 이렇게 말한다. "내가 원하는 것은 별로 중요하지 않아. 만약 내가 다른 사람이 원하는 대로 하지 않으면, 그건 내가 이기적이고 책임감이 없다는 뜻이야."

반면에 성인자아가 지나치게 허용적인 부모의 모습일 때는 내면아이의 곁에 있어주지 않으면서 내면아이를 방치하거나, 그저 하고 싶은 대로 놔두고 정작 필요한 욕구는 충족시켜 주지 않는다. 이 경우에는 두려운 마음이 들 때 정면으로 대응하기보다는 다른 감정으로 회피한다. "기분이 끔찍한 걸. 그러니 술이나 한 잔 더 마셔야겠어." 어떤 일에 실패할 때는 상처받은 감정 자체를 무시해버린다. "어쨌든 그 프로젝트는 별로 하고 싶지도 않았어." 이후에는 다른 감정으로 회피한다. "기분을 좋게 하려면 쇼핑을 좀 해야겠어." 때로는 내면아이를 적절히 자제시키지 못하고, 내면아이가 기분 내키는 대로 다른 사람에게 소리를 지르거나 위협하거나 신체적인 해를 입히도록 그냥 놔둔다.

자신의 감정과 단절되는 것은 내면아이의 부모가 되는 일을 포기하는 것과 같다. 그러면 어떤 일이 생길까? 우리가 사랑스러운 부모가 되지 않는 이유 중 하나는 성인자아가 그 일을 원하지 않기 때문이다. 자신을 행복하게 만드는 일을 다른 사람에게 맡기고 싶은 것이다. 또한 제대로 부모 노릇을 할 수 없다고 생각하거나 자신의 행복이 다른 사람에게 달렸다고 생각해서이기도 하다. 다시 말해 이런 믿음을 가진 것이다. "나는 스스로 나를 행복하게 만들 수 없고 자존감을 높일 수도 없어."

다른 사람이 자신의 내면아이에게 더 좋은 부모가 될 수 있다고 생각한다면, 다음과 같은 상황을 상상해보자. 당신이 한 아이의 엄마나 아빠인데, 주변 사람들이 자신보다 더 훌륭한 엄마나 아빠가 될 것 같아서 그 아이를 포기하는 것이다. 하지만 자신의 아이를 버리는 것이 정말 아이의 장래를 위한 최선의 방법일까? 아이는 부모에게 거부당하고 버림받았다는 감정을 느끼지 않을까?

과거에 부모가 우리를 어떤 방식으로 대했든, 그래서 그 모습을 보고 자란 우리가 내면아이에게 어떻게 대했든 그 아이에게는 우리가 유일한 부모다. 아무도 그 일을 대신해줄 수 없다. 하지만 우리는 다른 사람이 그 일을 할 수 있다고 말하며 고집스럽게 책임을 거부한다. 내가 아닌 누군가가 우리에게 자존감을 줄 수 있다고 믿고 싶어하면서 말이다. 다시 말해 다른 사람이 우리를 사랑해주고 소중히 여겨준다면 자존감을 찾을 수 있다고 생각하는 것이다.

이 일은 '내부적인 일'이자 자신만이 할 수 있는 일이다. 그런데도 주변을 둘러보며 나 대신 누군가 내면아이의 부모 역할을 맡아주길 바란다면 그런 사람은 평생 가도 찾을 수 없을 것이다.

아버지와 어머니의 역할을 동시에 해야 한다

우리는 내면아이에게 사랑을 베푸는 어머니와 아버지가 되어야 한다. 사랑을 베푸는 성인자아는 성별과 상관없이 내면아이에게 아빠와 엄마의 역할을 동시에 해야 한다. 남자라고 해서 내면의 어린 소년에게 엄마의 역할을 할 수 없는 것은 아니며, 여자라고 해서 내면의 어린 소녀에게 아빠의 역할을 할 수 없는 것도 아니다.

엄마의 역할은 내면아이와 대화를 나누고, 혹시 내면아이에게 잘 못된 믿음이 있진 않은지 살펴보고, 고차원적인 힘에게 어떤 것이 진실이고 사랑스러운 행위인지 묻는 것이다. 아빠의 역할은 내면아이를 위해 실제로 사랑하는 행동을 취하는 것이다. 편부모가 자녀를 잘 보살피고 보호하는 것처럼 우리도 양쪽 부모 역할을 할 수 있는 능력이 있다.

만약 내면아이에게 아빠와 엄마 역할을 하는 책임을 다하지 않으면, 내면아이는 이를 대신해줄 다른 사람을 찾게 된다. 어떤 여성이 자신을 위해 행동을 취하지 않으며 내면아이에게 아빠 역할을 해주지 않으면, 결국 그 일을 대신해줄 수 있는 남성을 찾아 의존적인 관계를 맺을 것이다. 또한 어떤 남성이 자신의 감정과 내면을 살펴보는 엄마의 역할을 거부한다면, 그 역시 이 역할을 할 수 있는 여성을 찾아 의존하게 될 것이다.

매들린Madeline이라는 한 내담자는 성공적인 법조인이었다. 그러나 그녀의 어머니는 어릴 적 그녀를 신체적으로 학대했고, 아버지는 군인으로 집에 거의 없었다. 가끔 아빠가 집에 와도 어머니의 폭력으로부터 딸을 지켜주지 않았다.

결국 매들린은 자신을 지켜주는 남자를 찾아다니며 의존적인 관계를 맺었다. 그녀는 주변에 남자가 없을 때면 보호받지 못하는 기분이 들었다. 매들린이 스스로 내면아이를 보호해줄 만한 아버지의 역할을 해줄 수 있다는 사실을 깨닫게 되자, 그녀의 삶은 극적으로 변화될 수 있었다.

우리가 자신에게 부모의 역할을 할 때 내면의 공허함이 채워지는 완전함을 느끼게 된다. 그러면 우리는 타인과 의존적인 관계를 맺는 대신 사랑과 인생을 나눌 수 있는 건강한 관계를 맺을 수 있다.

내면아이를 제대로
사랑하는 법을 배우기

사랑을 베푸는 성인자아로서 내면아이에게 부모의 역할을 다하기로 결정했다면, 이제 내면아이를 사랑하는 일을 시작해야 한다. 내면아이가 특별히 사랑스럽지 않다고 해도 말이다. 내면아이를 사랑하는 것은 말처럼 간단하지는 않다. 평소에 자신을 약하고, 어설프고, 매력이 없고, 재능도 없고, 똑똑하지도 않다고 생각했다면 자신을 바라보는 시선부터 바꾸어야 사랑을 베풀 수 있다. 이제는 내면아이를 부드러운 시선으로 바라보고 인정해야 한다.

당신이 네 살짜리 소년을 입양했다고 상상해보자. 아마 소년의 내면에서 사랑스러운 모습을 발견했기 때문에 입양을 결정했을 것이다. 하지만 그 아이는 입양 전에 버려진 경험이 있어서 매우 화가 나 있는 상태이고 자신을 잘 표현하지도 않는다. 그래서 아이의 마음을 여는 데 몇 달이 걸릴 수도 있다. 그렇지만 곁에서 계속 사랑을 주면 결국 아이도 당신의 사랑을 느껴 행동을 바꿀 것이다.

이제 당신이 입양한 아이가 자신의 내면아이라고 생각해보자. 이 아이는 상처받은 내성적인 아이다. 입양된 아이에게 느꼈던 감정은 내면아이에게로 바꾸어보자. 이제 무슨 일을 해야 할까? 우선 내면아이를 위해 사랑스러운 환경을 만들어줄 것이다. 아이를 비판하거나 수치심을 주지 않는 환경이다. 대화를 할 때도 사랑을 표현하는 말을 해줄 것이다. 사랑을 베푸는 성인자아가 할 일은 내면아이의 상처를 치료하는 동시에 그 아이를 인정하고 받아들이고 존중해주는 것이다.

내담자 로리Lorrie는 다음과 같은 경험을 들려주었다. 어느 날 저녁, 그녀는 친구들과 만나 영화관 계단을 올라가다가 발을 헛디뎠다고 한다. 로리의 말을 들어보자. "저는 너무 부끄러웠어요! 친구들과 있는 내내 제가 얼마나 어설프고 우습게 보였을지만 생각했죠. 집에 돌아왔을 때도 여전히 기분이 좋지 않았어요. 그래서 저는 선생님께 배운 대로 내면아이에게 사랑을 베푸는 부모 역할을 하기로 했어요. '네가 그렇게 부끄러운 감정을 느꼈다니 유감이야. 하지만 한 번 발을 헛디뎠다고 해서 네가 항상 넘어지는 사람이라는 뜻은 아니야. 행동이 좀 어설프다고 해도 친구들과 좋은 관계를 맺을 수 있잖아.' 저는 이런 식으로 사랑을 베푸는 부모가 할 만한 말을 계속 저 자신에게 해주었어요. 처음에는 자신감이 별로 없었죠. 하지만 사랑스러운 시선으로 자신을 바라보려고 노력했어요. 그러자 부끄러움이 사라지고 정말 위로 받는 느낌이 들었어요."

1. 자신의 소중함과 가치를 찾기

자신을 사랑하고 소중하게 여기기 위해서는 진정한 자신의 모습에서 소중하고 사랑스러운 모습을 알아볼 수 있어야 한다. 어떤 특별한 재능이나 인격 때문만이 아니라 진정한 자신의 모습 그대로를

170

소중하게 여길 필요가 있다. 나는 우리의 진정한 모습은 사랑이고 우리 모두가 신의 발현이며, 우리의 진정한 가치는 이 사실에 있다고 믿는다. 내면아이가 이런 자신의 모습을 보고 스스로의 존재 가치를 알고 배울 수 있도록 거울을 비추어주는 것이 성인자아의 역할이다.

기억할 것은 이 거울이 부정적인 면이나 한계만 비추는 거울이 아니라는 점이다. 거울은 긍정적인 면, 친절함, 사랑스러움, 재능, 가능성도 보여주어야 한다. 사랑을 베푸는 부모들이 자녀의 있는 그대로의 모습을 받아들이고 사랑하듯, 성인자아는 있는 그대로의 자신의 모습을 받아들이고 사랑해야 한다.

자신의 진정한 모습, 자신만이 가진 재능과 독특한 지성도 소중히 여길 줄 알아야 한다. 지금 당신은 자신만의 독특한 개성 · 창조성 · 생산성 · 존재의 특별함에서 소중함을 느끼고 있는가?

멀린다Melinda는 우울증이 심해 자살 충동까지 느끼는 여성이었다. 어렸을 때 멀린다의 아버지는 어머니가 보는 앞에서 그녀를 때렸다. 멀린다와 상담을 진행하면서 나는 그녀에게 내면아이가 되어보고 내면아이의 입장에서 무엇을 원하는지 말해보라고 했다. "전 특별하다는 감정을 느끼고 싶어요."라고 그녀는 대답했다. 하지만 내가 그녀의 성인자아에게 "내면아이의 어떤 면이 특별한가요?"라고 묻자 그녀는 "특별한 점이라고는 아무 데도 없어요."라고 대답했다. 그래서 우리는 어떤 면이 특별할 수 있을지 함께 생각해보기로 했다. '그녀는 친절한가? 사랑스러운가? 주변 사람들을 잘 챙기는가? 관대한가? 그림을 그리는가? 요리하는 것을 좋아하는가? 고장

난 것을 잘 고치는가?' 등에 대해 대화를 나누었다.

우리는 타고난 성격을 소중하게 여기는 법과 멀린다가 좋아하거나 잘하는 것에 대해서도 대화를 나누었다. 왜 그녀가 자신만의 독특한 면을 소중히 여기지 않은지, 다른 사람의 능력이나 존재를 자신보다 소중하게 생각하는지 살펴보았다. 어릴 적 비판적인 부모의 모습을 보고 자란 그녀의 성인자아는 똑같은 눈으로 자신을 보던 것이었다.

2 자신만의 지성을 소중히 여기기

지적 능력을 어떻게 생각하느냐에 따라 자존감이 결정되는 경우가 많다. 사람들은 학교 성적에 관련된 지적 능력을 아주 중요하게 생각하는 편이다. 따라서 학교 성적에 따라 자신의 지성을 판단하는 경우가 많다. 좌뇌의 지성을 가진 사람들, 즉 수학 · 과학 · 논리적인 과목에 재능이 있는 사람들은 높은 성적에 힘입어 보통 자신의 능력에 좋은 감정을 얻는다(비록 자신의 내면이나 성격에 대한 감정은 다를지라도 말이다). 반면에 우뇌 지성을 가진 사람들, 즉 창조적인 면과 직관적인 지혜를 지닌 사람들은 학교 성적이 나쁘거나 부모님에게 혼이 나면서 자신에 대해 좋지 않은 느낌을 받는 경우가 많다.

세상에는 많은 종류의 지성이 있다. 이 중 자신만의 독특한 강점을 찾는 것이 매우 중요하다. "나는 남들보다 뛰어나질 못해…."라며 남들과 비교하면서 자신을 인정하지 못한다면, 왜 이런 감정이 드는지 자신과 대화를 나누어야 한다. 이때 성인자아가 할 일은 내면아이가 지닌 독특한 지성이 다른 사람만큼 중요하다는 것을 일깨워

172

주는 것이다. 그런데 어떻게 해야 내면아이가 성인자아의 말과 자신의 가치를 믿을 수 있을까?

3. 내면아이를 대신해 행동하기

자존감을 쌓기 위해서는 왜 자신이 부족하다고 생각하는지, 그 이유를 알아내는 것만으로는 충분하지 않다. 내면아이를 위해 실제로 행동해야만 자존감이 높아질 수 있다. 말로는 내면아이를 존중한다고 하면서도 아이가 남에게 학대를 당하는 상황에서 아무 행동을 취하지 않는다면, 내면아이는 당신을 절대 믿지 않을 것이다. 하지만 내면아이를 위해 실제로 행동한다면 이야기는 달라진다.

예를 들어 어떤 사람이 당신에게 소리를 지를 때, "여기까지가 제 한계선이에요. 더이상 소리 지르는 걸 참지 않겠어요. 당신이 제대로 대화를 나눌 준비가 될 때까지 전 다른 곳에 가 있겠어요."라고 말한다면 내면아이는 다음과 같이 생각하며 당신을 믿기 시작할 것이다. "난 가치 있는 사람이 틀림없어. 그러니까 내 성인자아가 내 감정을 보호하기 위해 이렇게 행동으로 보여준 거야."

또한 다음과 같은 상황에 비유할 수도 있다. 만약 자녀가 누군가에게 학대를 당하고 있는데 엄마가 지켜보기만 하고 아무런 행동도 하지 않는다면, 그 아이는 엄마가 아무리 사랑한다고 말해도 믿지 않을 것이다. 반대로 엄마가 아이의 편에 서서 상대방에게 "다시는 우리 아이에게 상처 주지 말아요. 또 괴롭히면 가만있지 않을 거예요."라고 말한다면 아이는 엄마의 사랑을 믿을 수 있을 것이다.

내면아이의 감정이 소중하다는 것을 증명하는 유일한 방법은 행동을 취하는 것이다. 행동을 취하는 것이 자존감을 쌓는 유일한 방법이다.

4. 내면아이의 감정에 책임지기

내면아이의 감정에 책임지는 것이 어떤 의미인지 묻는 사람들이 많다. 만약 당신의 딸이 학교에서 풀이 죽어 돌아왔다면, 딸은 누구에게 도움과 위로를 기대하겠는가? 당신은 그런 딸에게 저리 가라고 말할 것인가, 아니면 그렇게 울상 지을 일이 뭐냐고 퉁명스럽게 말하겠는가? 당신이 기분이 상했을 때 부모님한테서 듣고 싶은 말은 무엇인가? 당신이 듣고 싶은 바로 그 말을 내면아이에게 해주면 된다.

어떤 일로 기분이 상했고 그 일을 제대로 이해하고 싶다면 내면아이에게 물어보면 된다. 한 여성 그룹 상담에서 앨리스Alice라는 내담자가 내면아이와 나눈 대화를 살펴보자.

성인자아 무슨 일 때문에 기분이 상했니?

내면아이 빌Bill이 계속 데이트 시간에 늦어.

성인자아 정말 속상하겠다. 그런 일이 생기면 기분이 어때?

내면아이 내 시간이 침해당한 것 같은 기분이 들어. 존중받지 못한 기분이 들지.

성인자아 그 기분을 이해해. 이제 내가 어떻게 해주었으면 좋겠니?

내면아이 만약 또다시 이러면 이제 데이트를 하지 않겠다고 그에게 말해줘. 나는 이런 식으로 무시당하고 싶지 않아.

상담 그룹에 있던 제시카Jessica는 이 대화를 듣고는 이렇게 말했다. "휴, 제 상사에게도 저런 말을 할 수 있으면 좋겠어요!" 나는 왜 그녀가 말을 못하는지 물었다. 그러자 제시카는 "너무 두려워서요." 라고 대답했다.

그래서 나는 제시카와 다음과 같은 대화를 나누었다. 내가 제시카의 성인자아 역할을 맡고, 그녀는 자신의 내면아이가 되어 말했다.

내면아이 난 상사에게 그런 말을 하는 게 너무 두려워!

성인자아 상사에게 말하는 건 너의 몫이 아니야. 넌 내 뒤에 숨으면 돼. 내면아이를 위해서 직접 말을 하는 건 항상 성인자아의 몫이거든.

내면아이 하지만 내 두려움이 너무 강해서 너를 압도해버리면 어떡하지?

성인자아 무엇을 두려워하는 거야? 상사가 어떻게 할 거라고 생각하는데?

내면아이 아마 엄청 화를 낼 거야.

성인자아 상사가 그렇게 화를 낼 때, 내가 너를 돌보기 위해서 어떤 행동을 해줬으면 좋겠어? 내가 어떤 행동을 하길 원하지?

내면아이 울지 않았으면 좋겠어. 난 너무 쉽게 울거든. 직장에서 눈물을 보인다면 업무에 적합하지 않은 사람으로 비쳐질 거야.

성인자아 난 너의 고통을 이해할 수 있어. 넌 고통을 느끼고 울 권리도 있어. 하지만 네가 상사 앞에서는 울고 싶지 않은 이유도 이해할 수 있어. 그러면 내가 어떻게 했으면 좋겠니? 상사가 화를 내면

"실례하겠습니다."라고 말하고 화장실로 뛰어가 울길 바라니? 거기서 내가 너의 고통을 위로해주길 바라니?

내면아이 음, 그럴지도 몰라. 하지만 그것보다는 상사에게 소리 지르지 말라고 말해줬으면 좋겠어.

성인자아 그렇다면 그렇게 말할게. 상사가 소리 지르면 기분이 무척 상하기 때문에 그런 식으로는 일할 수 없다고 말하겠어. "저한테 소리 지르는 것을 용납할 수가 없습니다. 지금은 자리를 피하겠어요. 소리 지르지 않고 말할 준비가 되었을 때 대화하는 걸로 하죠." 라고 말할게.

이 대화에서 중요한 점 2가지를 알 수 있다. 첫 번째는 성인자아가 내면아이를 위해 실제로 목소리를 내어 말하면, 내면아이는 안전하고 사랑받는 느낌을 받는다는 것이다. 하지만 내면아이는 자신의 감정을 직접 드러내는 것을 두려워하는 경우가 많다. 그래서 성인자아가 내면아이의 감정을 위해 대신 행동을 취하는 동안, 내면아이는 성인자아의 뒤에 숨어 있는 모습을 상상하는 것이 매우 도움이 될 수 있다. 제시카가 상사에게 말하는 것을 두려워했던 이유는 강한 성인자아("소리 지르는 것은 용납할 수 없다는 걸 알아주셨으면 좋겠어요.")가 아닌 연약한 내면아이("혹시 상사 앞에서 울어버릴까 두려워.")가 상사 앞에 나서 말하려고 했기 때문이다.

두 번째 중요한 것은 내면아이를 위한 행동이 한 개인의 한계선을 정한다는 것이다. 당신이 한계선을 정하고 그 한계를 완강히 고수하려 할 때 매우 강력한 힘을 얻는다. 자신의 한계선을 정한 뒤 위축되지 않고 당당히 이를 밝히며 내면아이를 보호하는 것이 바로 사랑을 베푸는 행위다. 당신은 그 상황에서 할 수 있는 모든 일을 한 셈이다. 이제 마음을 열지 닫을지를 결정하는 것은 타인의 몫이다.

이 상황에서 상대방이 배우려는 의도가 아닌 방어적인 태도로 당신에게 복수하려 하더라도, 이러한 갈등 상황에서 당신은 내면의 유대감을 유지해야 한다. 이렇게 외부적인 갈등 상황에서도 내면적인 유대감을 꾸준히 유지할 수 있다면, 자존감과 내면의 힘을 잃지 않은 것이다.

이 책에서 우리가 향하는 곳은 내면적인 유대감, 즉 성인자아와 내면아이가 연결된 상태다. 연결된 상태에서 우리는 안정감을 느낄 수 있다. 이는 마침내 '집'에 돌아온 것 같은 편안함에 비유할 수 있다. 여기서 말하는 집은 이상적인 안식처로 무조건적인 사랑이 이루어지는 곳이다. 이러한 '집'의 안락함을 느끼기 위해서는 상담 공간이라는 제한된 공간에서뿐만 아니라 일상 속에서 자신의 내면과 연결되는 법을 배워야 한다.

내면이 연결된 상태에서는 내면아이의 본능적인 느낌과 성인자아의 이성적인 생각을 동시에 인식할 수 있다. 또한 외부적인 환경과 내부적인 환경도 동시에 인식한다. 이 말은 성인자아는 내면에서 어떤 일이 있는지 내면아이의 감정을 인지하고 있으며, 내면아이도 성인자아가 배우려는 의도인지 보호하려는 의도인지 알고 있다는 뜻이다. 성인자아와 내면아이가 연결되었는지 아닌지를 결정하는 것은 외부적인 환경이 아니라 내면적인 감정이다.

갈등 상황에서
내면의 유대감 유지하기

자신의 내면 감정을 살펴보는 데는 시간이 걸린다. 자신의 상태를 매 순간 인식하는 데도 시간과 노력이 든다. "내가 지금 내면아이에게 사랑을 베푸는 성인자아로 행동하고 있는가?" 이를 알아보기 위한 한 가지 방법이 있다. 마음속에 불편한 느낌이 드는지 알아보는 것이다. 어딘가 불편하다는 몸의 신호에 귀를 기울이면 왜 이런 느낌이 드는지, 내면아이에게 무엇이 필요한지 물어볼 수 있으며 이를 토대로 사랑을 베풀기 위해 해야 할 행동을 결정할 수 있다.

사람들은 불편한 감정이 들 때 습관적인 방식에 의존해 그 고통을 없애려고 한다. 음식을 먹거나, 술을 마시거나, 신문을 보거나, 다른 사람에게 화를 내거나, TV를 보는 것 등이다. 불편한 감정의 원인과 자신의 행동을 살펴보기보다는 지금까지 해온 방식을 반복하는 것이다.

갈등 상황에서 내면적 유대감을 유지하기 위해서는 내면아이의 고통을 마주보려 해야 한다. 갈등 상황에서 내면적 유대감을 유지하기 위해서는 자신을 살펴보고 배우려는 의도를 계속 가져야 한다.

성인자아는 어떤 식으로 고통을 유발하는가?

감정적인 불편함을 유발하는 행동을 하는 쪽은 성인자아다. 생각이나 행동을 담당하는 것이 성인자아이기 때문이다. 예를 들어 "혹시 실패하면 어떡하지?"라고 성인자아가 두려운 생각을 하기 때문에 두려운 감정도 생기는 것이다. 다른 사람의 시중을 들거나 자신을 돌보는 일을 다른 사람에게 맡기려고 하는 등 잘못된 행동을 할 때도 그렇다.

감정적인 불편함은 다른 사람이 하는 행동으로 유발되지 않는다. 그런데 자신의 고통이 다른 사람 탓이라는 잘못된 생각을 하는 순간, 자신을 희생자로 만들어버린다. 그리고 본인의 책임을 전가하기 위해 노골적이거나 은밀한 조종 행위를 한다. 이런 행동으로 자신에 대한 책임에서 벗어나려 한다. 하지만 "지금 나의 어떤 행동이 나의 고통을 유발하는가?"라는 질문을 스스로에게 던지면 자신의 행동을 바꿀 수 있는 기회를 얻을 수 있다.

여기 나의 실제 경험이 당신에게 도움이 될 것이다. 나는 예전에 의존적인 관계를 맺으며 남의 시중을 들었다. 이 과정에서 불행한 기분을 느끼며 몸이 아프기까지 했다. 나는 이런 스트레스의 원인이 타인이라고 생각했다. 그래서 다른 사람을 시중드는 것을 멈추고 나를 돌보면, 사람들에게 외면당하고 혼자 남을 거라고 믿었다. 결국 혼자 남을 거란 두려움에 다른 사람들의 시중드는 행위를 멈출 수가 없었다. 물론 나중에는 자신을 돌보는 옳은 선택을 내리기는 했지만 처음에는 굉장히 겁이 났다. 하지만 내면적으로 좋은 느낌이 들었다. 비록 주변 사람들은 더이상 시중을 들어주지 않는 나에게 화를 냈지만 말이다.

그 과정에서 내가 혼자 남게 되리라는 두려움이 느껴지는 순간도 있었다. 내가 남편의 시중드는 것을 멈추자 우리 부부는 별거를 했기 때문이다. 하지만 2년이 지난 지금 우리는 부부관계를 회복하고 있으며 예전보다 훨씬 외로움도 줄었다. 다른 사람의 요구에 굴복하지 않고 나를 돌보면서 아직도 가끔 두려울 때가 있다. 하지만 내 욕구를 무시하고 다른 사람의 시중을 들 때 난 불행하다. 내가 내면아이를 무시할 때 나의 내면은 죽어버리기 때문이다. 이제 나는 자신을 돌볼 때 드는 두려움이 내면의 죽음과 공허함보다는 훨씬 낫다는 사실을 알았다. 내 감정을 즐겁게 살리느냐 아니면 희생하고 비참하게 만드느냐는 타인의 반응과는 상관없이 내가 결정해야 한다.

성인자아가 일부러 잘못된 선택을 내리는 것은 아니다. 고통으로부터 자신을 지키려고 하다 보니 내면아이의 고통과 감정에 마음을 닫아버리는 것이다. 내면의 고통으로부터 자신을 보호하는 것은 그저 더 많은 고통으로 이어질 뿐이다. 내면아이의 불편함과 고통은 분명히 그 자리에 있는데, 마치 없는 것처럼 무시한다고 해서 사라지는 것은 아니기 때문이다.

성인자아가 내면아이의 감정과 분리될 때, 그 감정은 풀리거나 해결되지 않는다. 이성적인 생각이 고통을 인식하지 못하면 고통스러운 감정은 예전과 똑같거나 더 커진다.

내면의 감정을 결정하는 것은 타인이 아니다

우리가 다른 사람에게 화를 내며 몰아세우거나, 시중을 들거나, 그냥 관계를 끊어버리면서 사랑을 베풀지 않는 행동을 하는 것은 그들을 조종해서 고통을 덜려는 것이다. 하지만 이런 행동을 하면 실제로는 고통을 치유할 기회를 잃는다.

30대 후반의 제시Jessie는 질투가 심한 사람이었다. 상담중에 그

180

는 어린 시절 어머니가 자신의 동생을 편애한 사실을 기억해냈다. 제시는 그런 어머니 때문에 그는 깊은 수치심을 느끼며 자랐다.

제시는 한 번도 자신이 충분히 좋은 사람이라고 생각하지 못했다. 그래서 결혼 후에도 아내가 다른 남자에게 관심이 있는 것 같으면 과거의 수치심이 고개를 들었다. 이 수치심이 너무 커서 이를 분노로 덮으려고 했다. 수치심을 정면으로 마주보는 치유 과정을 시작하면서, 그는 아내를 통제할 것이 아니라 자유를 주어야 한다는 사실을 깨달았다. 이를 위해서는 마음 깊이 자리한 잘못된 믿음을 바로잡아야 했다. "만약 내가 아내를 통제하지 않고 자유를 준다면 아내는 나를 떠날 거야."라는 생각이다.

그가 할 수 있는 사랑의 행위는 아내에게 자유를 주는 것이었다. 그러기 위해서는 설령 아내가 그를 떠난다고 해도 성인자아가 곁에 남아 보살펴줄 것이라고 내면아이를 안심시켜야 했다. 그런데 그가 사랑을 베푸는 행동을 하자 그의 생각과는 다른 일이 일어났다. 아내에게 자유를 줄수록 좋은 기분이 드는 것이다. 사랑을 베푸는 행동을 하는 그에게 아내는 더 많은 사랑을 돌려주었다.

제시처럼 사랑을 베풀지 않으면 상대방 또한 사랑하는 마음을 거두거나 때로는 반격하기도 한다. 또한 상대방에게 자신의 내면아이가 화났다는 사실을 알려주고 싶어서 일부러 고약하게 행동하는 사람들도 있다.

상대방이 자신의 감정을 알든 모르든 그 감정을 나아지게 할 수는 없다. 우리는 자신의 생각과 행동을 통해서만 감정을 변화시킬 수 있기 때문이다. 하지만 자신의 감정과 행동이 다른 사람의 생각을 조종할 수 있는 것처럼 행동하는 사람들이 많다. 예를 들어 "내가 울면 그는 나를 도와줄 거야."라는 생각으로 눈물을 흘리는 사람들이 있다. 또한 "내가 소리를 지르면 아내는 내가 요새 일하느라 얼마나 스트레스를 받는지 이해해줄 거야."라며 버럭 화를 내는 사람도 있다.

또한 우리는 생각과 행동이 다른 사람의 감정도 바꿀 수 있다고 믿는다. 그렇지만 내면적인 감정은 그런 식으로 타인에게 영향을 받는 것이 아니라 자신의 성인자아에게서 영향을 받는다. 예를 들어 어떤 사람이 당신에게 걱정하지 말라며 위로를 할 때 그 위로가 내면적인 감정에 직접적으로 영향을 주는 것이 아니다. 일단 당신의 생각, 즉 성인자아가 이 위로의 메시지를 감지한 후 자신에게 도움이 되는지 아닌지 판단해서 내면의 감정을 결정하는 것이다.

내면에서 이루어지는 이러한 역학관계는 가설이 아닌 진실이다. 이것이 바로 우리의 생각과 감정이 반응하는 방식이다. 내면의 감정을 결정하는 것은 타인이 아닌 자신의 성인자아라는 사실을 기억하면서 어떤 상황에서도 내면의 유대감을 유지하고 자신의 욕구를 충족시키기 위해 노력하는 것이 중요하다.

사람들과의 관계에서 갈등이 있을 때

내면적인 유대감 형성의 목표는 최대한 내면과 연결된 감정을 느끼면서 고차원적인 자아의 상태로 살아가는 것이다. 인생이 순조롭게 풀리고 있을 때는 이 일이 비교적 쉬울 수 있다. 하지만 사람들과의 관계에서 갈등이 있을 때는 자신의 내면과 유대감을 맺고 마음을 열어 자신을 살피려는 의도를 가지는 것이 훨씬 더 힘들어진다.

　타인과의 갈등은 성인자아가 외부로부터 개인적인 한계를 침해받을 때 시작된다. 예를 들어 누군가가 당신에게 이렇게 말한다고 가정해보자. "당신은 정말 이기적이야!" 이런 비난을 듣는 순간 당신은 스스로를 보호하고 방어하려는 의도를 선택하고 자신의 감정과 단절된다.

　이처럼 무의식적으로 자신을 보호하고 방어하려는 의도를 선택하는 경우가 많다. 이런 경우 어떤 역학관계가 적용되는지 다음 도표를 통해 살펴보자.

　상황마다 다양한 감정과 반응이 나올 수 있지만 원칙은 똑같다. 위의 도표에서 보듯 성인자아는 스트레스를 받은 나머지 내면아이의 고통을 무시하면서 그 아이를 버리게 된다. 그러나 이것은 사랑을 베풀지 않는 행동이다. 버려진 내면아이는 반격을 시작하는데, 이것 또한 사랑을 베풀지 않는 행동이며 결국 더 많은 고통을 불러온다. 반면에 성인자아가 마음을 열고 내면아이의 고통을 살펴보는 것을 선택하면 다음과 같이 달라질 것이다.

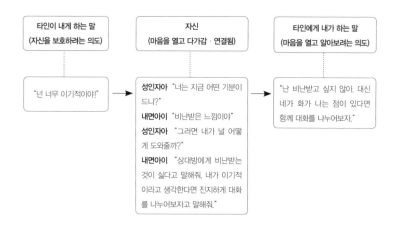

타인이 내게 하는 말 (자신을 보호하려는 의도)	자신 (마음을 열고 다가감 · 연결됨)	타인에게 내가 하는 말 (마음을 열고 알아보려는 의도)
"넌 너무 이기적이야!"	**성인자아** "너는 지금 어떤 기분이드니?" **내면아이** "비난받은 느낌이야" **성인자아** "그러면 내가 널 어떻게 도와줄까?" **내면아이** "상대방에게 비난받는 것이 싫다고 말해줘. 내가 이기적이라고 생각한다면 진지하게 대화를 나누어보자고 말해줘."	"난 비난받고 싶지 않아. 대신네가 화가 나는 점이 있다면함께 대화를 나누어보자."

위의 도표에서는 성인자아가 내면아이의 감정을 알아주고 그에 따른 행동을 하는 방식으로 사랑을 표현했다. 또한 성인자아는 자신을 공격한 사람에게 똑같이 공격하는 것이 아니라 열린 마음으로 솔직하게 말함으로써 그에게도 사랑하는 행동을 보였다. 183쪽의 도표와 비교하면 내면이 단절된 상태에서 타인에게 반응하는 것("난 이기적인 사람이 아니야!" "넌 항상 너무 비판적이야!")과 내면이 연결된 상태에서 반응하는 것("난 비난받고 싶지 않아. 대신 네가 화가 나는 점이 있다면 함께 대화를 나누어보자.")에는 명확한 차이가 있다. 마음을 열고 자신의 감정을 인식하며 타인이 그런 말을 한 이유를 알아보려는 후자의 경우가 훨씬 더 강력한 힘이 있다.

우리의 선택과 행동의 결과를 깊이 생각해보면, 우리가 사람들과의 관계에서 원하는 것을 얻지 못하는 이유가 사실은 그 반대되는 행동을 했기 때문이라는 사실을 깨달을 수 있다. 마음속으로는 사람들의 공감을 원하면서 겉으로는 화를 내는 식이다. 그리고 스트레스가 없어지길 바라면서도 배우자에게는 소리를 지르는 식이다. 다시 말해 사랑하는 사람들이 우리에게 사랑스러운 방식으로 행동해주길 바라면서도, 그들에게는 사랑스럽지 않은 방식으로 대하는 것이다. 이것이 바로 자신을 보호하려는 의도를 가질 때 생기는 모순적인 상황이다.

우리는 자신을 보호하려는 의도가 있지만 이는 고통에서 우릴 지켜주지 못한다. 그저 더 많은 고통만 가져올 뿐이다. 자신을 보호하고 방어하려는 의도는 우리가 삶에서 가장 원하는 사랑을 튕겨낼 뿐이다. 이제부터는 제대로 된 선택을 하는 일만 남았다.

지금까지 1부에서는 내면적인 유대감 형성의 원칙과 우리가 마음을 열고 자신을 살펴보고 배우려 할 때와 그렇지 않을 때 어떤 일이 일어나는지 살펴보았다. 2부에서는 특정한 상황 속에서 사랑을 베푸는 행위가 어떤 것인지 살펴볼 것이다.

특히 2부에서 소개하는 모든 사례를 잘 읽어보길 바란다. 모든 사례가 당신에게 직접적으로 해당하지는 않더라도, 그 뒤에 숨은 개념은 보편적인 경우가 많다. 보편적인 원칙은 누구에게나 적용될 수 있다. 그러므로 1부에서 내면적인 유대감 형성의 일반적인 원칙을 이해한 후, 2부의 구체적인 예를 살펴봄으로써 스스로의 느낌과 잘 연결되고 내면아이에게 사랑을 베푸는 성인자아가 될 수 있기를 바란다.

5장의 중요한 내용들 ——

▶ 유대감이란 영적으로 깊은 연결을 경험하는 것으로, 이를 통해 세상에 혼자라는 외로움은 사라지고 안심할 수 있다.

▶ 한 아이가 부모 역할을 맡았을 때 어떤 행동을 하는지 살펴보면, 아이의 부모가 평소 하는 행동과 말을 그대로 따라 한다는 것을 알 수 있다.

▶ 성인자아는 내면아이에게 아빠와 엄마의 역할을 동시에 해야 한다.

▶ 자존감을 쌓기 위해서는 왜 자신이 부족하다고 생각하는지, 그 이유를 알아내는 것만으로는 충분하지 않다. 내면아이를 위해 실제로 행동해야만 자존감이 높아질 수 있다.

▶ 감정적인 불편함을 유발하는 행동을 하는 쪽은 성인자아다. 생각이나 행동을 담당하는 것이 성인자아이기 때문이다.

배우자와의 갈등 상황에서 상처 치유하기
　　　애인과의 갈등 상황에서 상처 치유하기
부모님과의 갈등 상황에서 상처 치유하기
　　자녀와의 갈등 상황에서 상처 치유하기
친구와의 갈등 상황에서 상처 치유하기
　　　일과 직업적인 갈등 상황에서 상처 치유하기
혼자 있을 때 상처 치유하기

2부 •

이럴 땐 이렇게
내면아이의 상처를 치유하자

· 6장 ·

배우자와의 갈등 상황에서
상처 치유하기

결혼 생활에서 수많은
갈등이 생기는 이유

처음으로 맺는 가까운 관계에는 부모와 형제자매가 있다. 이 관계 속에서 가까운 사람들과 상호작용하는 법을 배운다. 과거 부모님이 내면아이와 우리에게 사랑을 베풀지 않는 성인자아의 모습을 보였다면, 우리 역시 자신과 다른 사람에게 사랑을 베풀지 않는 어른이 된다. 이런 행동 양식을 가까운 관계로 전달한다. 바로 배우자나 애인, 자녀와의 관계로 말이다.

우리는 중요한 관계 속에서 내면적 유대감을 잘 유지하지 못하는 경우가 많다. 정작 자신은 내면아이와 유대감을 맺지 못하면서도 배우자나 애인, 나중에는 자녀에게조차 자신을 돌봐주는 성인자아가 되어주길 기대하는 경우가 많다. 즉 자신의 내면아이를 그들에게 넘김으로써 자신을 버리는 것이다.

배우자나 애인도 내면적 유대감을 맺지 못하면 서로 의존적인 관계를 형성한다. 버려진 내면아이 2명이 만나 서로가 사랑과 유대감이 부족하다고 비난만 하면서 정작 누구도 사랑을 베풀지는 않는 관계가 시작되는 셈이다. 결혼 생활에서는 많은 갈등 상황이 일어나기 마련이다. 따라서 자기애와 공감 사이에서 균형을 유지하는 것이 매우 어려워질 수 있다.

내게 상담을 받으러 오는 부부들은 의사소통이 잘 안 되는 것이 가장 큰 문제라고 말한다. 실제로 함께 이야기를 하다 보면 매 순간 나누는 대화마다 부부가 힘겨루기를 하는 모습을 볼 수 있다. 그들이 힘겨루기를 하는 주제는 돈, 시간, 잠자리, 불륜, 일, 집안일이나 육아 문제인 경우가 많다. 이러한 갈등이 생기는 이유는 부부가 각자의 내면아이와 유대감을 형성하지 못하고 자기애적으로나 시중을 드는 면으로 치우쳐서 행동하기 때문이다.

배우자 중 한 쪽이 잠자리 요구를 거부한 경우를 한 예로 살펴보자. 내면이 단절된 통제적이고 자기애적인 성격의 사람은 다음과 같은 반응을 보인다. "당신은 항상 피곤하다고 말하지. 그러면 내 욕구는 어떡하라고?" 이렇게 반응하면 배우자도 단절된 방식으로 똑같이 반응할 수밖에 없다. 즉 배우자의 욕구를 마지못해 들어주거나, 화를 내거나, 피해버리는 것이다.

반면에 내면적 유대감이 형성되어 내면아이의 감정을 책임질 줄 아는 사람은 다음과 같이 반응한다. "요즘 당신이 잠자리를 자주 거부하는데 그 이유를 알고 싶어. 우리 이야기 좀 나눌까?" 만약 배우자가 대화를 원하지 않는다고 해도, 일단 이렇게 말했다면 자신이

해야 할 책임은 다 한 사람이다. 상대가 자신을 거부한 상황 속에서 내면아이의 상처받은 감정에 대해 상대방에게 책임을 묻기보다는, 자신이 그 아이의 감정을 치유해주기 위해 어떤 행동이 필요한지 살펴보았기 때문이다.

이제 다양한 갈등 상황의 예를 살펴볼 것이다. 이는 내면적인 유대감 형성의 원칙을 기술하고 이를 통해 각기 다른 갈등 상황이 해결책에 도달할 수 있다는 것을 보여주기 위해서다. 대화의 역학관계와 그 속에 숨은 의도를 알려주기 위해 대화 중간에 괄호로 나의 의견과 해석을 넣었다. 물론 다른 해석도 가능할 수 있으나 당시 나의 생각은 그러했음을 밝혀둔다.

자존감에 대한 책임을 아내에게 떠넘기는 남편

상황(도널드와 수전)

남편 도널드Donald의 불륜을 알게 된 수전Susan이 결혼 생활을 끝내기 전에 상담실을 찾았다. 도널드가 바람을 피운 것이 처음은 아니었다. 하지만 수전이 결혼 생활을 끝내기로 결정한 것은 처음 있는 일이었다. 그래서 도널드는 불륜에 대한 후회와 아내를 잃을지도 모른다는 두려움에 어쩔 줄 몰랐다.

수전과 도널드는 30대 중반으로 3명의 어린 자녀가 있었다. 수전은 유치원 선생님이었고 도널드는 고등학교에 근무하고 있었다. 첫 번째 상담에서 나는 이 두 사람이 아직도 서로를 깊이 사랑하고 있는 것을 알았다. 하지만 둘 다 버려진 내면아이로서 행동하면서 의존적인 관계를 맺는 바람에 결혼 생활이 위기에 놓여 있었다.

수전은 부부 관계에서 감정적·성적인 시종 역할을 하고 있었다. 그녀는 남편을 위해 많은 면에서 자신을 포기했다. 원하지 않을 때도 남편이 원하면 잠자리를 하고, 그림을 그리거나 책을 읽거나 운동을 하는 등 다른 일을 하고 싶을 때도 억지로 남편과 시간을 보냈다. 원하는 것을 들어주지 않으면 남편이 화를 내며 마음을 닫아버렸기 때문이었다. 수전은 이때 느껴지는 거부감과 외로움에서 자신을 보호하기 위해 그저 자신을 포기해버린 것이다.

도널드는 부부 관계에서 자기애적인 '시중을 받는' 쪽을 맡고 있었고, 자신의 내면을 외부로부터 채우기 위한 방식으로 아내나 다른 여자와 잠자리를 하고 시간을 보냈다. 그는 섹스중독에 걸린 사람이었다. 즉 자신이 가치 있고 능력 있는 사람이라는 점을 섹스로 확인받으려 했다. 한편 자신의 자존감에 대한 책임을 아내에게 떠넘겼다. 그래서 자신이 원하는 방식으로 아내가 자존감을 채워주지 않으면 다른 여자를 찾았다.

내면 탐구(수전)

수전은 상담을 통해 내면아이를 탐구하기 시작했다. 그러던 중 자신이 그동안 잘못된 믿음에 따라 살았음을 깨달았다. 수전은 자신이 사랑과 지지를 받을 가치가 없다고 생각했고, 자신의 가치는 남편을 기쁘게 하는 것에 있다고 믿어왔다. 수전의 부모님은 둘 다

196

알코올중독으로 그녀의 감정적인 욕구를 완전히 무시했다. 그녀는 외로움 속에 자랐고, 부모님과의 유대감을 유지하기 위해 부모님의 시중을 드는 쪽을 선택했다. 그리고 그녀가 16살 때 한 남자가 나타나 그렇게도 바라던 관심을 주었다. 하지만 그는 성적으로 그녀를 학대했으며, 잠자리를 거부하면 떠나버리겠다고 위협했다. 이런 관계는 수년간이나 지속되었고 그녀의 자존감은 더욱더 약해졌다. 결국 그 남자는 수전을 떠났고, 그녀는 완전히 절망했다. 이후 수전은 도널드를 만났다.

수전의 성인자아는 내면아이를 돌본다는 것이 무엇인지 전혀 알지 못했다. 왜냐하면 어떤 어른에게서도 사랑을 표현하는 행동을 배우지 못했기 때문이다. 도널드를 만났을 때, 그녀는 버려진 내면아이의 상태였으며 그녀가 간절히 바랐던 사랑과 안정을 도널드가 주길 기대했다.

첫 번째 상담에서 수전은 일단 도널드와 별거를 한 뒤에 상담을 받겠다고 확고하게 말했다. 그녀는 너무나도 화가 난 상태이고 남편을 믿지 못했기 때문에 상담 시간 말고는 그와 함께 있지 못하겠다고 말했다.

나는 수전에게 '알코올중독자 어른아이 모임(알코올중독자인 부모 밑에서 성장한 자녀들의 모임)'과 '의존 치료 모임'을 소개했고 그녀는 곧바로 모임에 참여하기 시작했다.

그런 뒤 수전의 화가 가라앉을 때까지 당분간은 부부가 따로따로 상담을 받기로 결정했다. 개별 상담을 진행하는 동안 수전의 분노와 배신감은 차차 가라앉았다. 그녀의 내면아이가 정말 화가 난 이유는 남편의 감정에 책임지느라 정작 자신의 삶을 포기하며 살았던 것 때문이라는 사실도 알게 되었다. 상담을 통해 그녀가 자신의 선택에 책임지는 법을 알게 되면서 남편을 향한 분노와 비난은 점점 줄어들었다.

내면 탐구(도널드)

도널드가 처음 상담실에 왔을 때, 그는 마음을 열고 문제를 해결할 준비가 되어 있지 않았다. 그저 아내를 잃을까 봐 두려워서 상담실에 함께 온 것뿐이었고 "불륜으로 깨달은 바가 있고 다시는 바람을 피우지 않겠다."라는 말을 아내에게 전해주길 바랐다. 그는 아내와의 별거도 원하지 않았다. 다음은 도널드가 상담중 한 말을 그대로 옮긴 것이고 괄호 안의 내용은 나의 견해다.

저는 아내를 정말 사랑해요. 사실 다른 사람과 바람을 피울 생각은 아니었어요. 그냥 어쩌다보니 그렇게 된 거죠(자신을 살펴보고 배우려는 의도를 선택하지 않음: 자신의 책임을 부인함). 그 여자는 제게 정말 잘 해주었고 아내가 해주지 않는 방식으로 저를 대했어요. 결국 아내가 제 욕구를 채워주지 않아서 벌어진 일이니까 아내의 탓이 커요. 제가 보기에는 아내에게 성적 문제가 있는 것 같아요(버려진 내면아이: 아내를 탓하고 자신의 문제를 아내에게 투사함). 아내는 잘 느끼지 못해요. 만약 아내가 자신의 문제를 해결하고 제 욕구를 충족시켜준다면, 제가 다른 여자를 찾는 일도 없을 거예요(자신의 선택에 대한 책임을 아내에게 미룸). 어쨌든 다시는 바람을 피우진 않을 거예요. 이제 제가 아내를

198

얼마나 사랑하는지, 아내에게 상처주기 싫은지 알았으니까요(자신에게 치료가 필요한 문제가 있다는 사실을 부인함).

도널드의 말은 의존적 관계에서 자기애적인 면에 치우친 사람에게서 나오는 전형적인 대답이다. 그들은 "그건 내 잘못이 아니에요." "앞으로는 안 그럴 거예요."라고 말한다.

도널드에게 어린 시절이 어떠했는지 물어보자 그는 방어적으로 대답했다. "부모님은 저를 사랑하셨어요." 도널드의 마음의 벽은 너무나도 높았다. 나는 그가 그렇게도 방어하려고 하는 과거와 그 속에 감추어진 감정이 무엇인지 궁금해졌다.

나는 수전과 도널드에게 섹스중독에 대해 설명하고, 도널드에게 섹스중독자의 모임을 소개했다. 그는 자신이 섹스중독자가 아니라 그저 정상적인 욕구를 가진 보통 사람이라며 모임에 가길 거부했다. 나는 누군가 자신의 성적 욕구가 관계보다 더 중요하다고 느끼고, 그로 인해 관계에 문제가 생긴다면 섹스중독의 가능성이 있다고 설명했다. 그는 이런 진단을 내린 나를 원망했지만 어쨌든 모임에 가는 것에 동의했다.

두 번째 상담에 왔을 때 그는 훨씬 더 열린 마음으로 모임에서 만났던 사람들에게서 자신의 모습을 보았다고 말했다. 나는 그가 섹스중독이 된 이유를 과거에서 찾을 수 있다고 말했다. 우리는 내면적인 유대감 형성을 위한 과정을 시작했고, 몇 주 후 그의 어린 시절 기억이 수면 위로 떠오르기 시작했다.

도널드는 "자신의 치부를 절대 남에게 보이지 마라."라는 말을 부모님에게 들으며 자랐다. 그는 과거에 대한 진실을 말하는 것이 너무나도 어려웠다. 부모님으로부터 학대를 경험한 사람들이 그렇듯 과거를 밝히는 것이 부모님을 배신하는 거라고 생각했기 때문이다. 그는 힘들었지만 상담을 계속했고 마침내 다음과 같은 사실이 밝혀졌다.

도널드의 아버지는 아들이 조금만 마음에 들지 않아도 허리띠로 때리는 잔인한 사람이었다. 도널드는 감수성이 풍부하고 창의적인 아이였으며 음악·예술·문학에 관심이 많았다. 하지만 그 모습은 아버지가 바라는 '남자 중의 남자'가 아니었다. 아버지의 학대 속에서 도널드는 자신의 내면아이를 깊이 묻어버리고, 아버지가 원하는 모습으로 행동하는 법을 배웠다. 도널드는 내면아이가 간직한 창의성과 생동감을 완전히 잃어버렸고, 자신의 진정한 모습을 매우 수치스럽게 여기게 되었다.

도널드의 어머니는 성적으로 문란했고 도널드처럼 아버지에게 폭력을 당했다. 나는 도널드에게 어머니의 문란했던 행동은 은밀한 방식의 성적 학대라고 설명했다. 어쨌든 그는 어머니로부터 여성에게 성적인 면에서 매력적으로 보이는 것에 자신의 가치가 숨어 있다는 사실을 배웠다. 이 잘못된 생각은 수치감과 낮은 자존감이 결합해 그의 섹스중독의 핵심이 되었다.

수전처럼 도널드에게도 건강한 관계를 맺기 위한 올바른 성인자아가 없었다. 그는 상담을 통해 성적 매력보다 더 큰 가치가 자신의 내면아이에게 있다는 사실을 알게 되었다. 시간이 지날수록 그의 타고난 따뜻함·생동감·창의성·내면의 지각이 떠오르기 시작했다.

하지만 자신이 원하는 것을 아내가 거부할 때 내면아이가 느끼는 고통과 외로움 속에서도 자신의 내면과 유대감을 유지하는 것은 여전히 힘든 일로 남았다. 부모로부터 거부당한 기억이 너무 깊이 남아 있어서 그 고통을 다시 느낀다는 것이 큰 도전 과제였던 것이다.

이런 고통을 마주볼 수 있는 유일한 방법은 성인자아가 내면아이에게 그 고통을 함께 감당할 수 있다고 알려주는 것이다. 그런 성인자아가 없으면 내면아이는 과거의 견딜 수 없는 고통 속에 홀로 내던져져서 자신을 보호하고 방어하려고 한다. 도널드는 자신을 보호하려는 의도로 수전을 조종했다. 그리고 과거와 같은 외로움을 느끼지 않기 위해서 마음을 닫은 채 다른 여자를 찾았다.

도널드의 행동은 수전이 가진 거부의 두려움을 이용하는 것이다. 결국 그녀는 외로움의 고통에서 자신을 보호하기 위해 남편의 요구에 마지못해 따랐다.

개별 면담을 한 지 약 한 달이 지나자 수전과 도널드는 함께 상담을 받기 시작했다. 그들이 사랑을 표현하는 행동을 구체적으로 알아보자.

사랑을 표현하는 행동(수전)

몇 주 후 수전은 다시 도널드와 합치기로 결정했다. 당시 수전과 도널드는 상담을 통해, 상대에게 거절당하는 감정을 느낄 때 자신의 내면아이에게 사랑을 베푸는 성인자아로서 행동해야 한다는 점을 알고 있었다. 수전에게 이 말은 도널드가 화를 내고 마음을 닫는다고 해도 억지로 그의 요구에 따르는 것이 아니라, 그녀의 내면아이가 원하는 대로 행동해야 한다는 것을 의미했다. 즉 수전은 자신만의 한계선을 정해서 원하지 않을 때는 잠자리를 거부해야 했다. 만약 도널드가 화를 내거나 마음을 닫아도 그 책임이 수전에게 있는 것이 아니라는 사실을 내면아이에게 알려주어야 했다. 또한 도널드가 그녀의 시간을 뺏으려 해도 그녀가 원하는 운동이나 그림 그리기, 독서 등을 해야 했다. 만약 도널드가 그녀와 감정을 단절시키고 화를 낸다고 해도 그런 고통을 충분히 감당할 수 있도록 내면아이의 곁에 있겠다는 사실을 알려주어야 했다. 또한 도널드가 수전에게 화를 내고 마음을 닫을 때마다 수전은 자신이 이기적이고 나쁜 행동을 하고 있다고 자책하는 대신, 당당히 남편의 사랑과 지지를 받을 자격이 있다는 사실을 내면아이에게 일깨워야 했다.

한편 '이기적'이라는 단어를 왜곡된 방식으로 사용하는 경우가 많다. 내담자 중 한 여성은 남편이 자신처럼 폭력적인 영화를 보지 않는다고 이기적이라고 말했다고 했다. 부부가 함께 비디오 대여점에 갈 때마다 남편은 물어보지도 않고 자신이 보고 싶은 비디오를 골랐으며 그녀는 잠자코 따랐다. 상담을 받은 후 그녀는 남편에게 용기를 내어 솔직히 말했다. 물어보지도 않고 남편 마음대로 비디오를 고르는 것이 싫고, 자신은 폭력적인 영화를 싫어하며, 가끔은 자신이 좋아하는 영화를 함께 보자고 말이다. 그러자 남편은 분노에 가득 차서 그녀에게 이기적이라고 말했다. 이 말을 들은 나는 그녀에게 남편이야말로 이기적인 사람이라고 말했다. 자신을 위해 항상 아내가 원하는 것을 포기하길 바랐기 때문이다.

『웹스터 사전Webster's Dictionary』에는 '이기적'이라는 단어를 "자신의 행복에 지나치게 신경을 쓰거나 다른 사람에게는 전혀 혹은 거의 신경 쓰지 않는 것"이라고 풀이 되어 있다. 하지만 나는 자신의 행복에는 아무리 신경을 써도 과하지 않다고 생각한다. 자신을 책임질 사람은 자신밖에 없기 때문이다. 그렇지만 우리가 스스로의 행복에 신경 쓰는 동시에 다른 사람의 행복에 신경을 쓰지 않는다면 이기적인 것이다. 예를 들어 자신을 완전히 책임지기보다는 다른 사람이 자신을 위해 희생하기를 기대하는 것이 이에 해당한다. 또한 자신을 돌보는 것처럼 다른 사람도 그가 원하는 것을 자유롭게 하도록 지지하지 않고 그저 내가 원하는 것을 해주지 않는다고 비난한다면, 그것이 바로 이기적인 행동이다.

즉 수전은 아침에 사랑을 나누는 대신 운동을 하고 싶다고 말했을 때 그녀를 이기적이라며 비난하는 남편이 사실은 정말 이기적인 사람이라는 사실을 알 필요가 있었다. 그는 수전이 원하는 것에 신경 쓰지 않고 감정에 스스로 책임지지도 않았다. 도널드처럼 다른 사람에게 감정의 책임을 지도록 하는 것은 이기적인 행위다.

나는 수전에게, 남편이 그녀에게 이기적이라고 하는 것은 "말도 안 되는 비난"이라고 말했다. 이는 상대방이 상황을 역전시키고 싶을 때 거짓말로 상대를 비난하는 행위로, 자신이 하고 있는 잘못된 행동을 마치 상대가 하고 있는 것처럼 비난하는 것을 말한다. 즉 수전이 이기적이라고 말도 안 되는 비난을 하는 도널드가 사실은 이기적인 사람이었다. 사실 수전은 이기적이라고 비난받는 것을 무서워했다. 어릴 적 부모가 그녀가 이기적이라며 비난했기 때문이다(이것도 마찬가지로 말도 안 되는 비난이다). 그녀는 남편의 비난에 항복하는 경우가 많았다. 그렇지만 자신의 내면아이에게 사랑을 표현하기 위해서는 원하는 일을 하는 것이 이기적인 행동이 아니라는 사실을 내면아이에게 말해주어야 했다.

사랑을 표현하는 행동(도널드)

도널드는 아내가 잠자리를 원하지 않거나 자신과 함께 시간을 보내고 싶어하지 않는 것이 그저 아내가 다른 일에 흥미를 느낀다는 사실을 내면아이에게 알려줄 필요가 있었다. 그동안 오해했던 것처럼 그가 사랑받을 자격이 없거나, 매력이 없거나, 소중하지 않아서가 아니라는 말이다. 즉 수전의 행동을 자신의 내면아이가 개인적인 거부로 받아들이지 않도록 도와줘야 했다.

내면아이가 거부당한 느낌이나 수치심을 느끼지 않게 만드는 방법은 성인자아가 늘 내면아이의 곁에서 잘못된 믿음을 살펴보고 진실을 말해주는 것이었다. 다음은 도널드가 직접 쓴 자신의 성인자아와 내면아이의 대화다.

> **성인자아** 수전이 잠자리를 원하지 않을 때 네가 고통받는 걸 느낄 수 있어. 왜 그 사실이 너한테 그렇게 고통스러운 거니?
>
> **내면아이** 만약 아내가 나를 사랑한다면, 내가 원할 때마다 그녀도 나와 사랑을 나누고 싶을 거야(잘못된 믿음).
>
> **성인자아** 그러니까 너는 한 여성이 남성을 사랑할 때, 항상 그와 잠자리를 하고 싶을 거라고 믿는 거구나?
>
> **내면아이** 맞아. 내가 능력이 있다면 아마 아내는 항상 나를 보며 흥

분했을 거야(잘못된 믿음).

성인자아 항상 너와 잠자리를 하고 싶어하지 않는 것이 곧 네 능력이 부족하다는 뜻이라는 거네. 정말 이렇게 생각하는 거야?

내면아이 응. 넌 항상 내가 부족하다고 말하잖아(그의 내면아이는 성인자아가 그를 부끄러워한다고 말하고 있다).

성인자아 내가 틀린 것 같아. 넌 충분히 능력 있어. 비록 부모님은 그렇게 생각하지 않았지만 난 있는 그대로의 네 모습이 정말 좋아. 넌 충분히 똑똑하고 창의적이고 감각적인 사람이야. 넌 딜런(도널드와 수전의 큰아들)을 많이 닮았어. 넌 내가 딜런을 얼마나 자랑스러워하는지 알고 있지? 생각해보니까 주변 여자들이 항상 좋아해야만 딜런의 사랑스러움이나 놀라운 능력이 증명되는 건 아니야(도널드는 내면아이에게 진실을 말해주고 있다). 수전은 너를 정말 사랑하지만 지금 당장은 운동을 하고 싶어해. 이건 너의 능력과는 아무런 상관이 없는 문제야. 수전이 원하는 것을 해도 되니?

내면아이 응, 지금은 그래. 왜냐하면 네가 나를 신경 쓰고 돌봐주니까. 하지만 네가 나를 무시하고 내가 능력이 없다고 말하면, 난 수전이 나를 돌봐줘야 한다고 느껴. 수전이 그렇게 하지 않으면 화가나. 하지만 지금은 그녀를 안아주고 사랑한다고 말하고 싶어. 또 그녀가 운동하기로 결정한 것이 나도 기쁘다고 말해주고 싶어.

성인자아 왜 그녀가 운동하기로 한 것이 기쁘지?

내면아이 왜냐하면 네가 나에게 사랑스럽게 말해주었잖아. 만약 수전과 내가 사랑을 나누었다면 잠깐 동안만 기분이 좋았을 거야. 하지만 네가 날 사랑해줄 때는 마음 깊은 곳에서부터 정말 행복한 기

분이 들어. 내가 기분이 상할 때마다 네가 내 곁에 있어준다면 수전
이 별로 필요하지도, 내 곁에 없다고 해서 화가 나지도 않을 거야.
그런데 그녀에게 같이 운동하자고 하면 싫어할까? 난 그녀와 함께
운동하고 싶어.

성인자아 그러면 수전에게 직접 물어보자!

자신의 내면아이에게 사랑을 베풀면서 도널드는 마침내 아내에
게도 사랑을 베푸는 행동을 할 수 있었다.

남편의 행동 때문에 자신이 불행하다고 믿는 아내

상황(패티와 로저)

40대 후반의 부부인 패티Patti와 로저Roger는 금전 문제로 상담실
을 찾았다. 패티는 치과 의사이고, 로저는 응급실에 근무하는 의사
다. 결혼한 지 20년 된 이 부부는 둘 다 높은 연봉을 받고 있었다.

패티가 먼저 상담을 시작했고, 로저는 패티 때문에 억지로 상담
에 참여했다. 패티는 부부간의 갈등에 대해 다음과 같이 말했다.

로저는 항상 돈에 관해서 깐깐하게 굴어요. 그런데 자기가 돈을
쓰는 것에는 관대하면서 제가 돈을 쓸 때만 깐깐해요. 로저는 원하는
것이 있으면 그냥 사버리죠. 제가 그것에 대해서 뭐라고 한 적은 없

어요.

　로저가 함부로 돈을 쓰는 사람도 아니고 우리 둘 다 돈을 많이 버니까요. 저 역시 함부로 돈을 쓰는 사람이 아니에요. 그런데도 그는 제가 뭔가 사려고 할 때마다 화를 내고 반대해요. 옷부터 시작해서 가구를 사거나 심지어 자동차의 타이어를 갈 때도 그러죠. 이제 정말 지긋지긋해요.

　저는 남편만큼 돈을 벌고 있어요. 그리고 그는 제가 돈 쓰는 것을 통제할 권리가 없어요. 그가 돈을 쓸 때 제가 아무 말 안 하는 것처럼 그도 저에게 그렇게 해줄 수 없는 걸까요? 제가 번 돈을 쓰면서도 죄책감과 두려움에 신물이 나요. 그가 화를 내서 돈을 잘 쓰지도 못하겠어요.

그러자 로저는 다음과 같이 말했다.

　패티의 말이 맞아요. 저는 돈에 대해서 굉장히 깐깐하죠. 우리는 이미 그 문제로 대화를 많이 나누었어요. 저는 자라면서 여자란 항상 돈을 낭비해서 남자가 나서서 한계를 정해주어야 한다고 배웠어요. 이제는 그것이 틀렸다는 걸 알지만 아내가 돈을 쓸 때마다 제 안에 어떤 두려움이 일어서 저도 모르게 화를 내요. 대화를 나눈 뒤에 저는 늘 아내에게 사과하고 아내의 기분도 이해하고 있어요. 그런데 왜 아내가 이 문제를 다시 꺼내는지 모르겠어요(자신의 잘못된 믿음·두려움·통제 욕구가 치료되지 않았다는 사실을 부인함).

이 말을 들은 패티는 다음과 같이 말했다.

그래요. 우리는 대화하고 또 대화했지만 아무것도 바뀌지 않았어
요. 당신은 똑같은 행동을 계속하고 사과를 반복할 뿐이에요. 당신은
나를 지지하기보다는 그저 통제하고 싶은 거지요.

로저는 자신의 그런 행동을 바꾸기 위해 앞으로 계속 노력하겠다
고 말했다. 나는 그들에게 내면적인 유대감 형성에 대해 말했다. 그
리고 로저가 아내가 돈을 쓸 때 두려움을 느끼는 것은 내면아이를
방치하는 바람에 내면아이의 두려움이 그를 장악했기 때문이라고
설명했다. 로저의 내면아이는 자신을 보호하기 위해 아내에게 화를
냈던 것이다. 그러니 매일 내면아이와 마음을 열고 대화를 나눈다
면 앞으로는 두려움을 느낄 때마다 성인자아가 내면아이의 곁에 있
어주게 될 것이라고 말했다. 로저는 한번 생각해보겠다고 말했다.
그런데 다음 상담에는 패티 혼자 왔다. 로저는 상담이나 내면적
유대감에는 관심 없다고 했다. 그는 이 상황을 문제로 인식하지 못
하고, 해결하려는 의욕도 없었다.

내면 탐구

패티는 첫 번째 상담에서부터 남편을 변화시키고 싶어했다. 하지
만 남편이 문제를 해결하려는 의욕을 보이지 않자 패티는 절망했
다. 나는 지금 상황에서 불행한 사람은 그녀이고, 이 말은 남편이 문
제가 아니라 그녀가 문제라는 사실을 지적했다. 패티에게는 자신의

선택 때문이 아니라 남편의 행동 때문에 자신이 불행하다는 잘못된 믿음이 있었다. 그래서 우리는 다음과 같은 대화를 나누었다.

나 부부 사이에 돈 관리를 어떻게 하고 있나요?

패티 우리 부부가 번 돈은 몽땅 공동 계좌로 들어가요. 남편이 결산을 담당하고 있어요. 그래서 남편 몰래 무언가를 산다고 해도 결국은 들키게 돼요.

나 그러면 자신만의 계좌를 만들어서 매달 일정 금액만 공동 계좌에 넣고 나머지 비용은 따로 사용하는 게 낫지 않아요? 남편에게 미리 일정 금액을 말해서 그 돈에 대해서는 상관하지 않는 걸로 하면 되잖아요. 지금까지 그렇게 하지 않고 굳이 공동 계좌만을 사용한 이유가 있나요?

패티 로저가 개인 계좌를 만드는 것을 싫어할 거 같아서요. 아마 무척 화를 낼 거예요. 제가 독립적인 행동을 하려고 하면 그는 겁을 내는 것 같아요.

나 만약 남편이 당신의 독립적인 행동에 화를 내고 두려워한다면 어떤 기분이 들까요?

패티 글쎄요, 전 그의 아내니까 그를 두렵게 하는 일은 하지 않아야 한다고 생각해요(잘못된 믿음: 나는 그의 감정에 책임이 있다. 패티는 로저의 감정에 공감하면서 자신의 감정은 무시하고 있다. 패티는 의존적인 관계에서 시중을 드는 쪽을 담당하고 있다).

나 남편의 내면아이가 지닌 두려움에 대해서 당신이 책임감을 느끼는 것 같군요. 그렇다면 당신의 내면아이가 가진 욕구는 남편이 채워주길 바라겠네요.

패티 저는 남편이 원하는 것이라면 모두 지지해요. 그러니 제가 원하는 건 남편이 지지해주어야 하는 것 아닌가요?

나 물론 남편이 당신이 원하는 걸 지지해주는 건 좋은 일이에요. 하지만 그걸 강요할 수는 없어요. 당신은 남편의 내면아이를 돌보느라 자신의 내면아이를 버렸어요. 당신이 물건을 샀다고 남편이 화를 냈을 때, 내면아이의 편에 서서 자기 생각을 주장하지 않고 책임을 남편에게 돌림으로써 다시 한 번 자신을 버린 셈이죠.

패티 하지만 사랑하는 사이라면 서로서로 돌보는 것이 정상 아닌가요?

나 네. 하지만 자신을 희생하는 대가로 서로를 돌보진 않아요. 사랑하는 사람들의 관계란 자신을 돌보면서 다른 사람도 돌보는 거예요. 그런데 지금 당신 부부는 아무도 자신을 돌보지 않고 있어요. 자신의 내면아이의 감정과 욕구에 대한 책임도 지지 않고요. 남편은 당신을 조종함으로써 자신의 두려움에 대한 책임을 당신에게 돌리고 있고, 당신은 내면아이를 무시하는 방식으로 자신의 불행을 남편 탓으로 돌리고 있죠.

나는 패티에게 그들의 관계가 의존적이고 돈 문제에 있어 패티는 시종 역할을, 남편은 자기애적인 역할을 맡고 있다고 설명해주었다.

패티 그렇다면 남편이 화를 낸다고 해도 제 욕구를 충족시킬 권리가 있다는 뜻인가요?

210

나 물론이죠. 남편의 감정은 남편이 해결해야 할 문제이고, 당신의 감정은 당신이 해결해야 할 문제예요. 당신이 자신을 돌보기로 한 사실에 화를 낸다면, 아마 이 일을 계기로 그도 자신의 내면아이를 살펴볼 수 있을 거예요. 그가 어떤 선택을 하든 당신이 어떻게 할 수 있는 문제는 아니에요. 하지만 당신의 선택은 당신이 완벽히 통제할 수 있죠. 선택에 관한 권리뿐만 아니라 내면아이의 욕구를 돌볼 책임 또한 있어요.

사랑을 표현하는 행동

결국 패티는 자신만의 은행 계좌를 만들기로 했다. 그녀는 이 결정을 남편에게 알리고, 매달 어느 정도의 금액을 개인적으로 사용할지도 말해주었다. 예상한 대로 남편은 화를 냈다. 그녀 혼자 자신만의 은행 계좌를 만드는 것은 불공평하다고 말했다. 패티는 남편에게도 개인 계좌를 만들라고 했으며, 패티가 쓰는 돈만큼 그도 자신을 위해 쓰라고 말했다.

로저는 자신이 할 수 있는 일이 없는 것을 깨닫고 조금 투덜대다가 멈추었다. 패티는 일이 이렇게 쉽게 해결되었다는 사실에 놀랐다. 이 일로 돈 문제에 대한 부부간의 긴장이 훨씬 덜해졌다. 그리고 마침내 죄책감이나 두려움 없이 자신이 번 돈을 쓸 수 있게 되었다.

그러나 패티는 그동안 남편의 감정을 책임지느라 자신의 내면아이를 버렸던 게 비단 돈 문제만은 아니라는 사실을 깨달았다. 그녀가 내면아이를 돌봐야하는 책임을 깨닫자 그동안 참아온 다른 문제들도 떠오르기 시작했다. 그러다 그 중 한 문제가 큰 갈등으로 번졌고, 결국 로저는 상담실을 찾아왔다.

상황에 대한 시각

먼저 로저의 시각부터 보자.

패티와 저는 잠자리를 하면 항상 만족스럽게 끝났어요. 하지만 사실 패티는 잠자리를 별로 원하는 것 같지 않았어요. 그래서 저는 아내에게 성적 문제가 있는 것 같다고 말했지만 바뀌는 것은 없었어요(로저는 패티의 기분에는 그럴 만한 이유가 있다고 생각하고 그것을 살펴보고 배우려는 의도를 갖기보다는 그녀를 비난하고 있다).

아내는 우리가 감정적으로 연결되지 않은 상태에서는 성적 욕구가 느껴지지 않는다고 말하지만, 그저 핑계인 것 같아요(로저는 아내의 진짜 느낌을 부정하고 있다). 왜냐하면 사랑을 나눈 후에 저는 아내와 굉장히 결합된 것 같은 느낌이 드니까요(로저는 자신이 느끼는 감정을 아내도 그대로 느낀다고 생각한다. 이런 사고방식은 자기애적인 사람에게서 종종 나타난다).

최근 아내는 저와의 잠자리를 거부하면서 사랑받는 느낌이 들 때까지는 잠자리를 하지 않겠다고 하더군요. 아내가 저를 조종하려고 그러는 것 같아요(로저는 패티의 감정에 전혀 공감하지 못하고 자신의 욕구만 생각한다).

아내는 제가 사랑하는 것을 알면서도 저를 조종하기 위해 잠자리를 거부하는 거예요(로저는 아내가 자신을 돌보려고 한다는 사실을 인정하기보다는 오히려 자신이 가진 방어하려는 의도를 아내에게 투사하고 있다).
만약 아내가 이런 작전을 계속 쓴다면 결혼 생활은 파탄날 거예요.

같은 상황에 대한 패티의 시각은 로저와는 다르다.

결혼 초기부터 로저는 제가 잠자리를 원하지 않으면 화를 냈어요. 잠자리에 대한 태도가 돈에 관한 태도와 똑같았어요. 그걸 통해서 저를 조종하려고 하는 거죠. 제가 거부할 때마다 그가 화를 내지 않은 적이 한 번도 없어요. 저는 남편에게 화를 내는 대신 이해하려는 노력을 보여주면 상황이 훨씬 더 나아질 거라고 수도 없이 말했어요. 하지만 남편은 오히려 저를 조종하려고만 했어요. 남편이 제 감정에 신경 쓰지 않으니 저는 사랑받지 못하는 느낌이 들었어요. 그는 사랑을 나누지 않으면 잠이 오지 않는다는 둥 자신에 대해서 좋은 기분이 들지 않는다고 말하지만 그게 제 책임인가요?

저는 그동안 그저 남편을 기쁘게 하려고 제 내면아이를 버렸어요. 하지만 앞으로는 그러지 않을 거예요. 저는 제가 원할 때만 잠자리를 할 거예요. 그런데 남편이 항상 화만 내는데 어떻게 잠자리를 하고 싶겠어요? 로저는 항상 잠자리만 생각하는 사람이에요. 함께 어떤 일을 하든 그 일을 잠자리의 전주곡이라고 생각하고, 나중에 잠자리를 하지 않으면 화를 내죠. 그러니 전 한 번도 편안하게 그와 어떤 활동을 즐겨본 적이 없어요.

나는 수전과 도널드에게 설명했던 것처럼 로저에게도 섹스중독을 설명했다. 그의 반응은 도널드와 같았다. "말도 안 돼요. 저는 중독자가 아니에요. 그냥 정상적인 성욕을 가진 것뿐이에요." 나는 우리가 좋은 감정을 느끼기 위해 자신이 아닌 외부의 다른 것을 이용할 때, 그것에 중독된 것이라고 설명했다. 고통을 없애고 좋은 기분을 느끼기 위해 어떤 물질에 중독되는 사람들이 있고, 물건이나 활동에 중독되는 사람들도 있다. 로저는 사랑·인정·로맨스·섹스를 위해 타인에게 중독된 경우다.

로저는 완전함이나 유대감 같은 좋은 감정을 가져다주는 책임을 아내에게 떠넘겼다. 그가 자신과 유대감을 맺는 유일한 방법은 타인과의 잠자리였다. 패티는 원하지 않는데도 남편과 잠자리를 함으로써 그의 감정에 대한 책임을 졌다. 그녀는 남편의 감정에 대한 책임이 자신에게 있다고 생각했기 때문이다. 또한 그녀가 자신의 내면아이를 버려 남편의 인정을 받는 것에 중독되었기 때문이다. 이제 상담을 통해 내면적인 유대감 형성을 이해한 그녀는 더이상 외부의 인정이 필요하지 않았고, 남편의 버려진 내면아이를 돌보는 역할도 그만두었다.

패티는 자신이 원하지 않을 때는 남편과 잠자리를 하지 않는 방식으로 자신을 사랑하기 시작했다. 또한 남편에게 진심에서 우러나오는 행동을 하고, 그가 자신의 두려움을 마주볼 수 있는 기회를 제공함으로써 그에게도 사랑을 베풀었다. 하지만 로저는 아내가 사랑을 베풀고 있다는 사실을 인식하지 못했다. 그저 그녀가 이기적이라며 비난할 뿐이었다.

나는 로저에게 개별 면담을 제안했다. 그리고 섹스중독자 모임에도 참석할 것을 권했다. 그는 개별 면담에는 응했지만 모임 참여는 거부했다. 하지만 계속된 상담 끝에 자신이 섹스중독임을 인정했고 결국 모임에도 나갔다.

내면 탐구

어릴 적 로저의 아버지는 집에 거의 없었다. 가끔 집에 있을 때도 무심한 모습을 보였다. 어머니는 자기애적인 성향이 강했고 항상 애정에 굶주린 유혹적이고 통제적인 사람이었다. 어머니는 아들인 로저에게 매달렸다. 그래서 로저는 어릴 때부터 어머니의 '작은 남자'가 되어 살았다. 어머니는 로저의 모든 욕구를 알아서 채워주려 했다. 자신의 욕구를 충족시키는 것은 로저가 할 일이 아니며 그에게는 그럴 능력도 없다는 사실을 인식시켰다. 어머니는 그저 로저가 자신에게 의존하길 바랐다.

로저가 독립하려고 할 때마다 어머니는 반대했다. 어머니가 인정하는 로저의 유일한 가치는 그의 외모였다. 결국 로저는 자신은 부족한 사람이고 나를 완성하기 위해서는 여자가 필요하다고 믿으며 자랐다. 그래서 결혼 후에는 자존감과 행복을 위해 아내에게 감정적 · 성적으로 의존했다.

로저가 내면적인 유대감 형성을 시작하기까지는 오랜 시간이 걸렸다. 그의 성인자아는 자신의 내면아이를 책임지고 싶어하지 않았다. 그의 성인자아는 그동안 자신을 돌볼 능력이 없다는 잘못된 생각으로 살아왔기 때문이다. 또한 로저의 부모님도 자신을 돌볼 수 없는 사람들이었기에 자신이 돌본다는 것이 어떤 것인지 전혀 보고 배운 바가 없었다. 게다가 로저의 어머니는 그에게 스스로 돌볼 능력이 없다는 생각을 주입하며 그를 보호해왔다. 이 때문에 로저는 실패의 두려움으로 자기애적인 의존 행동에 갇혀 살았다.

또한 그는 자신의 내면아이는 어떤 진정한 가치도 없는 공허한 존재일 뿐이라고 생각했다. 그래서 평소에는 내면아이와 전혀 대화하지 못했고 상담 시간에만 겨우 할 수 있었다.

사실 로저의 마음속에는 자신이 조금만 더 버티면 아내가 항복하고 다시 예전처럼 자신의 시중을 들어줄 것이라는 희망이 있었다. 다행히도 패티는 자신의 결정대로 더이상 남편의 시중을 들지 않았다. 둘 사이는 점점 더 멀어졌다. 로저는 섹스중독자 모임에도 참여했지만 실제적인 행동 변화는 없었다. 그는 자신이 섹스중독이고 감정적으로 의존적이라는 사실까지는 인정했지만, 여전히 행동에 변화는 없었다. 즉 자신의 내면아이를 책임지고 사랑할 의지가 없었던 것이다. 결국 아내는 별거를 선택했고 그제야 로저는 진지하게 내면아이와의 대화를 시작했다.

사랑을 표현하는 행동

아내와 떨어져 있는 6개월 동안 로저는 자신을 책임지는 것에 대해 깊이 살펴보았다. 아내가 자신을 책임져줄 것이라는 희망이 사라지자 실패할지도 모른다는 두려움보다 영영 아내를 잃을지도 모른다는 두려움이 더 커졌다. 내면적인 유대감 형성을 통해 로저는 자신 안에 숨어 있는 외로운 소년, 장난기 많고 똑똑하며, 창의적이고 다정하지만 겁에 질린 소년을 발견했다. 그는 버려진 내면아이

216

의 말을 귀 기울여 듣고 욕구를 충족시켜주기 시작했다. 매일 내면적 유대감을 연습하면서 항상 외부로부터 충족되었던 내면의 공허감도 채워지기 시작했다.

그가 진정으로 노력하는 모습을 보이면서 패티는 집으로 돌아왔다. 하지만 잠자리는 함께하지 않았다. 몇 달의 노력 끝에 로저는 자신의 내면에 사랑을 가득 채워 그 사랑을 아내에게 전해줄 수 있었다. 이제 로저에게 잠자리는 강요가 아닌 자연스러운 사랑의 표현이 되었다. 패티도 그에게 성적인 감정을 느끼게 되었다. 로저는 패티에게 자신의 감정을 책임지도록 하기보다는 자신의 욕구를 지지하는 법을 배웠으며, 패티에게 중요한 의미를 가진 것을 지지하는 법도 알게 되었다. 그렇게 로저와 패티 부부는 완전히 새로운 부부 생활을 시작했다.

극심한 힘겨루기로 서로를 비난하는 부부

상황(베스와 데이브)

베스Beth와 데이브Dave가 상담실을 찾았다. 베스가 불륜을 저지른 사실을 데이브가 알게 되었고, 앞으로 결혼 생활을 지속할 것인지 회의감이 들었기 때문이다. 베스는 결혼 생활을 끝내고 싶어하지 않았다. 하지만 이는 남편을 사랑해서가 아니라 재정적인 문제와 아이들 때문이었다.

베스와 데이브는 3세에서 10세까지의 아이가 4명이나 있었다. 데이브는 군수품 회사에 다녔고, 베스는 파트타임으로 재택근무를 하고 있었다.

데이브는 일 중독자로 저녁 8시 전에는 집에 들어오지 않았다. 베스는 항상 데이브가 집에 없는 것을 불평했지만 데이브는 집에 일찍 올 이유가 없다고 말했다. 베스가 매일 저녁마다 술에 취해 친구들과 전화로 수다만 떨었기 때문이다. 데이브는 그녀가 결혼 2년차부터 술을 마시기 시작한 이후로는 집에 일찍 들어가지 않는다고 말했다. 베스는 자신이 알코올중독이 아니라고 부인하면서 알코올 중독자 모임에 나가는 것도 거부했다. 그녀는 데이브가 집에 없기 때문에 술을 마시는 것이라고 주장했다. 매일 저녁 남편을 기다리다가 화가 나서 술을 마신다는 것이다.

그들은 힘겨루기를 하고 있었다. 베스는 데이브가 항상 집에 없다고 비난하고, 데이브는 베스가 술에 취해 다른 남자를 만나고 다니는 것을 비난했다. 베스는 남편이 마치 아버지처럼 굴면서 자신을 통제하려고 하기 때문에 남편에게는 성적인 매력이 없다고 주장했다. 데이브는 아내가 아이들을 차에 태우고 음주운전을 하는 등 너무 무책임해서 통제적이 될 수밖에 없다고 했다. 그녀는 자신이 그런 적이 없다며 그를 비난했다.

두 번째 상담에 왔을 때 베스는 확실히 취해 있었다. 하지만 베스는 술을 마시지 않았다고 거짓말을 했다. 그녀는 상담에 오고 싶지도, 부부생활 개선을 위해 노력하고 싶지도 않아 했다. 그저 되는대로 흘러가게 두길 원했다. 데이브가 그녀에게 노력을 하지 않으면 떠나겠다고 말하자 세 번째 상담을 받기로 했다. 나는 한 번 더 상담을 하겠지만 알코올중독을 해결하지 않으면 상담을 지속할 수 없다고 경고했다.

하지만 베스는 세 번째 상담에도 술에 취한 채 왔다. 그녀는 자신이 원하지도 않는데 남편이 부부간의 문제를 해결할 것을 강요하기 때문에 술을 마셨다며 남편을 비난했다. 게다가 알코올중독자 모임에 대해서는 말하기도 싫어했다. 나는 엄마의 음주와 아빠의 부재가 아이들에게 얼마나 나쁜 영향을 주는지 말했지만, 그녀는 술을 그렇게 많이 마시지 않는다며 부인할 뿐이었다. 결국 그녀는 너무 외롭고 그 고통을 느끼기 싫어서 술을 마신다고 고백했다.

그녀의 내면아이는 고통에서 살아남기 위해 알코올을 필요로 했다. 그녀의 성인자아는 한 번도 내면아이 곁에 있어주지 않았고, 앞으로도 곁에 있어줄 의도가 전혀 없었기 때문이다.

내면 탐구

나는 베스는 포기하고 데이브에게 개별 면담을 하자고 말했다.

나 데이브, 왜 아직도 결혼 생활을 지속하고 있나요?

데이브 글쎄요. 전 아내를 좋아하고 아내가 바뀌기를 바라니까요.

나 당신 말에 따르면 아내는 결혼 생활 14년 중 12년간이나 이렇게 살아왔어요. 그런데 왜 아내가 바뀔 수 있다고 생각하죠?

데이브 모르겠어요. 자신이 지금 어떤 행동을 하고 있는지 아내가 깨닫게 할 수 있다면, 아마 그런 행동을 멈추지 않을까하는 생각이

들어서인 것 같아요(데이브에게는 다른 사람의 의도와 행동을 통제할 수 있다는 잘못된 믿음이 있다).

나 그러면 당신이 원하는 대로 아내가 상황을 제대로 볼 수 있게 '하려고' 노력할 때 어떤 일이 일어날 거라고 생각해요?

데이브 아마 아내는 마음을 닫고 말도 하지 않을 거예요. 저와 다시는 대화하려 하지 않을 거예요.

나 그 이유는 당신이 계속 자신이 원하는 방식으로 아내에게 강요하기 때문일 거예요. 요즘 집에 일찍 들어가려 애쓴다고 말했죠. 집에 일찍 들어가니 어땠나요?

데이브 변한 것은 없어요. 아내는 여전히 술을 마시고 저랑은 어떤 것도 같이 하지 않아요.

나 그러면 기분이 어떤가요?

데이브 끔찍해요. 그래서 앞으로는 집에 늦게 들어가려고 해요.

나 데이브, 당신이 무슨 짓을 해도 베스가 바뀌지 않을 것이라는 사실을 알게 된다면 어떻게 할 건가요?

데이브 그러면 결혼 생활을 끝내야겠죠.

하지만 데이브는 어떻게든 베스를 바꿀 수 있다는 희망으로 여전히 그녀의 곁에 머물렀다. 사실 우리 안의 이런 헛된 희망은 쉽게 사라지지 않는다. 어떻게든 다른 사람의 의도를 바꿀 방법이 있을 거라고 믿고 싶은 것이다.

데이브는 자신의 내면아이를 위해 노력하고 사랑을 베푸는 성인이 될 수 있는 가능성이 있었다. 하지만 베스는 완전히 마음을 닫았고 자신의 책임을 다할 의도가 전혀 없었기에 변화의 가능성이 없었다. 데이브는 아직 이 사실을 받아들일 준비가 되지 않았다. 그는 아내를 바꿀 수 없다는 사실을 받아들일 때까지 더 많은 내면적 유대감이 필요했다.

사랑을 표현하는 행동

데이브가 자신의 내면아이와 자녀들에게 어떻게 사랑을 베푸는지는 다음 대화에서 알 수 있다.

> **데이브** 이제는 제가 아내를 떠나야 한다는 사실을 알겠어요. 저의 내면아이는 아내처럼 저를 밀어내는 사람이 아니라, 저를 사랑하고 원하는 누군가와 함께할 자격이 있어요. 이제 제가 아내를 바꿀 수 없고, 아내도 그럴 마음이 없다는 사실을 알게 되었어요.
>
> 그런데 이혼하면 아이들을 누가 맡을지 아직 결정하지 못했어요. 사실 그동안 아이들과 가깝게 지내지 못했거든요. 아마 아내에 대한 분노 때문에 아이들에게 미처 신경을 못 썼던 것 같아요. 항상 아내의 비난에 질려서 아이들과 시간을 보내는 것도 내켜하지 않았던 것 같아요.
>
> 하지만 이제 제 속의 내면아이를 알게 되면서 아이들과도 더 많은 유대감을 느끼게 된 것 같아요. 저는 아이들과 더 많은 시간을 보내고 싶고, 아이들을 아내에게 맡기는 것이 두려워요. 하지만 전 직장에 나가니까 아이들을 돌볼 시간이 없기도 해요. 아이들은 지금까지 아내랑 많은 시간을 보냈기 때문에 계속 엄마와 살고 싶어할 수

있어요.

나 아이들을 얼마나 자주 보고 싶은지를 생각해보고 결정을 내려야 해요. 어떤 결정이 자신에게 편안하겠어요?

데이브 아직 모르겠어요. 내면아이와 좀더 생각해봐야겠어요.

데이브는 결국 아내를 떠났다. 그리고 횟수를 정해 아이들을 보는 것으로 합의를 봤다. 아내와 더이상 힘겨루기를 하지 않았고, 아이들과 그의 관계는 점점 나아졌다. 남편이 떠나자 베스는 자신의 상태를 변화시키기 위해 전문가의 도움을 받기로 했다. 데이브는 그녀가 상담을 받고 있고 알코올중독자 모임에도 나간다고 전해주었다. 현재 데이브와 베스는 아이들을 만날 약속을 할 때만 연락하고 있다. 데이브는 베스가 설령 바뀐다고 해도 아직은 둘 사이를 회복하는 것이 시기상조임을 안다. 그는 언젠가 재결합할 수도 있다고 말했지만, 그 희망에 기대지 않고 자신의 삶을 잘 살아가고 있다.

자기 감정에 책임을 지지 않는 의존적인 부부

상황(안드레아와 스탠리)

처음에 안드레아Andrea는 혼자 상담을 받으러 왔다. 그녀는 공허함을 느꼈고, 남편 스탠리Stanley와의 관계에서도 혼란을 느꼈다. 스탠리는 프리랜서 작가로 8년 전 결혼할 때부터 최근까지 집에서 일했다. 안드레아는 파트타임으로 학생들에게 바이올린을 가르치고 있었다. 그런데 6개월 전부터 스탠리가 출판사에서 작가 겸 편집자로 일하게 되었다.

스탠리는 재택근무를 할 때 부부 관계에서 감정적인 시중을 드는 역할을 했다. 그는 아내에게 성적 매력을 느끼지 못했지만(시중을 드는 쪽이 겪는 흔한 증상), 항상 아내의 곁에서 우울감과 분노를 받아주었다. 그러던 그가 이제 대부분의 시간을 회사에서 보내게 되자, 안드레아는 버려진 느낌을 받았다(시중을 들어주는 사람이 곁에 없을 때 자기애적인 사람은 버려진 느낌을 받는다). 안드레아는 스탠리가 이기적이고 자기중심적인 사람이라고 표현했다(자기애적인 사람이 자신의 이기심을 다른 사람에게 투사하는 것은 흔한 일로, 이는 말도 안 되는 비난이다).

나는 스탠리와 개별적인 상담을 하고 싶다고 말했고 그녀는 남편에게 전해주겠다고 했다. 스탠리는 다음 상담에 나타났다. 그는 결혼 생활에 생긴 문제 때문에 불안하고 심란했다. 그는 아내를 사랑하지만 자신의 새 직업에 왜 그렇게 화를 내는지 이해하지 못했다. 그는 자신에게 중요한 일을 아내도 지지해주길 바랐다. 그는 항상 아내를 지지해왔는데 이제 와서 아내가 왜 불안하고 위협적인 기분을 느끼는지 이해할 수가 없었다. 그는 아내를 안심시키려고 여러 방법도 써봤지만 소용 없었다. 그는 결혼 생활을 유지하기 위해 직업을 포기해야 하는지 고민했고 아내가 원망스러웠다.

내면 탐구(스탠리)

스탠리는 상담을 통해 의존의 개념을 듣고 자신의 문제를 명확히 볼 수 있었다. 그는 주로 다른 사람의 시중을 드는 입장이었다. 그래서 자신이 항상 애정에 굶주린 사람을 선택했다는 사실을 비로소 깨달았다.

내면적 유대감 과정을 시작하면서 스탠리는 실제로는 자신의 내면아이를 무척 좋아했다는 사실이 드러났다. 그는 자신의 세심함·배려심·창의성·재능을 높이 평가했다. 혼자 있을 때면 행복하고 평화로운 감정을 느꼈다. 하지만 어린 시절 부모로부터 배운 잘못된 믿음 때문에 다른 사람의 감정에 책임을 진 것이다. 스탠리는 자라면서 한 번도 부모님이 자신의 감정을 돌보는 모습을 보지 못했다. 부모님은 자신의 불행에 대해 항상 서로를 비난할 뿐이었다. 스탠리는 항상 부모님과 형제들 사이에서 평화를 중재하는 역할을 맡았다.

사랑을 표현하는 행동(스탠리)

스탠리는 아내의 감정에 자신의 책임이 없다는 사실을 깨닫자 매우 기뻐했다. 아내의 감정에 책임을 지는 행동은 결국 아내의 의존성을 지속시킬 뿐이었다는 사실도 알게 되었다. 그는 항상 자신이 사랑을 베푸는 사람이라고 생각했지만, 사실 아내의 시중을 드는 행동은 아내에게나 자신의 내면아이에게 사랑을 베푸는 행동이 아니었음을 깨달았다.

스탠리는 이제 의존적인 관계를 끝내겠다고 결심했다. 나는 그에게 처음에는 상황이 개선되기보다는 악화될 수 있다고 경고했다.

아내가 다시 그를 의존적인 관계로 끌어들이려 할 것이기 때문이다. 하지만 안드레아가 자신의 감정을 책임지기로 결정할 것인지, 아니면 아예 결혼 생활을 끝내고 자신을 돌봐줄 다른 남자를 찾을 것인지는 그녀가 선택할 몫이었다.

스탠리는 의존적인 관계를 끝내고 건강한 결혼 생활을 시작할 기회를 잡기 위해 아내를 잃을 수도 있는 위험을 감수해야 했다. 아내를 잃고 싶진 않았지만 지금 이 상태가 지속되는 것은 더 원하지 않았기에 그는 위험을 감수하기로 했다.

이제 스탠리는 아내가 고통을 잊으려고 그에게 의존할 때마다, 그녀가 자신의 내면아이와 대화하는 것을 도와주길 바라는 건지 물어보기로 했다. 그녀가 도움을 바란다고 하면 그녀의 곁에서 내면 탐구를 도와주기로 했다. 하지만 자신의 감정을 그냥 그에게 맡겨버리려고 하면, 그는 조용히 자리를 피해서 자신의 내면아이와 즐거운 시간을 보내기로 했다. 그리고 그의 마음속에는 잘못된 죄책감이 고개를 들 때마다 스탠리는 내면아이에게 아내의 감정에 대한 책임은 자신에게 있는 것이 아니라고 계속 되뇌었다.

2주 후 스탠리가 다시 상담실을 찾았을 때, 그는 예전보다 훨씬 더 강력한 내면적인 힘을 느낀다고 했다. 그는 아내를 보살피지 않겠다는 결심을 잘 지켰고, 예상대로 상황은 좋지 않았다고 했다. 그는 아내가 우울해하다가 혹시 자해라도 하지 않을까 걱정했다. 나는 아내가 실제로 우울증에 걸려 병원에 입원할 가능성이 없는 것은 아니지만 사실은 그를 조종해 다시 예전으로 돌아가려고 그저 그를 위협하고 있을 가능성이 더 크다고 말했다.

내면 탐구(안드레아)

안드레아가 처음 상담실을 찾은 이유는 따로 있었다. 바로 스탠리를 부부 상담에 참여시켜 자신이 얼마나 이기적으로 행동하고 있는지 깨닫게 한 후, 다시 예전처럼 시중을 들도록 하기 위해서였다.

그녀는 상담이 필요하다고 생각하지 않았다. 스탠리가 새로운 직업을 얻기 전에는 모든 것이 좋았으니 모든 문제는 스탠리의 탓이라고 생각했다. 하지만 스탠리가 상담을 받더니 자신의 시중을 들어주지 않기 시작했고, 안드레아는 스탠리가 자신을 버릴지 모른다는 두려움만 커졌다. 그녀는 화가 나서 상담실로 달려왔다.

나 안드레아, 지금 당신이 얼마나 겁이 나고 상처 받았을지 알아요. 당신의 성인자아는 지금 이 감정을 어떻게 처리하고, 내면아이는 성인자아의 처리 방식에 어떤 느낌이 드는지 궁금해요. 내면아이에게 물어보세요(나는 내담자들이 역할극을 할 때 도움을 줄 수 있도록 곰 인형 같은 것들을 사무실에 여러 개 두었다. 이런 인형을 사용하면 내면아이와의 대화를 시작하는 것이 수월해진다).

안드레아 (나에 대한 분노와 눈물을 수습하고 커다란 곰 인형에게 말했다) 앤디(안드레아의 애칭), 지금 기분이 어떠니?

안드레아의 내면아이 무섭고 화가 나. 스탠리는 더이상 나를 사랑하지 않아.

나 이제 당신이 이런 감정을 처리하는 방식에 대해 내면아이가 어떻게 느끼는지 물어보세요.

안드레아 물어보고 싶지 않아요. 내면아이는 거기 없어요. 어떻게

226

내면아이가 되어야 할지 모르겠어요. 내면아이가 뭘 원하는지 모르겠어요(안드레아는 내면아이를 사랑하는 책임을 회피하고 싶어했다).

나 스탠리에게 무엇을 원하는지 물어보세요.

안드레아의 성인자아 앤디, 스탠리에게 원하는 것이 뭐지?

안드레아의 내면아이 나와 시간을 보내고, 내 말에 귀 기울이고, 나를 안아주고, 사랑한다고 말해주고, 대화하고, 아주 친절하게 대해 줬으면 좋겠어.

나 안드레아, 바로 그게 내면아이가 당신에게 원하는 거예요. 당신이 스탠리에게 얻으려고 하는 것이 바로 내면아이가 당신에게 원하는 거죠. 내면아이에게 이런 것들을 해줄 수 있겠어요?

안드레아 할 수 있을 것 같아요.

나 적극적인 대답이 아닌 것 같군요. 내면아이에게 사랑을 베푸는 성인자아가 되고 싶지 않은 이유가 있을 거예요. 그 이유가 뭔지 알겠어요?

안드레아 만약 제 자신에게 그런 행동을 해줄 수 있다면 왜 남편이 필요하겠어요?

나 그 말은 남편이 할 일은 당신을 행복하게 만드는 일이고, 당신이 스스로 행복할 수 있다면 더이상 그가 필요 없다는 뜻이에요?

안드레아 그렇죠. 스스로 행복할 수 있다면 다른 사람이 왜 필요하겠어요?

나 사람들이 다른 사람과 관계를 맺는 이유는 2가지라고 생각해요. 하나는 사랑을 주기 위해서이고, 다른 하나는 사랑을 받기 위해서죠. 만약 당신의 의도가 사랑을 받는 것이라면 항상 공허함을 느낄 수밖에 없을 거예요. 자신의 내면을 스스로 채우지 못하고 다른 사람에게 줄 사랑도 없으니까요. 대신 당신의 의도가 자신과 다른 사람을 사랑하는 법을 배우는 것이라면, 다시 말해 자신을 사랑으로 채우고 그 사랑을 다른 사람과 나누는 것이라면 사랑과 기쁨을 나눌 수 있을 거예요.

당신은 지금 자신과 타인을 사랑함으로써 좋은 감정을 스스로 느끼는 것이 아니라, 그냥 외부에서 좋은 감정이 주어진다고 믿는 것 같아요. 그래서 자신의 내면아이를 사랑하기를 주저하는 거겠죠.

안드레아 하지만 다른 사람에게 사랑을 받을 때 정말 좋은 느낌이 드는 걸요.

나 물론 그렇죠. 하지만 그건 일시적일 뿐이에요. 당신에게 필요한 '사랑 한 모금'을 얻고 나면 기분이 좋겠지만, 그건 마치 알코올중독자가 술을 마신 후 일시적으로 기분이 좋아지는 것과 같아요. 나중에 술이 깨고 나면 자존감은 사라지고 말죠.

당신도 마찬가지예요. 당신이 원하는 것을 남편이 줄 때는 기분이 좋겠지만 그가 주지 않으면 비참한 기분을 느끼겠죠. 당신이 그의 사랑에 중독되었기 때문이에요. 그것에 완전히 의존하고 있는 거죠. 하지만 당신이 자신에게 사랑을 준다면 잠깐이 아니라 긴 시간 좋은 기분을 느낄 수 있어요. 당신이 내면아이를 사랑할 때만, 내면아이는 자신이 사랑 받을 만하다는 사실을 알 수 있어요. 누구도 이 사랑을 가져갈 수 없고, 누구에게 의지할 필요도 없어요. 중요한 것은 이 사실을 꼭 행동으로 옮겨야 한다는 점이에요.

사랑을 표현하는 행동(안드레아)

나는 안드레아에게 일주일 동안의 임무를 주었다.

> **나** 그러니까 안드레아, 내면아이가 남편에게 바랐던 행동을 앞으로 일주일 동안 당신 스스로 해보는 것이 어때요?
>
> **안드레아** 좋아요. 일주일 동안 한번 해보겠어요(완전히 확신하진 못했지만 시도해보려는 의도를 보인다).

일주일 후 우리는 다음과 같은 대화를 나누었다.

> **안드레아** 저는 점점 더 나아지고 있어요. 요즘 내면아이와 대화를 많이 나누고 있어요. 그런데 아직도 많이 고통스러워요. 그 이유를 모르겠어요.
>
> **나** 내면아이에게 물어보는 게 어때요?
>
> **안드레아** 좋아요…. 전에도 물어본 적이 있지만 대답을 못 들었거든요. 오늘 다시 물어볼게요. (곰 인형을 바라보며) 앤디, 왜 넌 그런 고통을 느끼고 있니? 그 이유를 나한테 말해줄 수 있니? 난 정말 알고 싶어.
>
> **안드레아의 내면아이** 네가 정말 노력하고 있는 건 알지만 네가 나를 별로 좋아하는 것 같지 않아서야.
>
> **나** 앤디, 왜 안드레아의 성인자아가 당신을 좋아하지 않는다고 생각해요?
>
> **안드레아의 내면아이** 그녀는 한 번도 제게 좋은 말을 해준 적이 없

어요. 그래서 저는 스탠리가 필요했던 거예요. 그는 저를 정말 좋아
해요. 제가 예쁘고 재능 있다고 생각하거든요. 하지만 안드레아의
성인자아는 저를 좋아하지 않아요. 엄마랑 아빠도 그랬어요.

나 안드레아의 성인자아가 마치 엄마 아빠처럼 당신을 대하나요?

안드레아의 내면아이 네, 부모님은 항상 제가 부족하다고 말했어요.
안드레아의 성인자아도 똑같이 말했고요(어릴 적 부모님은 그녀를 부
끄럽게 생각했고 성인자아도 마찬가지였다).

나 좋아요, 안드레아. 내면아이의 말을 들으니까 어때요?

안드레아 그 애 말이 맞아요! 저는 한 번도 좋은 말을 해준 적이 없
어요. 저는 스스로 칭찬하지 말라고 배웠어요. 그건 오만하고 자기
중심적인 거라고 배웠지요.

나 그 잘못된 믿음 때문에 내면아이를 제대로 바라보고 소중하게
생각하지 못했던 거군요. 내면아이는 자신의 가치를 알고 자존감을
유지하기 위해서 당신이 자신을 거울처럼 비춰주길 원해요. 내면아
이의 본모습을 말해줄 준비가 되었나요? 그 아이가 얼마나 아름답
고 놀라운지 말해줄 수 있나요?

안드레아 네. 그동안 저에게 그렇게 해주는 게 너무 힘들었어요. 그
래서 다른 사람을 통해 그 말을 들으려고 했던 거예요. 내면아이가
얼마나 그 말을 원했는지 느낄 수 있어요. 생각해보면 스탠리가 했
던 것처럼 다른 사람이 좋은 말을 해주어도 마음 깊이 도달하지 않
았던 것 같아요. 진심으로 그런 말을 믿지는 못했던 것 같아요. 제
가 그런 말을 해줄 때만 진심으로 믿게 될 것 같아요.

나 맞아요! 자신의 성인자아가 말해주지 않는데 어떻게 다른 사람

이 하는 말을 믿을 수 있겠어요? 다른 사람에게 평생 좋은 말을 듣는다고 해도, 자신이 그렇게 말해주지 않으면 소용없는 일이에요.

안드레아 정말 그런 것 같아요. 벌써 저의 내면아이의 기분이 나아졌어요!

물론 이런 일은 하룻밤에 해결되지 않는다. 안드레아는 이후 수개월간 내면아이를 책임지고 받아들이기 위해 많은 노력을 해야 했고 진보와 퇴보를 반복했다. 내면아이에게 자신의 가치를 알려주는 것뿐만 아니라 내면아이를 위해 실제 행동하는 법도 배우게 되었다. 그녀는 내면아이에게 사랑을 말하는 것만으로는 부족하다는 것을 깨달았다. 그래서 성인자아의 사랑을 행동에서 느낄 수 있도록 신체적·감정적·영적으로 내면아이를 잘 돌봐야 했다.

이렇게 안드레아와 스탠리가 자신의 감정에 대한 책임을 지게 되자 부부 관계는 점차 좋아졌다. 그들의 의존적인 관계도 건강한 관계로 발전하기 시작했다.

세월이 지나도 변치 않는 부부 관계를 위한 조언

현대사회에 뿌리내린 잘못된 고정관념이 있다. 사랑에 빠졌을 때 그 사랑은 영원히 지속될 것이며 사랑하는 두 사람은 하나가 될 것이라는 생각이다. 즉 두 사람이 결합해 완전해지고, 더이상의 외로움은 없을 거라는 착각이다. 결혼한 사람이라면 알겠지만 이건 사실이 아니다.

서로를 사랑하는 데 있어 가장 중요한 사실은 먼저 자신을 사랑하는 법을 배워야 한다는 점이다. 자신을 사랑하고 인정하지 못하면 자신을 보호하고 방어하기 때문에 사랑에 마음을 열지 못한다.

오랜 시간이 지나도 변치 않는 부부 관계를 위해서는 부부 모두가 자신의 내면 감정과 잘 연결되며 타인의 감정에 대해서도 마음을 열고 살펴보아야 한다. 그렇다고 해도 관계에 대한 보험은 없으며 오로지 과정만이 있을 뿐이다. 즉 우리의 성장을 위한 노력에 끝이 없고, 그 노력의 과정에 우리의 관계가 있는 것이다. 만약 부부가 모두 내면과의 유대감을 유지하고 서로에 대해 마음을 열 수 있다면, 인생의 무한한 풍요로움과 기쁨을 느낄 수 있을 것이다.

6장의 중요한 내용들 ——

▶ 자신을 책임질 사람은 자신밖에 없다. 하지만 자신의 행복에 신경 쓰는 동시에 다른 사람의 행복에 신경을 쓰지 않는다면 이기적인 것이다.

▶ 타인을 바꿀 수 없다는 사실을 받아들일 때까지는 더 많은 내면적인 유대감이 필요하다.

▶ 내면아이에게 사랑을 말하는 것만으로는 부족하다. 성인자아의 행동에서 느낄 수 있도록 신체적·감정적·영적으로 내면아이를 돌보아야 한다.

▶ 서로를 사랑하는 데 있어 가장 중요한 사실은 먼저 자신을 사랑하는 법을 배워야 한다는 점이다.

▶ 부부가 모두 내면과의 유대감을 유지하고 서로에 대해 마음을 열 수 있다면, 인생의 무한한 풍요로움과 기쁨을 느낄 수 있을 것이다.

7장

애인과의 갈등 상황에서
상처 치유하기

서로에 대해 매우
불안한 감정을 느끼는 이유

처음 누군가와 사랑에 빠졌을 때는 세상 모든 것이 완벽해 보인다. 우리는 자신의 사랑이 남들과는 다르다고 생각하면서, 이 사랑이 영원히 지속되리라고 생각한다. 모든 것이 경이롭게 느껴지는 연애 초반에는 이 생각이 맞는 것처럼 보인다.

하지만 몇 달이 지나면 둘 사이에 두려움이 싹트기 시작하며 의존적인 관계로 발전하는 경우가 많다. 애인을 만나기 전부터 성인 자아와 내면아이가 유대를 이루지 못해, 이미 의존적인 관계의 씨를 품고 있던 것이나 마찬가지기 때문이다. 다시 말해 자신의 내면적인 단절 때문에 상대를 얼마나 사랑하든 상관없이 의존적인 관계를 맺는 경우가 많다. 가끔은 내면에 두려움을 안고서 결혼까지 이어지기도 한다. 그렇지만 대부분 6개월 이내에 의존적 관계의 증상들을 보이기 시작한다.

애인과의 갈등은 부부 사이의 갈등과 유사한 점이 많다. 연인 사이에도 부부처럼 자신뿐만 아니라 상대를 잃을 것 같은 두려움, 자신이 상대에게 부족할 것이라는 두려움을 겪는다. 때로는 시간, 돈, 섹스 문제로 다툴 수 있다. 또한 한쪽이 이미 다른 사람을 사귀고 있거나 결혼을 한 경우에는 삼각관계로 고통 받을 수 있다. 동거를 하면 돈이나 집안일과 관련된 문제들이 떠오른다.

결혼한 사이가 아니기 때문에 보통 서로에 대해 매우 불안감을 느끼게 마련이다. 그리고 이 불안함이 의존적인 관계로 이어지는 경우가 많다. 내면적인 유대감을 맺지 못한 사람들은 의존적인 행동으로 불안과 두려움을 표출한다. 또한 한 사람에게 정착하지 못하고 늘 이 사람 저 사람을 전전하는 경우가 많다.

자신의 감정을 책임지라며
애인을 비난하기

상황(알렉시스와 브렌던)

광고 회사에서 일하는 30대 중반의 알렉시스Alexis는 브렌던Brendan과 6개월째 사귀고 있었다. 브렌던 역시 광고 회사에서 근무하는 30대 중반의 남성이었다. 알렉시스는 브렌던과 함께 상담을 받기 전에 이미 개별 상담을 하던 상태였다. 알렉시스는 다음과 같은 어려움을 겪고 있다고 털어놓았다.

브렌던이 그의 전 부인과의 잠자리에 대해 말할 때마다 전 정말 상처 받아요. 그에게 그런 말을 하지 말라고 부탁했지만 아직도 가끔 그런 말을 해요(믿음: 브렌던은 나의 감정에 책임이 있다). 그런 말을 계속하는 건 예의 없고 무신경한 거예요. 하지만 앞으로 어떤 식으로 행동해야 할지 모르겠어요(믿음: 난 그의 행동을 통제할 수 있다).

나는 알렉시스의 말이 끝나자 브렌던에게 이 상황에 대해서 어떻게 생각하는지 물어보았다.

알렉시스가 부탁한 대로 노력했지만 가끔은 저도 모르게 튀어나와요. 어떻게 해야 할지 모르겠어요. 제가 전 부인과 헤어진 이유 중 하나가 그녀 혼자 여러 가지 것들을 정해놓고, 그것에 대해서는 말하지 못하게 한 이유도 있어요. 그래서 그녀와 대화를 나눌 때면 항상 살얼음판을 걷는 기분이었죠. 아내의 감정을 상하게 하고 싶지 않아서 말을 조심하긴 했지만 나중엔 견딜 수가 없었어요. 나중에 상담을 받아보니 예전 부부 관계가 제가 아내의 시중을 드는 쪽이라는 걸 알았어요. 알렉시스와는 그런 관계를 반복하고 싶지 않아요. 그런데 어떤 행동을 해야 할지 모르겠어요. 어쨌든 알렉시스의 감정을 상하게 하고 싶진 않아요(믿음: 나는 알렉시스의 감정에 책임이 있다).

나는 알렉시스에게 지금 그녀가 느끼는 속상함은 자신의 두려움과 잘못된 믿음에서 비롯되었고, 브렌던을 변화시키려 하는 대신에 자신의 감정을 살펴보아야 한다고 말했다. 계속해서 브렌던이 자유

롭게 말하지 못하게 조종하려고 한다면, 결국 브렌던과 전 부인의
관계처럼 둘의 관계는 파탄날 것이라고 말했다.

내면 탐구(알렉시스)

그녀에게 내면아이와 대화할 마음이 있냐고 물었다. 그러자 그녀
는 그러겠다고 했다.

> **알렉시스의 성인자아** (인형에게 말한다) 브렌던이 전 부인과의 잠자
> 리에 대해 말할 때마다 왜 그렇게 속이 상하니?
>
> **알렉시스의 내면아이** (인형이 내면아이의 역할을 한다) 그가 나를 떠날
> 까 봐 두려워(믿음: 난 고통을 감당할 수 없어. 난 자신을 돌볼 수 없어).
>
> **알렉시스의 성인자아** 왜?
>
> **나** 혹시 브렌던의 말이 과거의 어떤 기억을 들추어내기 때문인지,
> 아니면 혹시 아버지와 관련된 일인지 말해보세요(그녀는 어릴 적 아
> 버지에게 성폭력을 당하고 버려진 경험이 있다. 브렌던과의 문제를 겪기
> 전 이에 대해 나와 상담을 진행했다).
>
> **알렉시스의 내면아이** 아빠는 나를 학대하고 다른 여자에게 갔어.
>
> **알렉시스의 성인자아** 그래서 브렌던이 전 부인 이야기를 하면 아빠
> 와의 일이 떠올랐구나?
>
> **알렉시스의 내면아이** 맞아. 브렌던이 전 부인과의 잠자리를 좋아한
> 다면, 그는 결국 그 여자랑 다시 합칠 거야. 나보다 그 여자를 좋아
> 할까 봐 두려워.
>
> **나** 당신의 내면아이는 브렌던을 지키기에는 자신이 부족하다고

240

믿고 있는 것 같군요.

알렉시스 맞아요. 저는 그동안 아버지가 저를 버린 이유가 제가 부족했기 때문이라는 것, 특히 성적으로 부족했기 때문이라고 믿었어요. 이 사실을 지금에야 깨달았네요.

사랑을 표현하는 행동(알렉시스)

나는 그녀에게 자신의 내면아이에게 해줄 수 있는 사랑의 행동을 물었다.

나 당신의 내면아이에게 해줄 수 있는 사랑의 행동으로는 어떤 것이 있을까요?

알렉시스의 성인자아 (인형을 바라보며 내면아이에게 말한다) 왜 네가 두려워했는지 이제 알겠어. 하지만 브렌던은 아빠가 아니야. 브렌던은 널 사랑해. 전 부인에 대해 말한다고 해서 널 사랑하지 않는 것은 아니야. 전 부인에게 다시 가겠다는 뜻도 아니고. 그가 잠자리에 대해 말한다고 해서 전 부인과의 잠자리가 우리보다 더 좋았다는 뜻도 아니야. 그는 우리의 잠자리가 정말 만족스럽다고 여러 번 말했어.

혹시라도 그가 떠나는 일이 생기더라도 우린 괜찮을 거야. 내가 네 곁에서 널 돌봐줄 거니까. 예전엔 너무 어려서 널 돌봐줄 수가 없었어. 하지만 지금 난 어른이 되었고 널 돌봐줄 수 있어(알렉시스는 내면아이에게 자신은 고통은 감당할 수 없고 자신을 돌볼 수 없다는 믿음이 잘못되었음을 말해주고 있다. 또한 브렌던이 아빠와는 다르며 내면아이를 안심시키고 있다).

알렉시스의 내면아이 하지만 아빠에게 난 부족한 딸이었어. 그러니까 브렌던에게도 부족한 사람일지도 몰라(믿음: 난 부족한 사람이야). ·

알렉시스의 성인자아 아빠는 네가 부족해서 떠난 게 아니야. 정신이 병들었기 때문에 떠난 거지. 넌 착하고 사랑스러운 소녀였고 지금도 그래. 아빠는 자신의 문제가 많아서 떠난 거야. 너랑은 아무 상관도 없는 일이야. 그는 제대로 사랑할 줄 모르는 사람이었어. 널 성적으로 학대해서는 안 되는 거였고 너도 그의 욕구를 채우는 역할을 해서도 안 됐어. 하지만 넌 그저 어렸지(그녀는 자신이 부족하다는 잘못된 믿음에 맞서기 시작했다. 내면아이가 잘못된 믿음에 휘둘리지 않을 때까지 반복해서 이런 믿음에 맞서야 한다. 그녀가 브렌던 때문에 속이 상한 이유도 이러한 잘못된 믿음 때문이었다).

나 만약 브렌던이 당신을 기분 나쁘게 하는 이야기를 또 한다면 이제 어떻게 해야 할까요?

알렉시스 지금 했던 것처럼 내면아이와 대화를 나누고, 브렌던에게 화를 내기(자신의 느낌에 대해 브렌던에게 책임을 떠넘기기)보다는 내면아이의 느낌과 그 이유를 찾아봐야 할 것 같아요(자신의 느낌에 대한 책임을 지기).

또 다른 상황

알렉시스는 브렌던과의 사이에 또 다른 문제가 있다고 말했다. 가끔 브렌던은 감정을 드러내지 않은 채 입을 꾹 다물고 있었다. 왜 그러냐고 물어보면 그는 그냥 "피곤해서."라고 대답했다. 하지만 진짜 이유가 따로 있다는 것을 알았다. 왜 그가 이런 식으로 마음을 닫고 말을 하지 않는지 알고 싶었다.

내면 탐구

다음은 그들과 상담실에서 나눈 대화다.

> **브렌던** 내가 입을 꾹 다물고 있었던 이유는 당신이 이혼 결정을 강요하는 느낌을 주었기 때문이야(브렌던은 전 부인과 몇 년 동안 별거 생활을 하고 있었지만, 정식 이혼 절차는 밟지 않은 상태였다).
>
> **알렉시스** 그러면 왜 그 문제를 더이상 꺼내지 말라고 나에게 말하지 않았어?
>
> **브렌던** 당신의 감정을 상하게 하고 싶지 않았으니까.
>
> **나** 당신은 또다시 알렉시스의 감정에 책임을 느끼는 것 같네요.
>
> **브렌던** 네, 그런 것 같아요. 사실 며칠 전 알렉시스가 제 집에서 하룻밤 자고 가려 했어요. 그런데 저는 혼자 있을 시간이 필요해서 자고 간다는 것이 달갑지 않았어요. 하지만 그렇게 말하면 그녀가 상처받을 것 같아서 두려웠어요.
>
> **알렉시스** 그래서 당신은 마음을 닫고 차갑게 굴었구나. 결국 나는 당신 집에서 일찍 나올 수밖에 없었고. 그냥 혼자 있고 싶다고 솔직히 말하는 게 훨씬 나았을 거야.
>
> **브렌던** 하지만 당신이 상처받는 모습을 보면 기분이 좋지 않아.
>
> **나** 그 부분이 정말 힘든 부분이에요. 그렇죠? 하지만 당신이 원하는 것을 솔직히 말하기 위해서는 다른 사람의 고통에 자신이 책임

저야 한다는 잘못된 믿음을 바꾸어야 해요. 고통에 대한 당신의 생각도요. 고통은 나쁜 것이라고 생각하는 것 같네요.

브렌던 네, 맞아요. 제가 고통을 느끼는 것이 싫기 때문에, 저 때문에 사랑하는 누군가가 고통을 겪는 것도 싫어요(브렌던에게는 고통에 대한 두려움과 잘못된 생각이 있다).

사랑을 표현하는 행동

나는 그에게 자신의 내면아이에게 해줄 수 있는 사랑의 행동을 물었다.

나 고통은 아프기는 해도 나쁜 것만은 아니에요. 감정적인 고통은 우리에게 선생님이 되어 주기도 해요. 우리에게 잘못된 믿음 때문에 잘못된 방식으로 행동하고 있다는 사실을 알려주기 위해 존재하는 거죠. 그리고 고통은 우리가 자신을 잘 돌보지 못하고 있다는 사실을 내면아이가 알려주는 방식이기도 해요. 만약 당신에게 혼자만의 시간이 필요하다는 이유로 알렉시스가 기분이 나쁘고 고통을 받았다면, 그건 그녀의 성인자아가 내면아이를 잘 돌보지 못해서 그래요. 당신의 정당한 욕구에 그녀의 내면아이가 거부당한 느낌을 받았기 때문이지요. 즉 그녀에게 이런 잘못된 믿음이 있다는 말이죠. "그가 혼자만의 시간이 필요하다고 하는 것을 보니 나를 사랑하지 않는 거야." 혹은 "그가 혼자만의 시간이 필요하다고 하는 것을 보니 내가 뭘 잘못했거나 부족한 거야." 그녀가 이런 고통을 느끼는 것은 자신의 내면을 탐구하고 잘못된 믿음을 바로잡을 수 있는 기

244

회가 될 수 있어요.

그런데 당신이 마음을 솔직하게 말하지 않고 자신이 원하는 것을 포기하면서 그녀의 시중을 든다면, 이런 배움의 기회를 빼앗아버리는 거죠. 자신이 원하는 바를 솔직하게 말하는 것은 사랑을 표현하는 행동이에요. 겉으로는 그렇게 보이지 않을지라도 말이죠.

브렌던 이제 알겠어요. 제가 어떤 부분에 대해서 내면아이와 대화를 나누어야 할지 알겠어요. 이 부분이 정말 힘든 부분이에요. 하지만 알렉시스와의 관계를 첫 번째 결혼처럼 망치고 싶지 않아요. 그러려면 자신에게 솔직해져야겠지요.

브렌던이 고통에 대한 두려움을 해결하고, 알렉시스의 감정에 본인의 책임이 있다는 잘못된 믿음을 바로 잡는 데는 시간이 필요했다. 하지만 그는 자신이 원하는 것에 솔직해지는 일을 시작했다.

만약 그의 솔직한 말에 알렉시스가 화를 내거나 고통을 겪는다고 해도 그의 잘못이 아니라고 내면아이를 계속해서 안심시켰다. 그 결과 브렌던의 고통에 대한 두려움과 잘못된 믿음은 점점 사라져갔다.

저도 제가 고쳐야 할 점이 무엇인지 알겠어요. 서로 마음을 열고 잘못된 생각을 바로 잡는다면 앞으로 우리 관계는 좋아질 거예요. 브렌던이 자신에게 정직해지려면 제가 먼저 그를 비난하지 않고 제 고통과 감정에 책임을 져야 할 것 같아요.

이 말은 사실이다. 만약 브렌던이 알렉시스에게 솔직하게 마음을 털어놓는다고 해도 알렉시스가 계속 브렌던에게 책임을 넘긴다면, 그는 결국 지쳐서 관계를 끝낼 것이다. 상대방이 자신의 감정을 책임지라며 나를 비난하는 관계를 유지하는 것은 스스로에게 사랑을 표현하는 행동이 아니기 때문이다. 그렇게 관계가 끝난다면 알렉시스가 가진 잘못된 믿음, 자신이 부족하다는 생각이 다시 한 번 입증되는 셈이다. 하지만 두 사람이 결심한 대로 그가 감정에 솔직하고 그녀 스스로 고통에 책임을 진다면, 그들의 관계는 더 깊어지고 건강하게 성장할 것이다.

애인이 나보다 더 나를 잘 돌봐줄 거라는 믿음

상황(브리짓과 호머)

브리짓Bridget은 상담 전문가가 되려고 실습을 하고 있었다. 실습 프로그램에는 한 달간의 집중 워크숍이 포함되었는데, 그녀는 거기서 호머Homer와 호머의 여자 친구인 샐리Sally를 만났다. 브리짓은 현재 상황을 다음과 같이 설명했다.

호머와 저는 처음에는 친구로 시작했다가 점점 더 가까워졌어요. 저는 호머에게 우리 관계를 샐리에게 다 털어놓으라고 말했어요. 샐리 몰래 호머와 만나는 게 마음이 편치 않았죠. 하지만 그는 앞으로 어떻게 될지도 모르는 상황에서 샐리에게 상처만 주는 것이라며 반대했어요. 그런 호머의 모습에 내면아이는 경고의 목소리를 보냈지만 저는 그 소리를 무시하고 그저 호머의 말을 따랐어요. 결국 우린 연인 사이가 되었지만 기분이 좋지만은 않았어요. 호머와 숨어서 만나야 하니까요. 게다가 호머는 온갖 핑계로 저와의 데이트 약속을 깨면서 저에게 시간을 내주지 않고 있어요.

내면 탐구

나는 브리짓에게 내면아이와 대화하기를 요청했다.

브리짓의 성인자아 (커다란 곰 인형에게) 지금 기분이 어떠니?

브리짓의 내면아이 난 너한테 정말 화가 나. 넌 내 말을 듣지 않고 나를 돌보지 않았어. 넌 나를 호머에게 떠넘겼어. 그래서 너무 외롭고 슬퍼.

브리짓의 성인자아 난 네가 호머를 사랑한다고 생각했어.

브리짓의 내면아이 하지만 넌 처음부터 거짓말쟁이와 사귀지 말았어야 했어. 호머가 거짓말을 할 때마다 난 너무 상처받아.

브리짓의 성인자아 내 생각에는 그가 널 사랑해서 거짓말을 하는 것 같아.

나 브리짓, 당신의 성인자아는 진실을 보지 못하는 것 같네요. 여자 친구에게 거짓말까지 하고 당신을 몰래 만나는 사람이라면 당신에게도 똑같이 거짓말을 할 거예요. 당신은 내면아이가 본능적으로 알고 있는 사실을 들으려고 하지 않고 있어요.

브리짓 하지만 그는 누구보다도 저를 사랑한다고 말했어요. 우리 관계에 확신이 생기면 바로 샐리에게 말하겠다고 했고요. 그래서 저는 그를 믿고 연인 사이가 된 거예요. 하지만 지금 생각해보니… 그는 샐리와 저를 둘 다 원하는 것 같아요.

나 호머가 두 여자를 동시에 원한다고 해도 괜찮나요?

브리짓 네. 차라리 샐리가 알았으면 좋겠어요. 그럼 더이상 몰래 만나지 않아도 되니까요. 하지만 그동안 호머가 저한테 거짓말을 한 건 화가 나요.

브리짓은 호머가 친절하게 대하자 내면아이를 그에게 맡겨버렸다. 호머가 자신을 더 잘 돌봐줄 것이라는 잘못된 믿음 때문이었다. 이제 그녀는 자신의 책임을 호머에게 전가했다는 사실을 깨달았다. 그녀는 호머가 자신을 버린 것에 분노하고 있지만, 사실 그녀가 먼저 자신을 버렸던 것이다.

브리짓은 잘못된 믿음을 살펴보았다. 다른 사람이 자신을 행복하게 해줄 수 있으며, 고통을 없애주고, 자신이 내면아이에게 더 나은 부모가 되어 줄 수 있다는 생각이었다. 또 어릴 적 부모님이 해주지 못했던 것을 호머가 대신 해주길 바랐다는 사실을 깨달았다. 이제 그녀의 외로움이 외부적 원인이 아니라 자신의 내면을 버린 결과라는 사실을 알게 되었다.

그동안 브리짓은 자신이 호머의 선택에 따른 희생자라고 생각했다. 그저 호머의 전화만 기다리면서 연인 관계를 숨겨야만 하는 상황을 속상해했다. 사실 브리짓은 호머가 자신을 사랑한다고 말해놓고는 샐리를 더 생각한다는 사실에 화가 났다. 하지만 계속 거짓말하는 호머에 대해 그녀가 할 수 있는 일은 아무것도 없었다. 그녀만 불행할 뿐이었다.

사랑을 표현하는 행동

브리짓은 호머를 아주 많이 사랑하고 있었다. 감정적·지성적·성적으로 이렇게 깊은 유대감을 느끼는 사람을 만난 것은 아주 오랜만의 일이었다. 만약 호머를 잃으면 다시는 이런 사람을 못 만날 것 같았다. 그녀는 이제는 혼자라는 사실에 지쳐 있었다.

그녀는 힘든 선택을 내려야 했다. 그를 지키기 위해 자신을 잃을 것인가, 아니면 그녀의 정체성을 지키기 위해 호머와도 이별도 감수할 것인가? 그녀의 내면아이는 어떤 남자에게도 자신의 정체성을 걸 만한 가치는 없다는 사실을 분명히 말했다. 그런데도 만약 지금처럼 그를 위해 자신을 포기한다면 결국은 내면아이의 분노가 사랑을 넘어설 것이었다.

마침내 브리짓은 내면아이를 위해 사랑을 표현하기로 결정했다. 그녀는 호머가 샐리에게 진실을 털어놓을 때까지 그를 보지 않기로 했다. 그가 망설이는 이유가 샐리의 감정을 상하게 하지 않기 위해서가 아니라 스스로를 보호하기 위해서라는 사실도 깨달았다. 만약 호머의 태도를 그대로 놔둔다면 의존적인 관계를 지속할 뿐이었다.

그녀의 결정에 호머는 매우 놀라며 설득하려 했다. 하지만 그녀는 입장을 지켰다. 한 달 동안 만나지 말자고 하면서, 그동안 결정을 내리라고 호머에게 말했다. 브리짓은 매우 힘들었지만 내면에서 강력한 힘이 솟아나는 것을 느꼈다. 그녀의 자존감 또한 크게 좋아졌다.

한 달이 지나자 호머는 전화를 걸어와 아직도 브리짓을 사랑한다고 말했다. 그녀의 말처럼 자신이 의존적인 관계를 맺고 있다는 사실을 깨달았다고 말했다. 문제를 해결하기 위해 상담을 받겠다고 말했지만 샐리와의 관계는 유지하겠다고 했다.

브리짓은 이제 호머를 잊고 새 출발을 해야겠다고 생각했다. 그의 말을 믿고 계속 기다린다면 또다시 무력한 희생자가 될 것이었다. 그녀는 진지한 관계를 원하지 않는 남자와 사랑에 빠졌다는 사실을 인정했다. 그러고는 사실은 처음부터 그들의 관계가 잘못되었다는 것을 알고 있었던 것이 아닌지 생각했다. 생각해보면 그런 느낌이 들었지만, 호머가 자신을 더 잘 돌봐줄 수 있다는 잘못된 믿음에 그 느낌을 무시했던 것이다. 하지만 더이상 잘못된 관계를 맺지 않겠다고 다짐했다.

그런데 몇 달 후 호머에게 전화가 왔다. 그는 브리짓을 만나고 싶다고 했다. 브리짓은 그러자고 했다. 그를 다시 만나니 사랑의 감정이 되살아났다. 그녀는 그와 잠자리를 했고 상황이 다 좋아질 것이라고 생각했다.

그날 이후 호머는 연락하지 않았다. 브리짓은 자신의 내면아이를 스스로 또 한 번 버렸다는 사실을 깨달았다. 그녀가 호머와 사랑을 나누기 전 내면아이의 이런 목소리를 들었었다. "잠깐, 결국 넌 상처받을 거야." 하지만 그녀는 무시해버렸다. 이제 그녀의 내면아이는 성인 브리짓이 자신을 보호해주지 않았다는 사실에 우울했다.

브리짓은 자신이 내면아이의 목소리를 듣지 않고, 내면아이를 보호하지 않아서 이처럼 우울한 상황을 수없이 경험했다는 사실을 깨달았다. 아직도 그녀는 내면아이에 대한 책임을 완전히 다하는 것을 힘들어한다. 우리 대부분이 그런 것처럼 말이다.

2주 후 호머는 다시 전화를 걸어와 그들의 관계가 완전히 끝났다고 말했다. 브리짓의 자존감은 바닥을 쳤고, 그녀는 끔찍한 기분으로 다음 상담에 참여했다.

브리짓 그에게 버림받은 후, 제가 가치 없는 사람이라는 생각이 들어요. 그동안 내면아이에게 너는 소중한 사람이고, 그가 떠난 것은 너랑은 상관없는 일이라고 말해주었어요. 하지만 아직도 제가 하찮은 사람이라는 생각이 들어요. 어떻게 해야 할지 모르겠어요.

나 브리짓, 잠깐 제가 당신의 내면아이가 되어서 말을 해볼게요. (내가 브리짓의 내면아이가 되어 말한다) 지금 난 하찮은 사람이 된 것 같은 기분이 들어. 하지만 호머가 날 버려서 그런 게 아니야. 네가 내 말을 듣지 않고 나를 돌봐주지 않아서야. 만약 네가 날 소중하게 생각했다면 내 말을 듣고 그런 남자를 선택하지 않았을 거야. 네가 내 말을 듣고 날 더 보살펴주지 않는 한 나는 가치 있는 사람이라는 생각을 할 수가 없어. 만약 네가 날 소중하게 생각한다면 날 사랑해줄 수 있는 남자를 골라. 날 하찮게 만든 사람은 호머가 아니라 바로 너야. 날 소중하게 생각했다면 호머 같은 사람을 선택하지도 않았을 거야.

브리짓 맞아요. 전 꼭 엄마 같은 사람을 골랐어요. 정직하지 않고 내 곁에 있어주지 않는 사람을 말이죠. 제가 자존감이 없는 걸 엄마나 그이 탓으로 돌렸어요. 이제 내면아이가 자존감을 느끼려면 저를 다르게 대해야겠다는 걸 알았어요. 이젠 저를 거부하는 대신 사랑하는 사람을 고를 거예요.

일주일에 한 번은 헤어지자며 싸우는 두 사람

상황(디나와 닉)

디나Dina와 닉Nick은 항상 다투었지만 그 이유를 알 수 없어 상담실을 찾았다. 그들은 서로 사랑하는 관계를 유지하고 싶어했지만 일주일에 한 번은 헤어지자는 소리를 하며 싸웠다.

디나는 30대 초반으로 결혼 경험과 두 딸이 있었다. 임신하기 전에는 모델로 경력을 쌓기도 했다. 이혼을 하면서 위자료도 많이 받고 양육 수당도 받았다. 부자라고 할 수는 없었지만 일을 하지 않고도 아이들을 부양할 수 있었다.

그녀는 상담을 받기 1년 전쯤 닉을 만났다. 9개월 후 닉이 디나의 집으로 들어가며 동거를 하게 되었고, 이들의 문제도 시작되었다. 닉은 디나보다 다섯 살이 어렸고 슈퍼마켓에서 매니저로 일했다. 디나를 만나기 전, 그는 카드빚을 많이 져서 월급의 대부분을 빚 갚는 데 썼다. 디나와 동거를 시작하면서 그는 생활비를 일정 부분 부담하기로 합의했지만, 막상 월급을 받으면 항상 돈이 없다고 했다. 게다가 약속과는 달리 가사분담도 하지 않았다.

이런 일이 반복되자 디나는 폭발했고, 그때마다 닉은 입을 다물거나 자리를 피했다. 시간이 지나면 닉은 디나에게 앞으로 잘하겠다고 약속했지만 똑같은 일이 매번 반복되었다. 디나는 점점 더 분노했고, 그럴수록 닉은 책임을 회피했다.

내면 탐구(디나)

디나의 아버지는 그녀가 세 살 때 돌아가셔서 형편이 어려웠다. 어머니는 하루 종일 일했고 집에 오면 지쳐서 화를 냈다. 어머니는 디나에게 소리를 지르거나 작은 일에도 혼냈다. 디나의 내면아이는 사랑도 보호도 받지 못하면서 돌아오지 않는 아빠를 기다리며 자랐다.

디나는 체벌을 피하기 위해 엄마의 시중을 드는 법을 배웠다. 결혼을 했을 때도 그녀를 학대하는 남편의 시중을 묵묵히 들었다. 전 남편은 엄마처럼 항상 소리를 지르고 그녀를 비난했지만 디나는 어렸을 때처럼 우직하게 노력할 뿐이었다. 하지만 전 남편은 그녀를 떠났다.

이후 닉을 만나면서 디나는 재정적으로 시중을 드는 역할을 하게 되었다. 그리고 이에 대한 대가로 감정적인 지지를 원했다. 닉이 이것을 충족시켜주지 않으면 그녀는 갑자기 엄마처럼 자기애적인 사람으로 돌변했다. 닉에게 소리를 지르고 비난했다. 그가 묵묵히 참아낼수록 디나는 더 화를 냈다.

디나가 내면적인 유대감 형성을 배우기 시작하자 아버지를 잃은 슬픔과 어머니와 오빠에게 학대받던 과거가 수면 위로 떠올랐다. 몇 주간 그녀는 과거의 고통을 풀어내면서 눈물을 흘렸다. 과거 그녀는 어머니와 오빠의 학대가 자신의 탓이라고 여겼고, 무력한 자신을 증오했다는 사실을 깨달았다. 이제 그 증오를 닉에게 투사하면서 자신이 학대당했던 것처럼 닉을 학대하고 있었다. 게다가 분노를 자녀에게까지 쏟아내기 시작했음을 깨달았다.

뿐만 아니라 그녀는 그동안 내면아이를 소중히 여기지 못했다는 사실도 알았다. 엄마나 오빠가 했던 방식대로 자신을 대했고, 닉에게 재정적인 도움을 주어야 자신이 사랑받을 수 있다고 믿었다. 그를 재정적으로 지원해주지 않으면 그가 떠날까 봐 두려우면서도 자신이 이용당한다는 느낌 때문에 그를 원망했다.

내면 탐구(닉)

닉도 어린 시절에 학대를 받았다. 그의 아버지는 아들에게 화를 내며 폭력을 행사하던 사람이었다. 아버지를 보고 자란 닉은 자신도 아버지처럼 분노를 통제할 수 없을까 봐 두려웠고 디나의 분노에도 겁이 났다. 그녀가 소리를 지르면 어릴 적 겁먹은 꼬마로 돌아가 옴짝달싹할 수 없는 감정과 마음이 닫히는 것을 느꼈다.

그는 디나에게 맞서지 못했다. 자신이 한 번 화를 내면 아버지처럼 분노를 통제할 수 없을까 봐 두려웠으며, 동시에 디나가 떠날까 봐 두려웠기 때문이다. 그는 그녀에게 깊은 유대감을 느끼고 있었고 그녀도 마찬가지였다. 그들에게 문제는 있었지만 함께 있으면 즐거웠고 서로 사랑했다.

그러나 닉은 아버지처럼 디나가 자신을 통제할까 봐 두려웠다. 그는 아버지의 학대 때문에 저항감을 갖고 자랐으며, 디나에게도 저항감이 있었다. 디나와 동거를 시작하면서 이 저항감이 드러나기 시작했다. 생활비를 주지 않거나 집안일을 하지 않는 방식이었다. 그녀가 화를 낼수록 저항감은 더 심해졌다. 결국 그녀가 아빠와 똑같은 사람이라고 생각하게 되었다.

사랑을 표현하는 행동(디나)

닉과 디나는 버려진 내면아이로서 행동했다. 결국 그들의 관계는 의존적인 관계가 되었다. 나는 디나와 이야기를 시작했다.

> **디나** 닉이 약속을 지키지 않을 때는 어떻게 해야 하죠? 그런 상황에서 제 내면아이를 어떻게 보살펴야 할까요? 화를 내는 것 말고는 다른 방법을 모르겠어요. 이제는 그렇게 화가 나는 것도 아닌데 다른 대응방법을 모르겠어요.
>
> **나** 닉이 약속을 지키지 않으면 당신의 내면아이는 어떤 느낌이 드나요?
>
> **디나** 거부당한 느낌이 들어요. 저를 배려하지 않는 것 같고, 그에게 중요한 사람이 아닌 것 같아요.
>
> **나** 닉의 행동은 당신에 대한 거부가 아니라, 오래전부터 그의 가슴속에 있는 두려움 때문이라는 것을 내면아이에게 알려줄 필요가 있어요. 그의 행동이 당신에 대한 거부가 아니라는 사실을 받아들인다면 내면아이의 감정이 어떻게 달라질까요?
>
> **디나** 그의 행동이 마음에 들지 않는 건 마찬가지예요. 닉이 책임을 다했으면 좋겠거든요. 하지만 닉의 행동이 저에 대한 거부가 아니란 걸 알게 되면, 왜 그런 식으로 행동하는지 알고 싶을 거예요.

나 그러니까 그의 저항을 개인적인 거부로 받아들이지 않는다면, 그와 함께 이유를 살펴보고 배우려는 의도가 생긴다는 거군요. 하지만 그가 마음을 열지 않는다면 어떻게 될까요? 그럴 때 당신의 내면아이는 어떻게 하고 싶을 것 같아요?

디나 잘 모르겠어요. 내면아이에게 물어볼게요. (곰 인형을 바라보며 묻는다) 닉이 솔직한 대화를 거부할 때 내가 어떻게 했으면 좋겠니?

디나의 내면아이 (디나는 곰 인형을 안고 자신이 작아지는 상상을 한다. 그녀의 목소리 톤이 아이처럼 약간 높아진다) 우리가 느끼는 감정을 그에게 솔직하게 말한 다음 우린 다른 일을 하자. 닉이 마음을 닫을 때 굳이 그의 옆에 있고 싶지 않아.

디나 그 일이 저한테 어려웠던 부분이었어요. 전 항상 옆에서 닉을 설득하려고만 했거든요. 그냥 내버려두고 다른 일을 하는 게 저한테는 어려웠어요.

나 이전에 그렇게 시도해본 적은 있나요?

디나 아니요.

나 한번 해보시겠어요?

디나 네.

일주일 후 상담실을 찾은 디나는 매우 고무되어 있었다. 디나는 닉이 마음을 닫고 저항감을 보이면, 그에게 소리를 지르거나 잔소리를 하는 대신 내버려두었다고 했다. 그러자 닉은 오히려 대화를 시작하고 집안일도 더 많이 도와주었다고 했다. 디나는 그동안 닉을 통제하려고 할 때마다 더 고집을 부렸다는 사실을 깨달았다. 바로 전형적인 힘겨루기였다.

디나는 닉을 통제하려는 마음이 들었지만 꾹 참고 자리를 피했다. 통제하려는 마음을 포기하는 것이 가능했던 것은 자신의 내면아이에게 사랑을 베푸는 성인자아가 되는 법을 배웠기 때문이었다. 그동안은 디나의 성인자아가 내면아이를 버렸고, 닉에게 거부당했다는 느낌이 들면서 그를 통제하려고 했던 것이다.

사랑을 표현하는 행동(닉)

나는 닉과 그의 내면아이에 대해 이야기를 나누었다.

> **닉** 제가 했던 약속과 책임을 다하기 위해서 어떻게 해야 할지 모르겠어요. 특히 디나가 소리를 지를 때면 더 혼란스러워요.
>
> **나** 이런 책임에 대해서 당신의 내면아이는 어떻게 느끼나요?
>
> **닉** 갇힌 것 같고 통제당하는 느낌이 들어요. 그저 도망가고만 싶어요.
>
> **나** 그러면 성인자아의 느낌은 어떤가요?
>
> **닉** 성인자아는 제가 책임을 다해야 한다고 생각하는 것 같아요.
>
> **나** 그러면 지금 당신의 행동을 좌우하고 있는 건 내면아이인 거네요. 당신이 갇힌 것 같고 통제받는 것 같은 기분을 느낄 때 당신의 성인자아는 어디에 있는 것 같나요?
>
> **닉** 모르겠어요. 내면아이 곁에 없어요.
>
> **나** 당신의 내면아이가 통제받는 기분을 느끼는 건 성인자아가 내면아이를 버렸기 때문이에요. 그래서 저항하는 마음이 생기는 것이

죠. 이런 감정이 들 때 내면아이에게 어떻게 해주었으면 좋겠어요?

닉 잘 모르겠어요.

나 닉, 디나와 관계를 맺기로 한 건 당신의 선택이었죠?

닉 네.

나 동등한 파트너가 되는 것을 원한 것도 당신이었죠?

닉 네.

나 그런데 왜 갇히고 통제받는 기분이 드나요?

닉 잘 모르겠어요…. 아! 알겠어요. 어린 시절에 느꼈던 갇히고 통제받는 기분을 내면아이가 다시 느끼고 있기 때문이에요.

나 맞아요!

닉 만약 다시 그런 기분이 들면 내면아이에게 지금 여기 있는 건 우리의 선택이고, 디나는 아빠가 아니라는 사실을 알려주어야겠어요. 디나와 함께 있으면서 책임을 분담하는 것은 제 선택이고 그렇게 하고 싶다고요.

나 맞아요. 그동안 당신은 어린 시절의 잘못된 믿음으로 내면아이가 잘못된 행동을 하게 만들었어요. 하지만 진실은 바로 이거예요. 당신에게는 선택권이 있다는 사실이죠.

닉 맞아요! 제가 갇힌 것 같은 기분이 들 때마다 내면아이에게 그 말을 계속 해야겠어요. 그러면 앞으로 책임을 다할 수 있을 거예요.

닉은 내면아이에게 진실을 말해주는 것에는 많은 연습이 필요하다는 사실을 깨달았다. 마음을 닫아버리는 습관이 너무 오래되었기 때문에 갇힌 기분을 느낄 때마다 내면아이를 보살피는 데는 여러 달의 훈련이 필요했다. 매일 내면적인 유대감 형성을 위해 노력하면서 매 순간 내면아이의 곁에서 자신의 감정을 인식하고 다루는 법을 배우기 시작했다.

디나와 닉의 의존적인 관계는 하루아침에 바뀌지는 않았다. 하지만 둘 다 꾸준히 노력한 덕분에 좋은 변화를 이끌어낼 수 있었다.

자신과 보내는 시간이 적다고 불평하는 애인

상황(캔더스와 피터)

캔더스Candace와 피터Peter는 30대 후반의 작가로 만난 지 4개월 만에 상담실을 찾았다. 그들의 의존적인 관계가 이미 파탄 위기에 놓였기 때문이다.

캔더스는 피터가 자신과 보내는 시간이 적다고 불평했다. 반면에 피터는 일도 하고 친구들도 만나야 하는데 캔더스가 자신에게 너무 의존하는 것이 불만이었다. 사실 그는 캔더스가 상담을 받자고 제안할 무렵 그녀와의 관계를 정리할 생각이었다.

내면 탐구(피터)

피터가 12세가 되었을 때 아버지는 심장마비로 갑자기 사망했다. 어머니는 슬픔에 제정신이 아니었고 혼자 살아갈 힘이 없었다. 피터는 4남매 중 첫째였고 외아들이었다. 피터의 어머니는 위안을 얻으려고 그에게 매달렸고, 그는 어머니의 시중을 드는 역할을 맡게 되었다. 게다가 어머니는 성적으로 피터를 유혹하는 에너지를 풍겼고, 겁이 난 피터는 감정적으로 마음을 닫아버렸다.

그러나 의지할 사람이라곤 어머니밖에 없었기 때문에 피터는 최소한의 안정감이라도 찾기 위해 어머니를 보살폈다. 어머니가 필요로 할 때 곁에 있으면서 어머니는 자신을 홀로 내버려두지 않을 것이라고 스스로를 안심시켰다. 피터는 어머니마저 잃을까 봐 두려웠다. 그래서 자신을 포기한 채 어머니에게 통제받으며 숨 막히는 기분을 느꼈다.

어른이 된 피터는 자신에게 무언가를 요구하지 않고, 감정적인 애착을 느끼지 않는 여자들을 선택했다. 별로 사랑하지 않는 여성과 데이트를 하면 조종당하거나 숨 막히는 기분을 느끼지 않을 수 있었다. 하지만 싫증을 느끼고 다른 여자를 찾는 일을 반복했다. 심지어 사랑하지도 않는 여자들과 2번이나 결혼했는데, 상대방을 사랑해서 자신을 잃어버릴 것 같은 위험을 느끼지 않았기 때문이다.

하지만 그는 난생 처음으로 캔더스에게 사랑을 느꼈다. 그래서 그는 다시 통제받고 숨 막히는 기분을 느낄까 두려웠다.

피터는 재능이 많은 사람이었다. 그는 자신의 일을 사랑했고 취미 생활과 다양한 활동을 즐겼다. 이런 취미 생활이 그에게는 중요한 의미였다. 하지만 캔더스를 만난 지 몇 주가 지나자 그는 자신의 취미 중 몇 개를 포기했고 일하는 시간도 줄여야 했다. 그러자 그는 어머니에게 느꼈던 것처럼 꼼짝없이 잠긴 기분이 들었다. 기쁨을 얻는 활동을 하고 싶은 마음과 캔더스를 잃을지도 모른다는 두려움

사이에서 싸워야 했다. 캔더스를 사랑했지만 헤어지고도 싶었다. 그가 친구들과 시간을 보내고 싶다거나 혼자 있고 싶다고 할 때마다, 캔더스는 상처받거나 화를 냈다. 그래서 캔더스를 위해 자신을 포기하면 갇힌 것 같고 그녀가 원망스러웠다. 그렇다고 자신의 시간을 포기하지 않으면 죄책감이 들었다. 그녀의 감정에 자신이 책임이 있다고 믿어서였다.

이런 복잡한 감정에 대처하기 위해 피터가 아는 유일한 방법은 관계를 끝내버리는 것뿐이었다. 하지만 관계를 끝내기로 할 때마다 캔더스가 그리웠다. 그래서 다시 캔더스에게 돌아갔고, 갇히고 숨막히는 기분을 느끼기를 반복했다.

나 피터, 당신의 선택을 내면아이가 좋아하지 않을 수도 있어요.

피터 하지만 저에게 다른 선택사항이 없는 걸요.

나 그렇지 않아요. 당신은 캔더스와의 관계를 지속하는 동시에 죄책감이나 두려움을 해결할 수 있어요. 그런 느낌은 버려진 내면아이와 어린 시절 잘못된 믿음에서 비롯되는 거예요. 당신에게는 다음과 같은 2가지 잘못된 믿음이 있어요. "만약 내가 원하는 대로 행동하면, 나는 사랑받지 못할 거야." "다른 사람이 요구하는 걸 거절해서 그들이 기분 나빠 하면 그 책임은 나에게 있어."

잘못된 믿음은 당신의 어머니가 가르쳐준 거고, 당신은 살아남기 위해 그 믿음을 받아들일 수밖에 없었어요. 하지만 그런 믿음이 당신에게 도움이 되지 않아요. 내면아이가 두려움을 느낄 때 당신이 곁에서 진실을 말해준다면, 캔더스와 관계를 유지하면서도 자유를 느낄 수 있어요. 건강한 관계란 서로 간의 친밀함, 그리고 각자의 활동을 추구하는 자유를 모두 허용하는 거예요. 친밀함을 위해 각자의 자유를 희생하는 것이 아니죠.

피터 맞는 말이긴 하지만 제 경우에는 해당되지 않아요. 전 다른 여자와도 데이트를 하고 싶은데 캔더스는 허락하지 않을 거예요.

나 왜 다른 여자와 데이트를 하고 싶어요?

피터 그냥 밖에는 어떤 여자들이 있는지 알고 싶어서요.

나 피터, 당신은 그동안 데이트를 많이 해봤잖아요. 밖에 어떤 여자들이 있는지 잘 알고 있죠. 지금 관계에 갇힌 기분을 느끼기 때문에 자유를 느끼기 위한 방편으로 다른 여자와 데이트하고 싶은 건 아닌가요?

피터 그럴지도 몰라요. 사실 캔더스가 곁에 없을 때는 다른 여자랑 데이트를 하고 싶은 생각이 들지 않아요. 그저 캔더스가 보고 싶을 뿐이죠. 하지만 그녀와 있을 때는 다른 여자랑 데이트하고 싶다는 생각만 들어요.

나 그러니까 캔더스와 있을 때 드는 갇힌 기분에서 벗어나고 싶어서 데이트를 생각하는 거군요. 혹시 음주나 약물을 하나요?

피터 마리화나를 피워요. 그런데 캔더스를 만난 이후로 더 많이 하고 있어요. 이유는 잘 모르겠어요.

나 피터, 다른 여자랑 데이트를 하는 것이나 마리화나를 피우는 것은 모두, 타인과 너무 가까워져서 자신이 사라져버릴까 두려워하는 마음을 없애기 위한 중독 행위예요. 당신의 성인자아가 내면아이의 곁에서 그를 돌봐주고 진실을 말해주지 않기 때문에 내면아이는 고통을 견디려고 이런 방법을 사용하는 거죠.

피터 맞아요, 저런 행동을 하면 두려운 마음이 사라져요. 하지만 전 캔더스가 속상해하거나 화를 낼 때 저의 내면아이를 어떻게 돌봐야 할지 아직 잘 모르겠어요.

나 그러면 이번 주에는 다른 사람의 감정에 당신이 책임이 있고, 당신이 원하는 대로 행동하면 사랑받지 못할 거라는 잘못된 믿음에 대해서 내면아이와 대화를 나누어보기로 해요. 그리고 과거 어머니와의 관계가 어땠는지도 살펴보고 싶어요. 의존 치료 모임에 참석하는 것이 좋을 것 같아요. 어떻게 생각해요?

피터는 제안대로 내면아이와 대화를 진행하면서 치료 모임에도 참석했다. 이후 몇 달 동안 아버지가 돌아가셨을 때 느꼈던 공포와 슬픔 등 그의 어린 시절 경험들을 살펴보았다. 어머니의 잘못된 행동 때문에 피터는 자신의 두려움과 상실감을 제대로 느껴보지 못했다. 그는 이제야 내면아이가 자신의 고통과 슬픔을 느끼도록 해주었고 그 결과 고통을 치유할 수 있었다.

사랑을 표현하는 행동(피터)

많은 연습 끝에 피터는 타인의 감정에 대한 책임감이나 갇힌 기분이 들 때마다 내면아이의 곁에서 이를 바로잡을 수 있었다.

이제 죄책감을 느끼지 않고 제가 원하는 일을 하는 것이 점점 더 쉬워지고 있어요. 캔더스에게 제가 원하는 것을 말할 때도 거부하는 톤으로 딱딱하게 말하지 않아요. 예전에는 그녀의 반응이 어떨지 너무 두려워서 오히려 캔더스에게 아주 차갑게 말했거든요. 아마 캔더스는 제가 원하는 것 때문만이 아니라 저의 차가운 태도 때문에 거절당하는 기분을 느꼈을 거예요.

하지만 이제는 부드럽고 사랑스럽게 말해요. 그녀가 기분 나빠해도 전 죄책감 없이 그녀의 지지를 받지 못한 것이 유감이라고 말하죠. 놀라운 일이에요. 제가 내면아이를 버리고 사랑을 표현하지 못했을 때는 그저 그녀와의 관계를 끝내고만 싶고 다른 데 관심이 있었어요. 성인자아가 내면아이의 곁에 없었기 때문이었죠.

내면 탐구(캔더스)

캔더스가 네 살 때 아버지는 어머니를 버리고 다른 여자에게 갔다. 캔더스의 어머니는 캔더스와 남동생 때문에 아버지가 떠났다며 아이들을 탓했다. 캔더스는 아버지와 매우 가까운 사이였다. 그래서 아빠가 왜 자신을 버렸는지 이해할 수 없었다. 아버지는 이혼 후 더이상 그녀를 보러오지 않았다. 캔더스는 자신이 부족해서 그런 거라고 결론 내렸다.

시간이 흘러 성인이 된 캔더스는 아버지를 만나 그간의 사정을 들을 수 있었다. 그녀의 어머니는 캔더스가 아빠를 만나기 싫어한다는 등 갖은 거짓말을 하며 부녀 사이를 떼어놓으려 했다. 또 사업상 약점을 잡아 만약 캔더스를 만나면 경찰에 그 비밀을 폭로하겠다고 아버지를 위협했다. 그래서 아버지는 그동안 캔더스를 볼 수 없었던 것이다.

게다가 어머니는 캔더스에게 아버지가 오기로 했다며 거짓말을 하곤 했다. 그러면 캔더스는 창가에 앉아 몇 시간이나 아버지가 오기를 계속 기다렸다. 결국 아버지가 나타나지 않으면 어머니는 아버지를 욕했다. 이러한 어릴 적 사건들로 캔더스는 남자를 믿지 못하게 되었다.

캔더스는 현재 아버지와 좋은 관계를 맺고 있다. 하지만 어릴 적 아버지가 떠났을 때 누구에게도 표현하지 못했던 깊은 슬픔이 그녀에게 남아 있었다. 하지만 내면적인 유대감 형성을 위해 몇 달을 노력한 결과, 그녀의 내면아이는 버려진 고통을 잊고 안전한 기분을 느낄 수 있었다. 천천히 마음을 열면서 그녀는 자신이 평생 버려진 감정과 고통을 외면해왔다는 사실, 그리고 남자들이 자신을 떠나지 않게 하려고 그들을 조종하는 방편으로 분노를 택했다는 사실도 깨달았다. 자신의 마음속에 있는 고통을 마주보려 하지 않았기 때문에, 자신을 보호하기 위해 통제적인 행동을 했던 것이다.

그녀는 과거에 버림받은 고통이 자신을 압도해 혹시 미쳐버리지 않을까 두려워했다. 하지만 이제는 성인자아가 곁에 있어주는 한 내면아이는 그 고통을 견딜 수 있다는 사실을 깨달았다. 이 사실을 알게 되자 고통을 마음껏 슬퍼하고 치유할 수 있게 되었다.

하지만 그녀는 아직도 피터와의 문제를 겪고 있었다. 그와 시간을 보내고 싶을 때 그가 다른 계획이 있다고 하면 아직도 상처받고 버림받은 것 같은 느낌이 든다고 했다.

사랑을 표현하는 행동(캔더스)

　나는 캔더스가 그의 내면자아에게 어떻게 사랑을 표현하는지 이야기를 나누었다.

캔더스　전 피터와 있을 때만 진정으로 행복한 기분이 들어요.

나　캔더스, 혹시 즐겨하는 활동 없나요? 당신에게 정말로 기쁨을 주는 활동이요.

캔더스　글쎄요…. 제 직업을 좋아해요. 하지만 요즘은 일하지 않아요(캔더스는 프리랜서 작가로 다른 사람의 책을 대필했다. 몇 달 전에 책을 마감하고 이후에는 집에서 쉬고 있었다).

나　일하지 않거나 피터와 있지 않을 때는 어떤 일을 즐겨 하나요?

캔더스　없어요. 전 취미를 가져본 적이 없어요. 저를 위해서 계획을 세우는 법도 모르겠어요. 엄마는 우리를 어디로 데려간 적도 없었고 취미 생활을 하게끔 해주지도 않았어요.

나　모든 면에서 피터에게 무척 의존하고 있는 것 같네요. 당신의 내면아이에게도 별로 좋은 부모 노릇을 하지 못한 것 같고요. 당신은 어릴 적 부모님이 해주지 않았던 것을 내면아이에게 해줄 필요가 있어요. 시간이 날 때 피터랑 있는 것 말고 내면아이가 어떤 일을 하고 싶은지 물어보겠어요?

캔더스　좋아요. (인형에게 말한다) 캔디(캔더스의 애칭), 시간이 날 때 어떤 일을 하고 싶니? 평소에 하고 싶었지만 해볼 기회가 없었던 것이 있니?

캔더스의 내면아이　그래. 너도 알잖아. 난 항상 공수도karate를 배우고 싶었고 아코디언 레슨도 받고 싶었어. 어릴 때 정말 하고 싶었지만 엄마가 허락하지 않았지.

캔더스 맞아요! 하지만 지금이라도 시작할 수 있어요. 그렇죠?

나 물론이죠. 흥미롭고 기쁨을 얻는 일을 하면 피터가 당신 곁에 없어도 행복할 수 있어요. 당신이 피터에게 그렇게 기댄 이유도 지금 일하지 않고 인생을 채워줄 다른 무언가가 없어서이기 때문일 수 있어요. 친구들과 시간을 보내는 건 어때요?

캔더스 사실 전 남자 친구가 생기면 항상 친구들에게 소홀했어요. 별로 좋지 않은 행동이죠. 어쩔 때는 피터가 부르면 친구들과 먼저 한 약속을 취소하기도 했어요. 생각해보니 아직까지 친구들이 곁에 있어주는 게 신기하네요.

캔더스는 자신의 행복에 책임을 질 때, 피터의 일이나 취미 활동을 훨씬 더 지지해줄 수 있다는 사실을 깨달았다. 이제 캔더스는 피터를 조종해 자신의 곁에 두려는 시도를 멈추었다. 그러자 피터는 오히려 예전보다 더 많은 시간을 캔더스와 보냈다.

애인을 잃을 수 있는 위험을 감수해야 한다

배우자와 연인에 대한 사례들에서 볼 수 있는 것처럼 남녀 모두가 내면적인 유대감을 위해 노력할 의지가 있을 때 의존적인 관계는 금방 회복될 수 있다. 한쪽만 노력해도 관계의 변화 가능성이 없는 것은 아니다. 하지만 이 경우에는 관계가 아예 끝나버릴 위험도 있다.

그러므로 부부나 연인 중 한쪽이 바뀌면 다른 쪽도 어느 정도 바뀌어야 한다. 하지만 자신의 내면적 유대감을 위해 노력하기로 결심한다고 해서 상대방도 마음을 열고 노력한다는 보장은 없다. 당신의 변화가 상대방의 변화를 이끌어낼 수도 있고 오히려 관계를 끝낼 수도 있다. 그래도 자신의 내면아이를 위해서는 상대방을 잃을 수 있는 위험을 감수해야만 한다.

상담실을 찾는 사람 중에는 처음에는 내면적인 유대감을 거부하다가도 상대방이 바뀐 것을 보고 상담에 참여하는 사람들이 많았다. 반면 우리가 관계 안에서 불행하고 상대방이 내면적인 유대감 형성에 대한 의지도 없다면, 과연 이 관계를 유지하는 것이 나의 행복을 희생할 가치가 있는지 결정해야만 한다.

7장의 중요한 내용들

▶ 상대를 얼마나 사랑하든 상관없이 자신의 내면적인 단절 때문에 의존적인 관계를 맺는 경우가 많다.

▶ 상대방이 자신의 감정을 책임지라며 나를 비난하는 관계를 유지하는 것은 스스로에게 사랑을 표현하는 행동이 아니기 때문이다.

▶ 자신의 내면적 유대감을 위해 노력하기로 결심한다고 해서 상대방도 마음을 열고 노력한다는 보장은 없다.

▶ 자신의 내면아이를 위해서는 상대방을 잃을 수 있는 위험을 감수해야만 한다.

▶ 우리가 관계 안에서 불행하고 상대방이 내면적인 유대감 형성에 대한 의지도 없다면, 과연 관계를 유지하는 것이 나의 행복을 희생할 가치가 있는지 결정해야 한다.

8장

부모님과의 갈등 상황에서
상처 치유하기

우리는 부모님께
어떤 책임이 있는가?

　나이를 먹고 어른이 되면 부모님과의 관계는 역전된다. 그래서 이제 우리가 그들을 돌보게 된다. 부모님이 늙고 홀로 되었거나 부모님에게 인정받고 싶은 마음, 부모님을 부양할 책임 때문이다. 그런데 부모님을 모시는 행동 중에서 어떤 것이 의존에서 비롯되고 어떤 것이 사랑에서 비롯되었는지 구분하기란 매우 어렵다.

　부모님과 겪는 흔한 갈등으로는 전화나 찾아뵙는 횟수 등이 있다. 또한 홀로 살거나 소득이 거의 없는 부모님의 경우 경제적 부분도 문제가 된다. 병든 부모님을 집에서 모실지 요양원을 선택할지 결정해야 하는 경우도 있다. 만약 우리가 부모님으로부터 진정한 사랑을 받았다면 이러한 문제는 당연히 사랑을 베푸는 의도로 결정될 것이다. 하지만 부모님이 무심했거나 학대했다면 이런 결정은 좀더 어려워진다.

이와 관련해 레이철Rachael의 사례를 살펴보자. 30대 중반의 레이철은 어릴 적 부모님께 심한 폭력을 당하며 자랐다. 어느 날 그녀는 어머니가 심장마비로 병원에 입원했다는 소식을 들은 후, 나와 다음과 같은 대화를 나눴다.

> **레이철** 제가 병원으로 엄마를 찾아가야 할까요?
>
> **나** 병원에 가고 싶어요?
>
> **레이철** 아니요. 전 엄마를 증오해요.
>
> **나** 그러면 왜 가려고 해요?
>
> **레이철** 그래야 할 것 같아서요.

레이철은 내면아이와의 대화를 통해 병원에 찾아가는 것이 오히려 자신을 학대하는 행위가 될 수 있다는 사실을 깨달았다. 의무감과 죄책감의 원인이 되는 자신의 잘못된 믿음을 해결해야 한다는 사실도 알았다.

그렇다면 우리는 부모님께 어떤 책임이 있을까? 우리에게 눈곱만큼의 사랑도 주지 않은 부모님에게 어떻게 행동해야 할까? 이 질문에 정해진 답은 없다. 각자의 상황에 따라 정답은 달라질 것이기 때문이다. 하지만 내면적인 유대감 형성을 통해 자신에게 적합한 행동을 찾아낼 수 있을 것이다.

아버지를 책임질 사람이
자신밖에 없다는 생각

상황(올레크와 부모님)

20대 중반인 올레크Oleg는 비만 문제로 상담실을 찾았다. 그는 16세부터 비만 문제를 겪고 있었다.

올레크의 어머니는 늘 술을 달고 살면서도 알코올중독이란 사실을 인정하지 않았고, 아들의 감정을 무시했다. 올레크의 아버지는 가끔 아들에게 애정을 보여주며 자랑스러워했지만, 평소에는 매우 엄격하게 규율을 강조했다. 어린 시절 그는 대부분의 시간을 아버지와 보냈다.

올레크가 15세가 되던 해, 아버지는 교통사고를 당해 심각한 뇌손상을 입었다. 퇴원해서 집으로 올 수는 있었지만 겉모습만 아버지일 뿐 정신은 온전하지 못한 상태였다. 이런 상황에서도 어머니는 술을 더 많이 마셨다. 때문에 올레크는 혼자서 모든 집안일을 해야 했다. 올레크는 자신의 감정을 통제하고 아버지가 가르쳤던 '강한' 사람이 되어야 했다. 외로움과 분노를 억눌러야 했던 그는 폭식에서 위안을 찾게 되었다.

24세가 된 올레크는 강박적으로 음식을 먹는 행동이 통제 불능 수준까지 이르렀지만 아직도 부모님과 한집에 살고 있다. 올레크가 독립하지 못하는 이유는 어머니가 알코올중독이므로 아버지를 책임지고 돌볼 사람이 자신밖에 없다는 생각 때문이다.

내면 탐구

올레크의 내면을 들여다보기 위해 나는 이야기를 시작했다.

나 부모님과 한집에 사는 것이 어때요?

올레크 정말 싫어요. 독립해서 나가고 싶지만 제가 나가면 부모님께서 화를 내실 거예요. 아버지를 돌보는 것이 제 책임이라고 생각하거든요.

나 만약 당신이 돌보지 않으면 아버지는 누가 돌보게 될까요?

올레크 모르겠어요. 아마 어머니가 하시겠죠.

나 그러면 당신의 내면아이는 이 상황을 어떻게 생각하나요? (내면적인 유대감 형성 과정을 그에게 설명한 후, 여러 가지 인형 중에서 자신의 내면아이로 생각되는 것을 고르라고 했다. 그는 인형 하나를 골랐다) 당신의 내면아이에게 성인자아가 되어 물어보세요. 머리가 아닌 가슴으로 물어보는 거죠.

올레크의 성인자아 (그는 인형에게 말을 거는 것이 불편하고 멋쩍은 듯 잠시 바라보았다) 좋아요. (내면아이에게 말한다) 넌 엄마 아빠랑 함께 사는 것이 어떠니?

나 이제 인형을 가슴에 안아보세요. 의식을 몸에 집중하면서 자신이 어린 소년이 되는 것을 상상하세요. 당신의 성인자아가 맞은편 의자에 앉아서 지금 한 질문을 똑같이 했다고 생각하고 대답해보세요.

올레크의 내면아이 (갑자기 눈물을 흘리며) 전 투명인간이 된 것 같아요. 아무도 저를 봐주거나 신경 쓰지 않아요. 전 집에서 즐거운 적이 없었어요. 너무 외롭고 무력해요. 아버지를 다시 찾고 싶어요. 아니면 그냥 돌아가셨으면 좋겠어요. 아버지가 껍데기만 저렇게 있는 것이 싫어요(올레크는 말을 끝내고 잠시 울었다).

나 이제 성인자아로 돌아와보세요. 내면아이의 말을 듣고 나니 어떤 느낌이 들어요?

올레크 정말 놀랐어요. 몇 년 동안 울어본 적이 없었거든요.

나 그 말은 몇 년 동안이나 내면아이의 고통을 인식하지 못했다는 뜻이에요. 그동안 내면아이의 고통을 외면하려고 폭식했다는 사실을 알겠어요?

올레크 사실 그동안은 몰랐었어요. 이제야 제가 불안한 마음이 들 때 음식을 찾았다는 걸 알겠어요.

나 내면아이에게 다시 질문해보세요. 당신이 그동안 내면아이에게 어떤 부모가 되어주었는지, 그의 곁에 있어 주었는지 말이에요.

올레크의 성인자아 (아직도 쑥스러워하면서 인형에게 말한다) 내가 그동안 네게 어떤 부모였니? 내가 네 곁에 있었니?

올레크의 내면아이 넌 내게 신경 써주지 않았어. 내가 무엇을 원하는지 물어본 적도 없었지. 나를 별로 좋아하지 않는 것 같아.

나 올레크, 당신의 내면아이는 사랑받는 느낌을 받지 못했던 것 같아요. 아마 외로움과 공허함을 느꼈을 거예요. 그 공허함을 채우기 위해 음식을 먹었던 거예요. 하지만 그가 진심으로 원하는 건 당신의 사랑이에요. 그가 독립해서 혼자 살고 싶은지 물어보세요.

올레크의 성인자아 (인형에게 말한다) 넌 너만의 공간을 원하니?

올레크의 내면아이 응, 그래! 하지만 부모님을 돌보려면 독립하면

안 될 것 같아서 혼란스러워(그의 내면아이는 타인을 책임져야 한다는 잘못된 믿음이 있다).

올레크의 성인자아 (인형에게) 모르겠어. 나도 독립하고 싶지만 자신이 없어(그의 성인자아도 똑같이 잘못된 믿음이 있다).

나는 올레크에게 독립 결정을 내리기 전에 우선 그가 가진 의존과 중독 행동에 대해 더 많이 이해해야 한다고 말했다. 알코올중독자 모임과 의존 치료 모임에 참석해보라고 했다. 그는 모임에 참석한 후, 자신의 상황에 대한 새로운 시각을 가질 수 있었다.

올레크와 나는 여러 달 동안 상담을 진행하면서 그동안 내면아이의 감정을 억눌렀던 방식과 잘못된 믿음을 살펴보았다. 그의 잘못된 믿음 중 몇몇은 다음과 같았다.

- 우는 것은 약한 것이다.
- 내가 눈물을 흘려 약한 모습을 보인다면, 아무도 나를 좋아하지 않을 것이다.
- 나는 다른 사람의 감정에 책임이 있다.
- 내면에 억눌린 감정을 솔직하게 마주보지 못할 것 같다.
- 어떤 상황에서든 나는 내가 할 일을 제대로 알고 있어야 한다.
- 사랑받기 위해서는 완벽해져야 한다.
- 남의 도움이 필요하다는 건 약하고 못났다는 증거다.

이제 올레크는 외로움을 느낄 때 강박적으로 음식을 먹었다는 사실을 깨달았다. 또한 자신의 감정을 무시하고 책임지지 않았을 때 외로움을 느낀다는 사실도 알았다. 마침내 자신의 내면아이가 억눌리고 갇혀 있었다는 사실을 깨달은 것이다.

사랑을 표현하는 행동

몇 달 동안 올레크는 매일 내면아이와 대화를 진행했다. 그는 이러한 대화 끝에 독립을 하기로 결정했다. 어머니에게도 알코올중독 문제를 정면으로 꺼냈다. 그는 어머니의 알코올중독이 자신에게 어떤 영향을 미쳤는지 솔직히 털어놓았다. 그러면서 알코올중독자 모임에 나가볼 것을 권유했다. 어머니가 행동에 책임을 지는 여부와 상관없이 그는 독립할 것이라는 사실을 분명히 밝혔다. 곧 그는 방을 구해 나갔다. 올레크는 식이장애자 모임에도 참여하기 시작했고 그곳에서 식습관을 바꿀 수 있는 힘을 얻을 수 있었다.

그의 아버지는 심각한 뇌손상을 입었지만 가끔 정신이 들 때도 있었다. 올레크가 독립하기 전 아버지의 정신이 잠깐 돌아왔을 때 그는 자신이 아버지를 얼마나 사랑하는지, 독립으로 자신의 오래된 문제를 해결하려 한다고 말할 수 있었다. 또한 올레크의 어머니는 마침내 알코올중독을 인정하고 치료 모임에 나가기로 마음먹었다.

올레크는 매일 내면아이와 대화를 하며 사랑을 베푸는 성인이 되는 법을 배우고, 식이장애자 모임에서도 힘을 얻어 잘못된 식습관을 완전히 고쳤다. 한밤중에 일어나 음식을 먹지도 않았고, 허겁지겁 많은 양을 먹지도 않았다. 가끔 생각 없이 과식할 때도 있었지만, 그때마다 자신의 내면아이를 돌아볼 수 있는 계기로 삼았다.

어릴 때와 마찬가지로
어머니의 비난만 받는 딸

상황(린다와 어머니)

30대 중반의 린다Linda는 비판적인 어머니와 무력한 아버지 사이에서 자랐다. 어머니는 린다에게 못생기고 멍청하며 쓸모없는 아이라며 수치심을 주었다. 린다가 아무리 노력해도 어머니를 만족시킬 수는 없었다. 어른이 된 린다는 결혼 후 두 딸을 두고 일에서도 성공을 거두었다. 하지만 린다는 내면에 있는 비판적인 성인자아와 항상 싸워야만 했다.

린다는 어머니와 매우 멀리 떨어져 살았다. 그녀는 일요일마다 어머니에게 전화를 드렸다. 하지만 통화할 때마다 어릴 때와 마찬가지로 비난만 받았다. 어머니는 끊임없이 린다에게 잔소리를 했다. 자신에겐 그럴 권리가 있다고 생각해서다. 이런 상황이 계속되어도 린다는 어떻게 해야 할지 몰랐다.

내면 탐구

린다는 원래 남편 에디Eddie와 부부 문제를 상담하기 위해 상담실을 찾았었다. 그런데 상담 도중 어머니와의 문제가 드러났다.

나 어머니에 대해서 어떤 감정이 드나요?

린다 글쎄요, 어머니를 사랑하긴 하지만 별로 좋아하진 않아요. 어머니니까 당연히 연락하며 살지만 지금처럼은 아니었으면 좋겠어요.

나 이런 마음을 어머니에게 말한 적이 있나요?

린다 시도해본 적은 있는데 어머니가 상처받고 너무 방어적이었어요. 어머니는 울면서 저를 더 비난하셨죠.

나 어머니가 상처받고 우니까 어떤 기분이 들었나요?

린다 죄책감이 느껴졌죠. 그러면 안 되겠다는 생각도 들었어요.

나 자신의 감정을 솔직히 말했을 때 어머니가 기분 나빠 하면, 그에 대한 책임을 느낀다는 뜻이네요.

린다 제게 책임이 있으니까요(어머니와의 의존적인 관계에서 시중을 드는 쪽을 맡으면서 생긴 잘못된 믿음이 있다). 그렇죠?

나는 린다에게 의존적인 관계에 대해 설명한 다음, 의존 치료 모임에 참여하고 관련 책을 읽기를 추천했다. 린다는 그러기로 약속했고, 몇 주 뒤 우리는 상담을 다시 시작했다.

사랑을 표현하는 행동

린다는 의존 치료 모임에 나간다며, 그간 깨달은 사실들을 이야기하기 시작했다.

린다 요즘 의존 치료 모임에 나가면서 책을 읽고 있어요. 이제 다른 누군가의 감정에 제가 책임질 필요가 없다는 사실을 알겠어요. 하지만 어머니가 절 비난하기 시작하면 그때는 내면아이를 어떻게 돌봐야 할지 모르겠어요.

나 린다, 만약 어머니가 당신의 딸에게 똑같이 대한다면 어떻게 하겠어요?

린다 예전에 어머니를 찾아뵈러 갔을 때 제 딸에게도 똑같이 그러셨어요. 그래서 저는 아이들에게 잘 대해주지 않으면 다시는 아이들과 찾아가지 않겠다고 했죠.

나 그다음에는 어떻게 되었나요?

린다 저를 대하는 것보다는 훨씬 더 잘해주세요.

나 그러니까 딸들을 위해서는 어머니에게 맞섰지만 자신을 위해서는 그러지 않는다는 말이네요? 왜 자신의 내면아이를 위해서는 그렇게 하지 않는 거죠?

린다 생각해본 적이 없어요. 어떻게 말을 해야 할지 모르겠고요.

나 그러면 연습을 해보기로 하죠. 제가 당신의 역할을 맡을 테니 당신은 어머니의 역할을 맡아보세요.

린다 좋아요. (어머니처럼 딱딱하고 비판적인 목소리로 말한다) 너무 일만 열심히 하지 말거라. 엄마는 아이와 집에 있어야 하는 거야. 네가 항상 그렇게 바쁘게 돌아다니는 걸 네 남편이 어떻게 참는지 모르겠구나. 바쁘다는 핑계로 엄마를 찾아오지도 않고 말이지.

나(린다의 역할) (부드러운 목소리로) 전 엄마가 그런 식으로 말하는 게 싫어요. 기분이 많이 상하거든요.

린다(어머니의 역할) (화가 나서) 내가 무슨 식으로 말한다는 거니? 도대체 무슨 말을 하는 건지 모르겠구나. 넌 너무 예민해.

나(린다의 역할) (여전히 부드러운 목소리로) 전 더이상 엄마한테 비난이나 명령을 받고 싶지 않아요. 부드럽게 말하지 못하겠다면 그만 끊을게요(자신의 한계선을 정한다).

린다(어머니의 역할) (위협적인 목소리로) 너 지금 엄마 전화를 끊겠다는 거냐?

나(린다의 역할) (나는 전화를 끊는 시늉을 했다)

린다 전 그렇게는 할 수 없어요! 그건 정말 못된 짓이에요(이런 생각을 하는 것은 우리가 참을 수 있는 한계선을 지정할 때 주변에서는 그건 못된 짓이고 사랑스럽지 못한 짓이라고 말해왔기 때문이다)!

나 그러면 당신의 내면아이는 보호받을 가치가 없다는 말인가요? 어머니가 내면아이에게 못되게 구는 게 괜찮다는 말인가요?

린다 모르겠어요. 생각 좀 해봐야겠어요.

일주일 후 상담실을 찾은 린다는 훨씬 기분이 좋아 보였다.

저번 주 상담에서 했던 것처럼 어머니에게 말을 했어요. 그런데 어땠는지 아세요? 제가 전화를 끊자, 어머니가 다시 전화를 걸었고 우리는 정말 좋은 분위기로 대화를 나누었어요. 대화중에 어머니가 자신도 모르게 또 비판적인 말을 시작하면, 저는 어머니에게 그만 하시든지 아니면 제가 전화를 끊겠다고 말했죠. 그러면 어머니는 비난을 멈추었어요. 정말 믿을 수가 없어요! 제가 어머니의 행동을 하도록 그동안 방치했던 거예요. 이제는 어머니를 즐겁게 찾아뵐 수 있을 것 같아요.

린다는 몇 달 후 어머니를 찾아뵈었고, 지금까지 중에서 가장 즐거운 시간을 보냈다고 했다. 린다가 어머니의 잘못된 행동을 묵인했을 때, 린다는 자신뿐만 아니라 어머니에게도 사랑을 베풀지 않은 것이다. 누군가 자신을 사랑스럽지 못하게 대할 때 참는 것은 상대에게도 절대 사랑을 베푸는 것이 아니다. 다행히 린다는 자신이 참을 수 있는 한계선을 정해서 솔직하게 말하는 방식으로 어머니에게 행동을 바꿀 수 있는 기회를 주었다. 어머니는 자신의 행동이 린다에게 상처가 된다는 것을 몰랐다. 린다는 어머니와 이야기를 나누면서 어린 시절 느꼈던 고통을 솔직히 털어놓을 수 있었다. 그동안 린다는 속내를 솔직히 털어놓지 않아서 어머니는 린다가 그저 무던한 아이라고만 생각하고 있었다.

어릴 때 무서웠던 아버지가
여전히 두려운 딸

상황(앤과 아버지)

앤Anne은 폭군 같은 아버지와 고분고분한 어머니 사이에서 자랐다. 앤은 부모님의 말을 듣지 않는 반항적인 아이였고 아버지와 자주 부딪쳤다. 아버지는 앤이 10대가 되자 남자들과 어울리는 것이 두려워 몇 달씩이나 외출을 금지하기도 했다.

앤은 18세 때 독립해 혼자 살았다. 그러면서 결혼과 이혼을 경험했고, 그사이 아버지와의 관계는 점차 개선되었다. 아버지는 더이상 앤에게 화를 내지 않고 앤을 존중해주었다. 이제 40세가 된 앤은 부모님과의 관계에 대해 내면아이와 대화를 시작했고 그들을 용서할 수 있게 되었다. 그래서 10대에 집을 떠난 후 처음으로 고향에 계신 부모님을 찾아뵙기로 결정했다.

부모님을 찾아뵈었을 때 모든 상황은 순조로워 보였다. 그런데 앤은 아버지에게 알 수 없는 두려움을 느꼈다. 부모님 집에 머무는 동안 그녀는 잠도 잘 못 자고 침실에 불을 꼭 켜두었다. 아버지는 앤과 가까워지기 위해 노력했지만 앤은 아버지와 거리를 두었다.

내면 탐구

나는 앤이 무엇이 그렇게도 두려운지 이야기를 나누었다.

나 무엇에 대해서 두려운 느낌이 드는 건가요?

앤 아버지가 침실로 저를 잡으러 올 것만 같아요. 아버지가 아직 저한테 화가 많이 나 있는 듯한 느낌이 들어요. 그래서 아버지가 절 공격하러 왔을 때를 대비해서 불도 꼭 켜놓고 자요. 방에 들어와서 소리를 지르고 저를 죽일 것만 같아요. 말도 안 되는 소리란 걸 알아요. 이제 아버지는 저를 있는 그대로 인정하고 화도 내지 않으니까요. 그런데 왜 이런 기분이 드는지 모르겠어요.

나 앤, 지금 당신은 성인자아가 내면아이에게 느끼는 분노를 아버지에게 투사하고 있어요. 아버지의 분노를 보며 자란 당신의 성인자아가 내면아이를 죽이고 싶을 만큼 미워하는 거죠. 성인자아는 내면아이의 모습을 인정하거나 소중하게 여기지 않고 수치스럽게 생각하고 있어요. 당신 안에 아버지를 닮은 부분이 있는데, 비판적이고 분노로 가득차서 자신을 죽이고 싶을 만큼 미워하는 거죠.

앤　흥미로운 설명이네요. 물론 내면아이에겐 고통스럽겠지만요(그녀는 자신의 내면아이를 상징하는 곰 인형을 가리키며 말한다).

나　당신은 내면아이에게 무의식적으로 계속 그래왔어요. 이제는 내면아이에게 하는 행동을 의식하기 위해 노력해야 해요. 이제부터 내면아이와 대화를 시작해보세요.

앤　알았어요. 그러면 내면아이를 여기에 두고(상담실 맞은편에 있는 의자에 곰 인형을 둔다), 저는 여기 서서 내면아이와 대화를 나눌게요. 이제 시작할게요.

앤의 성인자아　(곰 인형에게 소리를 지른다) 이 멍청한 것, 넌 쓸모없어! 모자라고 하는 행동도 마음에 안 들어. 일을 빨리 하지도 못하고 똑똑하지도 않고 말도 안 듣고, 너 때문에 화가 나. 이건 다 네 책임이야. 내가 널 돌봐야 하는 게 아니라, 네가 날 돌봐야 한다고. 넌 정말 까다로워. 항상 요구하기만 하지. 넌 내가 널 돌봐주기만 바라지. 보통 사람처럼 간단한 것을 원하는 게 아니라 아주 어렵고 힘든 일들만 요구해.

나　내면아이의 그런 점이 잘못되었다고 생각해요?

앤의 성인자아　(앤의 성인자아가 나한테 말한다) 저의 내면아이는 정말 다루기 힘든 아이예요. 요구사항이 너무 많아요. 항상 지나치게 요구하죠. 선생님은 그 아이가 작은 것을 원할 거라고 생각하시지만 아니에요. 그래서 스트레스도 많이 받고 부담스러워요. 게다가 제가 하는 말을 듣지도 않아요. 한 번도 들은 적이 없고 제멋대로 생각하죠. (내면아이에게 말한다) 너 때문에 정말 화가 나. 넌 나를 가끔 나쁜 사람으로 만들어. 그게 싫어. 넌 항상 내가 부모님의 말을 안 듣고 위험한 일을 하도록 만들지. 난 위험을 감수하는 것도 싫어. 난 평생 위험한 모험을 하며 살았고 지금은 그 대가를 치르며 살고 있어. 네가 아니라 내가 말이야.

나 이제 내면아이가 될 차례예요. 저쪽 의자에 비판적인 성인자아가 앉아 있다고 생각해보세요.

앤 알았어요. 하지만 먼저 말하고 싶은 게 있어요.

앤의 성인자아 (이번에는 사랑을 베푸는 성인자아의 모습으로 곰 인형을 무릎에 앉히고 부드러운 목소리로 말한다) 넌 그저 있는 그대로의 모습을 보여도 돼. 저기 앉아 있는 비판적인 성인자아가 내 전부는 아니야. 난 여기 있어. 비판적인 성인자아는 널 해치지 못해. 네가 하고 싶은 말을 해 봐.

앤 (나를 보면서) 이제 바닥에 앉아서 내면아이가 되어 말할게요.

앤의 내면아이 네가 그런 식으로 말하면 정말 상처받아. 네가 날 비난하는 게 정말 싫어. 난 꿈이 있고 소망도 있어. 네가 날 지지해줬으면 좋겠어. 왜 넌 나를 지지하지 않는 거야?

나 (앤의 내면아이에게 말한다) 앤이 비판적인 성인자아의 모습으로 너를 판단하고 화를 낼 때, 다른 사람들에게는 어떤 기분이 드니?

앤의 내면아이 다른 사람들에게 화가 나요. 그들이 싫어지고 다른 곳으로 가버렸으면 좋겠어요. 그들을 비난하게 돼요. 제가 다른 사람들을 비판적으로 바라보았던 이유는 저도 완벽하지 않아서죠. 전 완벽하지 않은 사람이에요.

나 (앤의 내면아이에게) 하지만 그동안 너를 판단하고 네게 화를 내는 것이 사실은 너 자신의 성인자아라는 사실을 외면하고 싶어했어. 그렇지? 그저 아버지가 널 판단하고 화를 낸다고 믿고 싶었던 거야. 그렇지 않니?

앤의 내면아이 맞아요. 그래서 아빠를 그렇게 두려워했던 거예요. 그동안 제 잘못을 따지면서 공격할 것만 같았거든요.

나 (앤의 내면아이에게) 네가 어떤 짓을 해서 아빠가 너에게 벌을 줄 것 같았니?

앤의 내면아이 말을 듣지 않은 거요. 아빠 말을 듣지 않고 반항해서 벌을 줄까 봐 두려웠어요.

나 (앤의 내면아이에게) 네가 아빠 말을 듣지 않았으니까 넌 나쁜 아이라고 성인자아가 그렇게 말했니?

앤의 내면아이 네.

나 (앤의 내면아이에게) 아빠 말을 듣지 않았다고 해서 네가 나쁜 아이가 되는 건 아니야.

앤의 내면아이 하지만 아빠는 저를 세상에서 가장 나쁜 사람이라고 생각할 거예요.

나 (앤의 내면아이에게) 사랑을 베풀지 않는 성인자아가 네게 그런 말을 하는 거구나.

앤의 내면아이 네. 이제 그만하라고 해주세요.

나 (앤의 내면아이에게) 네가 직접 말하렴.

앤의 내면아이 알았어요. (사랑을 베풀지 않는 성인자아에게) 그만 해! 그만 해! 그만 해! 난 나쁜 아이가 아니야. 아니라고 말해 줘. 넌 내가 나쁜 아이라고 했다가 아니라고 했다가 다시 나쁘다고 하면서 늘 말을 바꾸었어. 이젠 내가 나쁜 아이가 아니라는 말만 계속해 줘. 난 나쁘지 않아. 집에서 나쁜 짓을 한 적도 없어. 내가 그렇게 나쁜 짓을 한 적이 있었니?

앤의 성인자아 (사랑을 베푸는 성인자아로서 말한다) 아니, 넌 정말 좋은 아이였어. 그동안 아빠처럼 굴면서 수치심을 줘서 정말 미안해.

나 당신이 아까 비판적인 성인자아 역할을 할 때, 목소리나 행동이 전혀 어른 같지 않았어요. 마치 아이 같았죠. 당신이 어른아이adult child처럼 굴었다는 걸 인식할 수 있었나요?

앤 네. 제가 비판적인 성인자아 행세를 할 때 그런 걸 느꼈어요. 이렇게 했죠(뿌루퉁한 어린아이의 표정으로 손을 허리 위에 얹는다).

나 그런 표정이나 행동은 화가 난 어린아이의 모습이에요. 우리가 사랑을 베풀지 않는 성인자아일 때는 버려진 아이 모습을 하는 경우가 많아요. 이 모습은 부모님을 보고 자란 거죠. 당신의 부모님은 성인이었지만, 내면에 유대감을 갖지 못하고 버려진 내면아이로 행동했어요. 그리고 당신의 성인자아는 이를 보고 배운 거죠. 그래서 지금 당신이 비판적이고 사랑을 베풀지 않는 성인자아가 되었을 때 마치 아이 같은 모습을 한 거예요.

앤 제 내면아이를 마구 비난하면서 말이죠.

나 맞아요!

앤 아까 내면아이를 비난할 때, 제가 버려진 아이의 모습을 하고 있는 것을 알고 정말 부끄러웠어요.

나 하지만 그건 부모님을 보고 배워서 그래요. 계속 부모님처럼 자신을 비난하면서 자신의 분노를 다른 사람에게 투사했던 거죠.

사랑을 표현하는 행동

앤에게 성인자아의 모습을 바로잡기 위해 어떻게 해야 할지 물어
보았다.

앤 사랑을 베풀지 않는 성인자아의 모습을 바로잡으려면 어떻게
해야 하죠?

나 고차원적인 자아 혹은 고차원적인 힘과 함께하면 돼요. 사랑을
베풀지 않는 비판적인 성인자아, 즉 에고에 사로잡힌 성인자아를
바로 잡기 위해서는 이런 고차원적인 힘을 빌릴 필요가 있어요. 고
차원적인 자아가 되어 사랑을 베풀지 않는 성인자아에게 지금 당
장 말을 걸어보는 건 어때요?

앤 좋아요. 우선 비판적인 성인자아와 나누는 대화를 상상해보아
야겠어요. (의자에 베개를 놓은 후 사랑을 베풀지 않는 성인자아에게 말
하기 시작한다) 부모님의 말을 듣지 않고 위험을 감수하면서 모험을
하는 것은 정상적인 삶의 일부야. 인생에서 할 수 있는 사랑스러운
일 중 하나고…. (앤은 말하는 것을 멈추고 나를 바라보며 말한다) 어떻
게 말을 해야 할지 모르겠어요. 말하는 게 두려워요. 비난하지 않고
말하는 법을 모르겠어요.

나 사랑을 하고 싶지만 그 방법을 모르는 사람에게 말한다고 생각
하세요. 버려진 내면아이가 가진 잘못된 믿음을 근거로 행동하는
불쌍한 성인자아에게 말이죠.

앤 알았어요. (성인자아에게 말한다) 잘 들어. 네가 가진 믿음은 잘못
된 거야. 우선 아이 앤이 아빠 말을 듣지 않았다고 해서 나쁜 아이

가 되는 것은 아니야. 사실 앤은 자신의 모습을 결정하고 세상에 나가서 자신을 표현하며, 또 자신을 자랑스러워하고 행복해질 권리가 있어. 아빠 말을 고분고분하게 듣지 않았다고 죄책감을 느낄 이유가 없다고. 아빠는 신은 아니야. 말을 안 들었다고 우리가 벌을 받는 것은 아니지. 우린 있는 그대로의 모습을 가질 권리가 있어.

위험을 감수하면서 모험하는 것이 두려운 일이라는 걸 알아. 하지만 그저 고분고분 말을 들으며 비참하게 사는 것보다는 위험을 감수하고 모험을 하면서 행복하게 사는 게 더 나아. 넌 내면아이가 이것저것 요구하는 까다로운 아이라고 생각하지. 하지만 내면아이는 창의적이고 재능이 많은 놀라운 아이야. 내면아이는 이것저것 탐구하면서 성장해야 해. 그게 바로 내면아이의 모습이고 이건 나쁜 것이 아냐. 그저 내면아이의 본래 모습인 거지.

그 아이가 원하는 것을 하루 만에 다 할 필요는 없어. 너 혼자 부담을 느낄 필요도 없어. 내면아이는 당장 그 일을 하지 않으면 세상이 끝날 거라고 말하지 않아. 넌 당장 그 일을 해야 한다는 부담을 느끼지만 그럴 필요 없어. 천천히 시간을 두고 하면 돼. 누가 뭐라고 하지도 않았는데 혼자서 부담을 느끼고 있는 거야. 그걸 가지고 내면아이를 탓하지는 말아줘.

또 누군가의 말을 듣지 않았다고 해서 그 사람이 너를 해칠 거라고 겁을 먹을 필요는 없어. 넌 이제 어린아이가 아니야. 아무도 널 해치지 못해. 널 때리지도 않을 거야. 누구라도 그런 짓을 하려고 하면 우리가 힘을 합쳐서 막아낼 거야.

나 이제 기분이 어때요?

앤 좋아졌어요.

나 잘했어요. 당신이 방금 한 것은 에고에게 진실을 말해준 거예요. 에고란 당신 안의 조각조각 분리되어 내면과 유대감을 맺지 못하는, 과거의 잘못된 믿음을 기반으로 행동하는 부분이에요.

앤 사랑을 베풀지 않는 성인자아에게 제가 편지를 쓸 수 있을까요?

나 그럼요. 사랑을 베풀지 않는 성인자아에게 진실을 말해주고 가르치는 것이 바로 고차원적인 자아가 할 일이에요.

앤 전 이제 버려진 내면아이의 모습을 한 그 성인자아에게 편지를 쓸 수 있을 것 같아요. 하지만 이렇게 사랑을 베풀지 않는 성인자아를 언제까지고 붙잡고 있을 수는 없어요.

나 맞아요. 예를 들어 누군가 당신에게 소리를 지르고, 당신의 내면아이가 겁에 질려 반응한다고 생각해봅시다. 그때 사랑을 베푸는 성인자아가 등장해서 "괜찮아. 이 사람은 그저 오늘 일진이 좋지 않았거나 뭔가 두려워하고 있는 거야. 넌 아무것도 잘못하지 않았어." 라고 말하며 내면아이를 안심시킨다면 불안감은 없어질 거예요. 하지만 만약 불안감이 없어지지 않고 계속 된다면 2가지 경우를 생각해볼 수 있어요. 첫 번째는 사랑을 베풀지 않는 성인자아가 와서는 "네가 이런 대접을 받는 건 순전히 네가 못나서 그래. 말을 듣지 않고 너무 위험한 일을 했기 때문이지." 같은 말을 할 때예요. 두 번째는 내면아이가 이미 잘못된 믿음을 가지고 있는데, 성인자아가 나타나서 진실을 말해주지 않는 경우죠.

앤 알았어요. 사실 지난 며칠 동안 전 이렇게 해오고 있어요. 무의식중에 내면아이를 비난하고 있다가 그 사실을 알아채는 순간, 수

첩에 그 아이에게 편지를 써요. 수첩을 가지고 다니면서 넌 나쁜 아이가 아니고, 나는 너를 소중히 여긴다고 말해주죠.

나 그런데 내면아이에게 그런 말을 해주는 것에 더해서 또 해결해야 할 문제가 있어요. 당신 안에서 내면아이를 비난하는 부분, 즉 사랑을 베풀지 않는 성인자아이자 어른아이에게도 말을 걸어야 해요.

앤 그러면 어른아이에게도 편지를 쓸까요?

나 네. 그렇게 하면 에고가 가진 잘못된 믿음을 바로잡을 수 있어요. 에고가 지닌 잘못된 믿음은 성인의 측면과 아이의 측면으로 나눌 수 있어요. 만약 아이의 측면에게만 말을 건다면, 잘못된 믿음을 가진 성인의 측면은 해결하지 못할 수 있어요. 사랑받지 못한 내면아이는 사랑을 베풀지 않는 성인자아의 잘못된 믿음을 그대로 흡수해요. 그래서 에고의 잘못된 믿음을 바로 잡는다는 것은 그 믿음이 어디에 있느냐에 따라 가끔은 아이의 측면에, 가끔은 성인의 측면에 말을 거는 것을 뜻해요.

앤 그러니까 자신의 에고에 말을 걸 때는 좀더 명확하게 생각을 담당하는 성인 부분과, 감정을 담당하는 아이 부분으로 나눌 수 있다는 말이네요?

나 그래요. 이제 당신은 부정적인 감정을 잘 다룰 수 있게 되었어요. 하지만 그 감정 속에 숨은 잘못된 믿음이 바뀌지 않으면 아무 소용없어요. 생각의 과정이 바뀌지 않으면 감정도 완전하게 바뀌지 않는 거죠. 내면아이의 감정은 성인자아의 생각에서 비롯돼요. 성인자아가 부정적이고 사랑스럽지 않은 생각을 하면 내면아이는 불안과 외로움을 느끼게 돼요.

앤 이제 알겠어요. 그런데 사랑을 베푸는 성인자아 쪽이 좋은 말을 해도, 왜 사랑을 베풀지 않는 성인자아의 잘못된 생각은 저절로 바뀌지 않는 거죠?

나 감정의 수준에서 잘못된 믿음을 바로잡으려고 하기 때문이에요. 생각의 수준에서도 그 믿음을 바로잡아야 해요.

앤 그럼 에고의 잘못된 생각에 대항하면 되나요?

나 잘못된 생각을 바로 잡기에 앞서, 먼저 에고의 잘못된 믿음이 무엇인지 들어보지 않으면 제대로 바로잡을 수 없어요. 그러니 우선 에고의 생각을 잘 들어볼 필요가 있어요. 에고의 생각과 주장을 들어보아야 잘못된 믿음에 정면으로 대항해서 진실을 말해줄 수 있어요.

앤 그렇다면 버려진 내면아이에게 "넌 괜찮은 아이야."라고 말함과 동시에 그 아이가 "하지만 난 괜찮은 아이라는 느낌이 들지 않는 걸."이란 말을 할 기회를 주라는 건가요?

나 맞아요. 그러니까 사랑을 베풀지 않는 성인자아가 반격할 기회를 주라는 뜻이에요. 당신이 스스로 괜찮은 사람이라고 말할 때, 사랑을 베풀지 않는 성인자아가 이렇게 반격하는 거죠. "흠, 넌 내가 괜찮은 사람이라고 말하지만, 난 괜찮은 사람이 아니라고 생각해. 그런데 왜 네 말이 맞다는 거야?" 그러면 당신은 고차원적인 자아와의 유대를 통해 이런 잘못된 믿음을 반복해서 바로잡아 주세요. 그러면 잘못된 믿음이 바뀌게 되는 거죠.

앤 그거 멋진데요. 마음에 들어요.

나 당신이 내면아이와 대화할 때는 감정적인 면을 다룬다는 사실을 잊지 마세요. 하지만 그와 동시에 내면에 있는 생각과 지성도 다루어야 해요.

앤 하지만 생각이나 지성은 사랑을 베푸는 성인자아의 모습이 아닌가요?

나 꼭 그렇진 않죠. 생각이나 지성은 사랑을 베풀지 않는 성인의 모습으로도 올 수 있어요. 당신이 내면아이의 감정에 말을 걸고 있을 때, 사랑을 베풀지 않는 성인자아가 잠깐 개입할 수 있어요. 그러면 당신이 내면아이에게 하는 말이 충분히 이해되지 않아요. 계속 내면아이에게 좋은 말을 해주지만 마음으로 닿질 않는 거죠. 왜냐하면 감정 뒤에 숨은 잘못된 믿음을 제대로 해결하지 못해서예요. 이 잘못된 믿음은 감정과 지성 모두에서 비롯될 수 있어요.

앤 그럼 내면아이에게 말을 한 후 기분이 어떤지 물어보면 되겠네요. 만약 기분이 나아졌다면 굳이 성인자아에게까지 말을 걸 필요는 없는 거죠. 그런데 기분이 좋아지지 않았다면 "좋아, 이제는 사랑을 베풀지 않는 성인자아를 상대해야 할 시간이야."라고 말해야 하는 거죠.

나 맞아요.

앤 하지만 가끔은 좋은 기분이 한 5분 정도 갈 때도 있어요.

나 그러면 5분이 지나서 좋은 기분이 가라앉을 때 성인자아에게 말을 거세요. 감정은 생각에서 비롯돼요. 예를 들어 거실에 앉아 있는데 갑자기 투자금을 날릴 것 같다는 생각이 든다면 어떤 기분이 들겠어요?

앤 기분이 엄청 나쁘겠죠. 겁이 나고요.

나 좋아요. 아마 그 생각을 하기 전에는 겁이 나는 감정이 들지 않았을 거예요. 즉 생각이 감정을 만든 거죠. 이번에는 거실에 앉아 있는데, 엄청난 성공과 부를 누리는 아름다운 모습이 상상된다면 어떤 기분이 들겠어요?

앤 아주 좋겠죠.

나 그 감정 또한 생각에서 나온 거예요. 그러니까 당신이 내면아이에게 좋은 말을 했는데 5분만 기분이 좋고 그다음에는 좋은 기분이 들지 않았다면, 그건 사랑을 베풀지 않는 성인자아에 어떤 잘못된 생각이 있다는 뜻이에요. 이런 생각에 말을 걸어야 하죠. 당신의 인생을 지배하는 이 잘못된 믿음에 말이에요.

앤 이제 오늘 아침에 있었던 일이 이해가 되네요. 아침에 한 고객이 전화를 걸어서 제게 시간 외 작업을 좀 해달라고 하더라고요. 전 기분이 좋지 않았어요. 그래서 내면아이에게 편지를 썼죠. 네가 했던 일의 가치를 높게 평가한다고 말이에요. 하지만 머릿속에서는 "흠, 넌 사실 그렇게 열심히 일하지 않았잖아. 그냥 빈둥거렸지."라고 말하고 있었어요. 전 내면아이에게 제가 한 일의 가치를 인정한다고 말했지만, 머릿속에서는 "글쎄, 별로 열심히 일하지 않았기 때문에 이렇게 시간 외 작업을 해야만 하는 거야…."라는 생각이 들었어요.

상담실을 오는 중에도 그 말이 계속 떠올랐어요. 한쪽에서는 "너의 가치를 인정해."라고 말하는데, 또 한쪽에서는 "아니야, 아니야."라고 말하는 거예요. 하지만 전 정말 열심히 일했어요.

나 그러니까 잘못된 믿음을 가진 부분에게 말을 걸고, 당신이 과거에 했던 성공적인 일들을 돌아보면서 이런 잘못된 믿음을 바로잡아 줄 필요가 있어요. 앤, 이제 아버지에 대해 어떤 감정이 드나요?

앤 (미소 지으며) 이제 아버지와의 사이가 문제로 느껴지지 않아요. 최근 아버지와 함께 지내면서 아버지가 절 좋아하고 자랑스러워한다는 걸 알게 됐어요. 그것이 진실이죠. 이제 두려운 기분이 들지 않아요. 아버지에 대한 잘못된 생각이 바뀐 것 같아요. 그렇죠?

아버지에게 계속 돈을 주면서
힘들어하는 아들

상황(마틴과 아버지)

40대 초반의 마틴Martin은 아동복 제조 회사를 성공적으로 운영하고 있었다. 하지만 투자를 잘못하는 바람에 몇 년 전 큰 빚을 졌고, 빚을 갚기 위해 고군분투했다. 그리고 두 아이를 둔 가장이다.

마틴이 어렸을 때 부모님은 이혼했고, 이후 아버지는 마틴을 거의 찾아오지 않았다. 어머니는 평생 재혼하지 않고 마틴을 길렀다. 마틴은 외동으로 외롭게 크며 사랑이 넘치는 아버지에 대한 환상을 가지게 되었다.

성인이 된 마틴이 결혼하고 첫 아이를 낳자, 그의 아버지 척Chuck이 찾아왔다. 아버지는 평생 제대로 돈을 벌지 못했고 마틴을 찾아왔을 때도 일하고 있지 않은 상태였다. 꿈에 그리던 아버지를 만난 마틴은 아버지와의 관계를 회복하고, 자신의 아이에게도 할아버지를 만들어주고 싶었다. 그래서 그는 아버지에게 회사의 잡무를 담당하게 했다. 잠시나마 일은 잘 풀리는 듯 보였지만 그의 아버지는 곧 일을 하지 않고 빈둥대기 시작했다.

마틴은 경제적인 상황이 좋지 않았지만 아버지가 다른 직업을 가질 능력이 안 되었기 때문에 아버지에게 계속 돈을 주었다. 그가 상담실을 찾았을 무렵에도 그는 아버지에게 몇 년째 돈을 주고 있었다. 마틴은 아버지가 일을 하지 않으면 생활비를 끊겠다고 몇 번 위협했지만 실제로 그런 적은 없었다. 그가 상담실을 찾았을 무렵에도 그는 아버지에게 몇 년째 돈을 주고 있었다. 마틴은 아버지가 일을 하지 않으면 생활비를 끊겠다고 몇 번 위협했지만 실제로 그런 적은 없었다.

내면 탐구

처음에는 마틴이 인형을 마주 두고 내면아이와 대화하는 것을 불편하게 생각했다. 하지만 나중에는 이 불편함을 극복하고 내면아이와 대화를 시작했으며 혼자서도 내면아이와 대화를 나눌 수 있게 되었다. 상담을 시작한 지 한 달 후, 우리는 다음과 같은 대화를 나누었다.

나 아버지에게 돈을 줘야 한다는 의무감 때문에 갇힌 기분과 원망스러운 마음이 든다고 했죠. 맞나요?
마틴 글쎄요, 반드시 아버지에게 돈을 줄 의무는 없다는 걸 알고는 있어요. 하지만 돈을 끊으면 무슨 일이 벌어질지 무서워요. 아버지가 길바닥을 전전하거나 자살이라도 하지 않을까 두려워요.

나 만약 그런 일이 일어나면 어떤 기분이 들까요?

마틴 굉장히 죄책감이 들 거예요.

나 아버지가 그리울 것 같나요?

마틴 네.

나 그러면 죄책감뿐만 아니라 슬플 것 같다는 말이네요. 왜 아버지가 그리울 것 같나요?

마틴 어릴 때부터 아버지의 존재를 모르고 자랐어요. 전 아버지와 있는 것이 좋고, 제 아이들이 할아버지와 노는 것을 지켜보는 것도 좋아요.

나 당신 안에 있는 어린 소년이 아버지를 원하는 것 같군요. 내면 아이에게 아버지에 대한 느낌을 물어보시겠어요?

마틴 좋아요. (인형을 들어서 무릎에 놓는다) 넌 아빠에 대해서 어떤 감정을 느끼니?

마틴의 내면아이 (어린 소년이 된 것을 상상하면서) 난 아빠를 사랑해. 어릴 때는 아빠가 없다는 사실에 늘 슬펐어. 그래서 아빠가 다시는 내 곁을 떠나지 않았으면 좋겠어.

나 그렇다면 성인자아는 아버지에 대해 어떻게 느끼나요?

마틴의 성인자아 전 아버지를 좋아해요. 그리고 지금 새로운 관계를 맺고 함께 사는 것도 기뻐요. 아이들도 할아버지를 좋아하죠. 하지만 전 이용당하는 느낌이 들어요. 꼭 아버지가 아이가 되고, 제가 부모가 된 것 같아요. 이런 식으로 아버지와 관계를 맺고 싶지는 않아요. 아버지가 직업을 찾았으면 좋겠어요. 매달 생활비를 주는데도 돈을 더 달라고 하는 게 싫어요. 그런데 절대 거절은 못하죠. 대신 아버지에게 돈을 주고 나서는 화가 나고 원망이 들어요(이것은 남의 시중을 드는 사람이 느끼는 전형적인 감정이다). 게다가 아버지 때문에 경제적으로도 너무 힘들어요.

나 하지만 당신이 계속 돈을 주는 한 아버지는 일하지 않을 거예요. 아버지가 왜 일을 하겠어요? 당신이 말한 대로 아버지는 항상 빈둥대며 살아왔고, 일을 안 해도 돈을 주는 아들이 있는데 말이죠. 돈을 끊어버리면 무슨 일이 생길지 걱정하는 당신의 마음도 이해가 가요. 당신의 성인자아는 아버지에 대한 책임감을 느끼고, 내면 아이는 아버지를 사랑하고 원하죠.

지금 상황에서 진짜 문제는 생활비 외에 주는 여분의 돈이라고 할 수 있어요. 그렇다면 이 상황에서 자신을 가장 잘 돌볼 수 있는 방법은 어떤 것일까요?

사랑을 베푸는 행동

마틴은 아버지에게 경제적인 지원을 끊는 것도, 지금처럼 달라는 대로 다 주는 것도 아버지를 행복하게 하지 못한다는 사실을 알았다. 그래서 아버지에게 주는 돈을 천천히 줄여나가서 최소한의 생활비만 주기로 결정했다. 이렇게 하면 아버지가 생계를 잇지 못해 길바닥을 전전하거나 자살을 하지도 않을 것이고, 노동으로 돈을 더 벌고 싶은 동기가 될 수 있었다.

마틴은 아버지와의 문제 중 큰 부분을 차지하는 것이 자신이 주고 싶어하는 것보다 더 큰 액수를 아버지가 원한다는 것을 깨달았다. 아버지의 시중을 드는 의존적인 관계를 맺고 있으며, 이에 원망스러운 마음이 드는 것을 깨달았다. 사실 아버지에게 최소한의 생활비를 주는 것에 대해서는 아무런 불만이 없었다. 아버지가 살아 계시는 한 계속 그렇게 하고 싶었다. 다만 생활비 외에 더 주는 돈에 대해서 원망스러웠던 것이다.

마틴은 이제 아버지가 직업을 구하리라는 기대를 버렸다. 또한 줄어든 돈에 아버지가 화를 내는 것도 받아들였다. 마틴의 내면아이는 아버지가 곁에 있음으로써 안정감을 느꼈고, 그의 성인자아도 더이상 아버지를 원망하지 않았다. 애초에 원망스러운 마음이 들었던 것도 아버지가 돈을 요구할 때마다 거절하지 못했던 데서 출발했기 때문이다.

이처럼 부모님을 어느 정도까지 책임져야 하는지는 많은 사람이 겪고 있는 문제다. 해답을 찾으려면 마틴처럼 내면아이와의 대화를 통해 부모님께 베풀고 있는 것이 두려움 · 의무감 · 죄책감에서 비롯된 것인지, 사랑에서 비롯된 행동인지 살펴볼 필요가 있다.

우리가 사랑으로 부모님께 베풀면 원망스러운 마음은 생기지 않는다. 마틴은 아버지를 무척 사랑했고 자신이 베푸는 것 중 생계를 위한 부분은 사랑에서 비롯된 것임을 알았다. 하지만 그 외의 돈은 두려움과 죄책감에서 준 것이었으며 항상 원망스러운 마음으로 이어졌다.

의존적인 방식으로
부모님께 베풀지 말자

나는 부모님을 모시는 것이 의무가 아니라고 생각한다. 내 아이들 역시 나를 돌볼 의무가 없다고 생각한다. 만약 부모님을 부양하는 결정을 내렸다면 그 결정이 사랑에서 비롯된 것이기를 희망한다. 반대로 부모님을 부양하지 않겠다고 결정했다면 그 결정에 대해 죄책감을 갖지 않길 바란다.

자신을 사랑한다는 것은 최선이라고 생각되는 행동을 하는 것이다. 부모님께 베푸는 것이 최선이라고 여겨지고 사랑에서 비롯된 일이라면, 의존적인 관계에 있는 것이 아니다. 반대로 두려움 · 의무감 · 죄책감에서 부모님께 베푼다면, 의존적인 관계에 있는 것이다. 그럴 경우 항상 분노와 원망을 느낄 수밖에 없다. 이처럼 의존적인 방식으로 부모님께 베풀도록 스스로 강요하는 것은 사랑을 베풀지 않는 행동이다. 자식을 키울 때는 사랑을 주기는커녕 함부로 대했다가 나중에서야 부양받기를 바라는 부모들도 많다. 이런 경우라면 부모님을 돌보는 것이 오히려 자신을 학대하는 행위가 될 수 있다.

성장과정에서 부모와의 관계가 어떠했든 성인이 된 이후 그 관계는 바뀐다. 또한 우리는 자라면서 남을 돌볼 수 있는 능력도 커지고 부모에 대한 감정도 바뀐다. 결국 부모에게 어느 정도의 책임을 질 것인지는 본인만이 결정할 수 있다. 이를 위해서는 고차원적인 힘과 내면아이와의 유대감 형성을 통해 어떤 것이 자신에게 옳고 사랑을 베푸는 행동인지 결정해야 한다.

8장의 중요한 내용들 ──

▸ 부모님을 모시는 행동 중에서 어떤 것이 의존에서 비롯되고, 어떤 것이 사랑에서 비롯되었는지 구분하기란 매우 어렵다.

▸ 의존적인 방식으로 부모님께 베풀도록 스스로 강요하는 것은 사랑을 베풀지 않는 행동이다.

▸ 성장과정에서 부모와의 관계가 어떠했든 성인이 된 이후 그 관계는 바뀐다.

▸ 부모에게 어느 정도의 책임을 질 것인지는 본인만이 결정할 수 있다.

▸ 고차원적인 힘과 내면아이와의 유대감 형성을 통해 어떤 것이 자신에게 옳고 사랑을 베푸는 행동인지 결정해야 한다.

· 9장 ·

자녀와의 갈등 상황에서
상처 치유하기

자녀와 의존적인 관계를
맺고 있는 이유

누구나 자녀에게 좋은 부모가 되고 싶어 열심히 노력한다. 하지만 그 과정에서 실수를 하게 마련이다. 그러므로 어릴 때 우리가 겪었던 부모님의 실수를 반복하지 않으려면 내면아이에게 사랑을 베푸는 부모가 되기 위해 노력해야 한다.

우리가 내면아이에게 수치심을 주면서 권위주의적인 부모 역할을 하고 있다면, 자녀에게도 똑같이 비난하고 소리를 지르면서 감정적으로 학대한다. 또는 자신보다는 자녀가 더 중요하다는 생각에 내면아이를 보살피는 것을 맨 나중으로 미루어놓을 수 있다. 반면에 자신의 내면아이에게 지나치게 허용적인 부모 행세를 하는 사람들은 자녀에게도 마찬가지 태도를 보이면서 자녀들이 남에게 해가 되는 행동을 해도 그냥 내버려둔다.

적절한 한계를 설정해주는 성인자아 없이 버려진 내면아이의 모습으로 살아가는 사람들은 자녀들을 감정적·성적·신체적으로 학대할 수 있다. 즉 자녀에 대한 아동 학대는 적절한 한계를 만드는 성인자아의 부재로 버려진 내면아이가 분노에 휩싸일 때 일어난다. 이렇게 내면아이와 유대감을 맺지 못하면 아무리 좋은 부모가 되려고 해도, 자녀들에게 자신을 사랑하지 못하는 본보기가 될 뿐이다.

　부모는 많은 어려움을 겪는다. 언제 어떻게 자녀를 훈육할지, 언제 한계를 긋고 언제 자유롭게 풀어줄지, 언제 도와주고 언제 뒤에서 지켜볼지, 자신의 욕구를 채우면서 자녀의 욕구를 어떻게 채워주는지 고민할 수밖에 없다. 그런데 우리가 자신의 감정과 욕구를 잘 알지 못하면 여러 상황에서 사랑을 표현하는 방식으로 대처할 수 없다. 부모 대부분은 자녀와 의존적인 관계를 맺고 있다. 또한 자기애적이거나 시중을 드는 입장에서 자녀를 대하고 있다.

　브래드Brad의 예를 들어보자. 14세인 브래드는 저녁을 먹으면서 내일까지 해야 할 숙제가 있는데 하기 싫다고 말한다. 이 말을 들은 자기애적인 아버지는 이렇게 대답한다. "어서 가서 숙제해. 아버지 부끄럽게 만들지 말고. 내 아들이 바보라는 말은 듣고 싶지 않다." 시중을 드는 쪽의 어머니는 브래드에게 "도와줄까?"라고 묻는다. 브래드는 자신이 징징대면 어머니가 결국 숙제를 대신해줄 거라는 사실을 알고 있다. 브래드 부모의 반응은 사랑을 표현하는 행동이 아니다. 이들은 내면적 분리를 토대로 자녀에게 반응했다.

　이 상황에서 사랑을 표현하는 반응은 아이의 내면을 살펴보고 알아보려는 의도를 보이는 것이다. "브래드, 숙제를 하고 싶지 않은 이유가 있겠구나. 왜 그런지 말해볼래?" 그런데 부모가 자녀를 알고 배우려는 의도를 가지기 위해서는 자녀의 성공에 목을 매서는 안 된다. 즉 부모의 가치가 자녀의 학교 성적에 있다고 생각하지 말아야 한다. 내면적인 유대감을 형성하고 성적이 아닌 진정한 가치를 알아볼 때만 자녀를 진실로 사랑하고 지지하는 부모가 될 수 있다.

한시도 혼자 있으려고 하지 않는 딸

상황(캐런 · 토마스 · 힐러리 · 얼래나)

캐런Karen과 토마스Thomas 부부는 원래 부부 상담을 위해 사무실을 찾았다. 부부 상담이 끝난 후, 그들은 딸아이와의 문제 때문에 다시 상담실을 찾았다. 나는 가족 모두가 상담에 참여할 것을 추천했다.

10세인 힐러리Hilary는 가족 위에 군림하는 아이였다. 성격이 쾌활하고 거침없이 말하는 힐러리는 14세 언니 얼래나Alana와 부모님이 하는 말에 계속 끼어들었다. 말할 때는 끼어드는 것이 아니라고 식구들이 주의를 주면 "왜 말도 못하게 해."라며 징징댔다. 그러면 나머지 식구들은 포기하고 힐러리가 하는 대로 놔두었다.

캐런과 토마스는 힐러리가 혼자 있는 걸 무서워한다고 걱정했다. 힐러리는 한시도 혼자 있지 않고 누군가와 있으려고 했다. 특히 언니와 항상 붙어 있으려고 하는 바람에 얼래나는 점점 지쳐갔다. 혼자만의 시간이 없는 것은 물론 친구들과 놀 때도 꼭 동생을 데려가야 했기 때문이다.

캐런은 삽화가이고 토마스는 척추 지압사로 매우 열심히 일하는 부부다. 부부가 다 일을 했기 때문에 가정부를 두었다. 가정부는 다른 식구들과 마찬가지로 힐러리가 원하는 것은 다 들어주었다. 힐러리는 원하는 것을 얻지 못하면 소리 지르고 울었다. 힐러리를 달래기 위해 가족들의 욕구는 뒤로 미루어야 했다. 그 결과 힐러리는 스스로 책임을 지는 법을 배우지 못하고 점점 더 밉살스럽고 까다로운 아이가 되어갔다. 아무도 말릴 수 없는 아이가 된 것이다.

첫 번째 가족 상담이 끝날 무렵, 힐러리는 내게 무척 화가 나 있었다. 다른 사람이 말할 때는 끼어들지 말라고 내가 단호하게 한계를 정했기 때문이다. 그런데도 다음 상담에도 오고 싶은지 물어보자 놀랍게도 힐러리는 그러고 싶다고 했다.

내면 탐구

가족 상담 전에 먼저 부모님과 상담을 진행해야 한다고 말해주었다.

> **나** 왜 두 분은 힐러리에게 안 된다고 말하는 걸 두려워하나요?
> **토마스** 안 된다고 말하는 걸 두려워하는 건 아니에요. 그냥 제가 너무 바빠서 집에 잘 없으니까 아내에게 양육을 다 맡긴 상태예요. 힐러리는 절 잘 찾지도 않아요.
> **캐런** 전 딸에게 안 된다고 말하는 게 힘들어요. 하지만 얼래나와는

별문제가 없어요. 그 애는 어릴 때부터 책임감이 강한 아이였거든요. 어쨌든 딸들에게 안 된다고 할 때마다 제가 나쁜 엄마라는 느낌이 들어요(잘못된 믿음: 아이에게 안 된다고 말해서 그 아이의 기분이 상한다면 그것은 사랑을 베푸는 행동이 아니다).

예전에 부부 상담을 할 때, 우리는 캐런의 과거에 대한 이야기를 나누었다. 캐런이 2세 때 아버지가 돌아가시고 어머니는 노숙자가 되었다. 그래서 캐런은 여러 보육 시설을 전전하다가 6세 때 입양되었다.

캐런은 어릴 때 어머니의 사랑을 받아본 적이 없었다. 그래서 자신은 딸들에게 좋은 엄마가 되기로 마음먹었다. 자신이 가져본 적 없는 모든 것을 아이들에게 주고 싶었고, 아이들의 곁을 지켜주고 싶었다. 문제는 캐런이 자신의 내면아이는 책임지지 않고 힐러리의 감정에만 책임을 진 것이다. 그래서 딸이 의존적이고 자기애적인 사람이 되도록 가르친 것이다.

> **나** 캐런, 당신이 내면아이를 무시하고 힐러리의 요구만 들어줄 때 내면아이의 감정은 어떤가요? 직접 물어보시겠어요?
>
> **캐런** 좋아요. (토끼 인형에게 말한다) 내가 힐러리의 요구만 들어줄 때 넌 기분이 어떠니?
>
> **캐런의 내면아이** 어릴 때 항상 느꼈던 감정이 들어. 난 중요한 사람이 아니라는 느낌이야. 부모님이 있는 다른 아이들은 중요하지만 난 중요한 사람이 아니야. 힐러리는 중요한 사람이지만 난 중요하

지 않지. 너에게는 나보다 힐러리가 더 중요한 사람이야. 가끔 네가
싫어. 넌 힐러리가 날 함부로 대하게 만들었어.

내면아이와의 대화를 통해 캐런은 한 번도 내면아이에 대한 책임
을 받아들인 적이 없다는 사실을 알게 되었다. 캐런이 지금이라도
그 책임을 받아들이지 않는 한, 딸과의 관계도 바뀔 수 없었다.

나 캐런, 이번 주에는 힐러리 대신 내면아이를 돌보며 무슨 일이
일어나는지 살펴보는 것이 어때요?

캐런 한번 해볼게요. 하지만 힐러리는 싫어할 거예요.

나 엄마가 자신에게 사랑을 베푸는 성인이 되지 않는데 어떻게 딸
이 자신에게 사랑을 베푸는 성인자아가 될 수 있겠어요? 딸에게는
본보기가 필요해요.

캐런 알겠어요. 하지만 힐러리가 화를 내면 어떻게 해야 할지 모르
겠어요.

나 힐러리는 화가 나면 어떤 행동을 하나요?

캐런 울거나 짜증을 부리죠. 가끔은 발로 차거나 소리를 지르기도
해요. 원하는 것을 들어줄 수밖에 없게 하려고 징징대면서 쉴 새 없
이 말을 해요.

나 힐러리는 보통 어떤 것에 화를 내나요?

캐런 언니 방에 들어가지 못하게 할 때나, 누가 간식을 만들어주지
않았다거나, 같이 놀 사람이 없다거나, TV를 더 보겠다거나, 숙제
를 하지 않아서 친구 집에 놀러가지 못하게 할 때 등이요.

사랑을 베푸는 행동

　나는 캐런에게 힐러리가 떼를 쓸 때 내면아이에게 어떻게 하는지 이야기를 나누었다.

　나　캐런, 힐러리가 떼를 부릴 때, 당신의 내면아이는 어떻게 하고 싶은지 물어보세요.
　캐런　알겠어요. (토끼 인형에게 말한다) 힐러리가 원하는 걸 해달라고 화내거나 울 때 내가 널 어떻게 돌봐줘야 할까?
　캐런의 내면아이　힐러리가 그럴 때마다 그 애 옆에 있기 싫어.
　캐런　내면아이는 힐러리와 같이 있고 싶어하지 않네요. 하지만 전 어떻게 해야 할지 모르겠어요. 가끔 저녁을 준비하고 있을 때 힐러리가 그러는데, 저녁을 준비하다 말고 자리를 피할 수는 없잖아요.
　나　그러면 음악을 준비하는 게 어때요? 힐러리가 그럴 때 볼륨을 높여서 음악을 들으면 되죠. 음식을 준비할 때가 아니라면 그냥 방으로 가서 TV나 음악 소리를 크게 틀어놓으면 돼요. 어때요?
　캐런　아이가 거부당했다고 느끼지 않을까요?
　나　아이가 그런 감정을 느낀다면, 당신이 확실하게 말해주면 돼요. 널 사랑하지만 이렇게 행동할 때는 옆에 있어줄 수가 없다고요. 토마스, 어떻게 생각하세요?
　토마스　좋은 방법 같아요. 사실 저도 이 방법을 사용하는데, 저만 이 방법을 사용하니까 효과가 있는지 잘 모르겠더라고요. 이제 얼래나와 가정부에게도 똑같이 하라고 해야겠어요. 떼를 쓰는 것이 효과가 없게 되면 힐러리는 더이상 그렇게 행동하지 않을 것 같아요.

나 맞아요. 캐런, 이제 그 방법을 쓰는 걸로 하고 얼래나와 가정부에게도 그렇게 해달라고 부탁해보세요. 힐러리에게 못된 엄마가 되라는 뜻이 아니에요. 그저 자신을 사랑하는 행동을 하라는 거죠.

캐런은 그렇게 하기로 했다. 2주 후 캐런은 혼자 상담실을 찾았다. 그녀는 자신을 돌보기 위해 매우 열심히 노력하고 있었다. 매 순간 그렇게 하지는 못하더라도 기분이 훨씬 나아졌다고 했다. 특히 힐러리의 시중을 들지 않는 것에 죄책감을 느끼지 않고 자신을 돌볼 때 강렬한 기쁨을 느꼈다고 말했다. 처음에는 엄마의 변화에 힐러리는 매우 화를 냈지만, 자신이 아무리 불쾌하게 행동해도 소용없다는 사실을 곧 깨달았다. 결국은 스스로 행복해지는 법을 조금씩 배워나갔다.

얼래나도 전보다 동생과 시간을 더 보내려 했다. 네 식구는 주말에 즐거운 시간을 보냈다. 그동안은 누려보지 못했던 시간이었다. 나는 캐런과 몇 달간 상담을 계속하면서 내면아이와의 유대감 형성을 도와주었다. 캐런은 내면아이와 맺는 유대감이 힐러리와의 관계에도 반영된다는 사실을 깨달았다.

힐러리와 캐런은 함께 2번의 상담을 받았다. 나는 힐러리에게도 내면적인 유대감 형성을 설명해주었다. 처음에 힐러리는 자신의 내면아이에게 사랑을 베푸는 성인자아가 되는 것을 거부했지만, 역할극을 통해 남을 비난하고 화를 내는 힐러리의 내면아이를 연기하자 마침내 이를 이해하고 받아들일 수 있었다.

자신에게 사랑스러운 성인자아가 될 수 있는 능력이 있음을 알게 되자, 캐런은 죄책감을 느끼지 않고 남의 시중을 드는 것을 멈출 수 있었다. 캐런은 자신이 내면아이를 돌보지 않으면, 그것을 보고 자란 힐러리 역시 자신을 버리게 될 가능성이 있다는 것을 깨달았다. 이 사실이 강력한 동기가 되어 내면적인 유대감 형성을 위해 열심히 노력할 수 있었다.

엄마를 계속 때리려고 덤비는 아들

상황(아네테 · 마빈 · 토드)

댄스 강사 아네테Annette와 운동선수 마빈Marvin은 결혼 11년 차 부부다. 그들은 몇 년 동안 폭력 문제로 상담을 받아왔지만, 마빈은 아내를 계속 학대했다. 아네테는 이혼할 생각이었지만 마지막으로 한 번 더 상담을 받기로 했다.

부부는 내면적인 유대감 형성을 위해 열심히 노력했다. 그 결과 마빈은 폭력으로 이어졌던 자신의 분노를 통제할 수 있었다. 마빈은 내면아이의 분노에 책임을 지는 법을 배우고, 자신의 잘못된 믿음과 행동도 깨달았다. 또한 분노를 아내에게 쏟기보다는 내면아이를 위해 행동하는 법도 배웠다. 한편 희생자라는 생각에만 빠져 있던 아네테는 스스로의 힘을 되찾고 버려진 내며 아이를 돌보는 법을 배우기 시작했다.

내면적 유대감을 형성하면서 이들 부부는 다른 문제들도 하나씩 다루기 시작했다. 시간·돈·성과 관련된 문제들과 함께 6세 된 외아들 토드Todd에 대한 문제도 떠올랐다. 어느 토요일 오후, 토드와 아네테는 함께 집에 있었고 마빈은 볼일을 보러 외출중이었다. 그런데 아빠가 없는 오후 내내 토드는 계속 엄마를 때리려고 덤볐다. 아네테는 대화를 시도했다가, 소리도 질렀다가, 아이를 꼭 붙잡으며 말리기도 했지만 막무가내였다.

아네테는 상담 시간에 그 이야기를 하면서 매우 심란해했다. 그녀에게 이런 일이 처음인지 물어보자, 사실은 꽤 자주 있던 일이라고 털어놓았다. 그녀는 아들이 왜 엄마에게 그렇게 화를 내는지 이유를 찾으려고 노력했지만, 아이는 말을 하지 않는다고 했다. 아네테에게 아들을 때린 적이 있는지 물어보자 아니라고 했다. 나는 다음 상담에 토드를 데려오라고 말했다.

내면 탐구

토드는 부모님이 있는 자리에서는 말을 하려 하지 않았다. 아이는 눈을 내리깔고 의기소침하게 앉아 있었다. 부모님이 상담실에서 잠시 나가 있으면 되겠느냐고 물어보자, 아이는 고개를 끄덕였다.

> 나 토드, 나한테는 하고 싶은 말을 다 해도 돼. 네가 싫으면 부모님께도 말하지 않을게. 네가 하자는 대로 하자. 괜찮니? (그는 고개를 끄덕였지만 여전히 말은 하지 않았다) 혹시 엄마한테 화가 나 있니? (그는 또 고개를 끄덕였다) 그러면 아빠한테도 화가 나니? (그는 아니라고 고개를 저었다)

왜 엄마한테 화가 나는지 알겠니? 왜 그런지 말해줄래? 엄마가 네게 소리를 질렀니? (고개를 끄덕였다) 엄마가 널 때렸니? (또 고개를 끄덕였다)

토드 (나를 똑바로 쳐다보며 울지 않으려 애쓰며 말한다) 엄마는 소리를 많이 질러요. 가끔은 막 때리기도 해요.

나 엄마가 어떻게 널 때리니? 손으로? 허리띠로?

토드 손으로요. 가끔 정말 화를 내면서 막 때려요. 그러고 나서는 미안하다고 안아줘요.

나 그래서 엄마를 때리려고 했구나? (고개를 끄덕인다) 부모님한테 네가 한 말을 전해도 될까?

토드는 조금 망설이다가 그러라고 했다. 난 그를 안아준 다음 정말 용감하다고 말해주었다. 아네테와 마빈이 상담실로 돌아왔을 때, 난 토드가 한 이야기를 해주었다.

아네테 (방어적으로) 전 토드를 자주 때리진 않았어요. 아주 가끔 일어나는 일이에요.

나 아네테, 토드에게 당신은 자주 때리는 사람이에요. 당신 부부가 처음 상담실을 찾던 날, 남편이 당신을 자주 때린다고 했던 말 기억해요? 그러자 남편은 겨우 1년에 한 번 때릴까 말까 하다고 말했던 것 기억나요? (아네테는 고개를 끄덕였다) 당신은 남편이 항상 때리는 것처럼 느껴진다고 했죠. 왜냐하면 때릴지 모른다는 위협이 항상 존재하니까요. 매일 위협 속에 살면 언제 폭력이 일어날지, 무슨 일이 계기가 되어 폭력이 나올지 알 수 없는 불안한 상태가 되는 거죠. 토드 역시 당신과 똑같은 감정을 느끼고 있어요. 당신 부부에게 토드가 배운 것이라고는 분노를 폭력으로 표출하는 것뿐이에요. 남편은 아내를 때리고, 엄마는 아들을 때려서 가르쳤죠. 부부 모두가 화가 날 때 다른 사람을 해침으로써 자신을 버렸던 거예요. 토드가 다른 방식으로 분노를 표현하도록 하고 싶다면, 부부가 먼저 본을 보여야 해요. 아네테, 혹시 아들에게 화가 날 때 그 분노의 일부는 어릴 때 당신을 자주 때렸던 아버지와 남편에 대한 것이 아닐까요? 이 부분에 대해서 내면아이와 대화를 나눠보겠어요?

그다음 주에 아네테는 혼자 상담실을 찾았다.

아네테 선생님 말씀이 맞았어요. 저는 아버지와 남편에게 화가 났던 거였어요. 남편이 저를 때리도록 그냥 둔 것과 아들을 때린 것 때문에 지금 내면아이는 화가 많이 나 있어요. 제가 어떻게 해야 할까요?

나 가슴속에 있는 분노를 지금 좀 꺼내놓을 수 있을까요? 저 의자에 아버지가 앉아 있다고 생각해보세요. 아버지에게 하고 싶은 말을 다 해보세요. 뭐라고 하시겠어요. 당신이 어린 소녀가 되었다고 생각해보세요.

아네테 (눈물을 흘리면서) 아빠, 전 아빠를 무척 사랑해요. 그런데 어떻게 그렇게 못되게 굴 수가 있어요? 어떻게 저를 때리고 상처 줄 수가 있어요? 전 어린아이였어요. 착한 아이가 되려고 정말 노력했는데….

나 아네테, 분노가 어디 있나요?

아네테 잘 모르겠어요. 그저 아빠만 생각하면 눈물이 나요.

나 이번에는 마빈이 저 의자에 앉아 있다고 생각해보세요.

아네테 저는 남편한테 화가 안 나요. 요즘 저한테 정말 잘해주거든요. 오히려 저 자신에게 화가 난 것 같아요. 제 내면아이가 성인자아에게 아주 화가 난 것 같아요.

나 좋아요. 그러면 당신이 내면아이가 되고, 성인자아가 저 의자에 앉아 있다고 생각해보세요.

아네테의 내면아이 (소리를 지르면서) 너는 왜 늘 사람들이 상처 주는 것을 그냥 내버려두는 거지? 도대체 뭐가 문제야? 넌 나를 돌보고 보호해줘야 하잖아. 난 네가 싫어. 내가 널 필요로 할 때 넌 어디에 있었지?

아네테 (그녀는 울기 시작한다) 아빠가 저를 때릴 때 구경만 하고 보호해주지 않은 엄마에게 정말 화가 나요. 이제 제가 아빠처럼 행동하고 있어요.

아네테의 내면아이 (내면아이가 되어 성인자아에게 말한다) 왜 내가 토드를 때리게 놔뒀니? 내가 분노를 느낄 때 넌 곁에서 그 감정을 처리하도록 도와줘야 하잖아. 내가 토드를 때리게 왜 그냥 놔두니? 뭔가 해! 뭔가 하란 말이야!

아네테 이제 문제가 뭔지 알겠어요. 그런데 분노를 어떻게 다스릴지, 어떻게 하면 토드를 때리지 않을 수 있을지 그 방법을 모르겠어요. 제가 어떻게 해야 할까요?

사랑을 표현하는 행동

나는 이제 아네테의 화에 대해 이야기를 나눌 때라고 생각했다.

나 아네테, 아직도 화가 나나요?

아네테 아뇨, 기분이 나아졌어요. 좀 가라앉았어요.

나 그러면 앞으로 화가 날 때마다 방금 한 것처럼 해보는 게 어때요? 방에 가서 방문을 잠그고 분노의 대상에게 소리를 질러보세요. 아들이든 남편이든 부모님이든 아니면 자신에게든 화가 가라앉을 때까지 소리를 질러보세요. 상담실에서 그렇게 해보니 화가 정말 가라앉았잖아요. 집에서도 효과가 있을 것 같지 않아요?

아네테는 동의했다. 난 토드가 어떤 행동을 할 때 그녀가 분노를 느끼는지 물어보았다.

아네테 바쁠 때 방해한다든지, 말을 듣지 않을 때요.

나 통제에 대한 문제로 들리네요. 아들이 당신을 조종하고 있다거나 당신의 통제를 받지 않는다고 느끼면 화가 나나요?

아네테 맞아요. 어릴 때 아빠는 제 행동을 완전히 통제했고, 결혼하고는 남편이 그랬죠. 전 두 사람이 두려웠어요. 이제는 통제를 제대로 인식하려고 노력해야겠어요. 그런데 토드가 또 저를 때리려고 하면서 대화하지 않으려고 할 때는 어떻게 해야 하죠?

나 당신의 내면아이가 어떤 행동을 원할 것 같아요?

아네테 아마 제가 그 자리를 피하는 걸 원할 것 같아요.

나 그러면 당신 방으로 가서 문을 잠그고 토드가 진정될 때까지 기다리세요. 다른 할 일이 있어서 바쁘다면 아이를 몇 분 동안 자기 방에 혼자 있게 하세요. 그래서 자신이 엄마를 때릴 수 없다는 사실을 인식시키세요. 하지만 5분 이상은 혼자 두지 마세요. 화가 나서 엄마를 때리는 걸 스스로 자제할 수 있으면 바로 나오도록 해주세요. 이건 아들과 당신 모두에게 한계선을 정하는 문제예요. 각자의 한계를 존중해야 해요. 누가 누굴 때리는 것은 이 한계선을 넘어오는 일이죠. 어떻게 생각해요?

아네테 그렇게 해볼게요. 그러면 제가 화가 나서 통제가 안 될 때는 제가 방으로 들어가고, 아들이 화가 나서 통제가 안 될 때는 제가 피하거나 아이를 방에 두면 되는 거네요.

나 네. 당신이 방으로 피하는 편이 나아요. 그렇게 하면 아이를 조종하지 않고도 자신의 한계선을 지킬 수 있으니까요.

아네테와 마빈은 분노에 책임을 지기 위해 열심히 노력했다. 몇 주 후에 토드의 변화를 볼 수 있었다. 나는 그들에게 너무 화가 날 때는 베개나 돌돌 만 수건, 혹은 플라스틱 야구 방망이로 침대를 내리치라고 알려주었고, 토드에게도 알려주라고 했다. 토드는 그 방법을 정말 좋아했다. 이제 그들은 서로에게 분노를 쏟아내기보다는 분노를 적절히 표현하는 방법을 찾았다.

자녀들이 가학적인 방법으로 부모를 공격할 때, 그대로 놔두는 것은 사랑을 표현하는 방식이 아니다. 하지만 행동을 멈추게 하려고 반대로 자녀를 학대하는 행동은 효과가 없다.

언젠가 본 카툰이 생각난다. 한 아버지가 아이의 엉덩이를 때리면서 "너보다 약한 아이를 때리지 말라고 그랬지."라고 말한다. 말과는 달리 행동은 화가 나면 자신보다 약한 사람을 때림으로써 표현하는 것이 괜찮다고 몸소 가르치는 셈이었다. 동생을 때리는 아이를 가만히 살펴보면, 부모가 아이를 때리는 경우가 많다. "하지만 정말 그럴 만할 때 가끔 때리는 걸요." 많은 부모가 이렇게 변명한다. 하지만 때리는 건 사실이다. 자녀도 다른 아이를 때리는 것일 뿐이다. 만약 자녀가 다른 아이를 때리는 걸 원치 않는다면, 자신이 먼저 자녀를 때려 분노를 표현하는 것을 멈추어야 한다.

10대들 중에는 부모를 학대하는 아이들도 있다. 언어 · 신체적 폭력을 행사하고, 물건을 훔치거나 등교 거부, 약물 오 · 남용 등으로 말이다. 이런 아이들의 부모가 지나치게 허용적인 사람이었다면, 아이들이 부모의 경계선을 침범하는 것을 그냥 두었을 것이다. 그 결과 아이들은 자신의 행동에 한계를 정해주는 성인자아 없이 자랐을 것이다. 이런 아이들은 자기중심적이고 제멋대로 자라 부모나 타인의 권리를 고려하지 않는다. 『엄격한 사랑Toughlove』에서는 부모가 자신을 사랑하는 법을 가르쳐주는데, 그 방법 중 하나로 아이들에게 매우 엄격한 한계를 정해주는 것을 알려준다.[12]

가장 이상적인 상황은 부모가 자녀를 가지기 전에 내면과 유대를 맺는 것이다. 하지만 이미 자녀가 있고, 자녀가 성장해 독립한 상황이라 해도 늦은 것은 아니다. 나의 경우만 보아도 지난 6년간 내면적인 유대감 형성을 통해 의존적인 모습을 많이 바로잡았고 이미 성인이 된 자녀들에게도 긍정적인 영향을 주었기 때문이다.

수업에 집중하지 못하고
친구들을 때리는 딸

상황(린 · 벤 · 에이미 · 라이언)

린Lynn과 벤Ben 부부는 딸 에이미Amy가 다니는 학교에서 상담을 추천해 나를 찾아왔다. 9세 에이미는 학교 수업에 집중하지 못했을 뿐만 아니라 늘 친구들과 싸우며 그들을 때리고 깨물었다. 가끔 친구를 집에 데려와 잘 놀다가도 결국 에이미가 친구를 때리는 것으로 끝났다.

에이미는 유치원에 다닐 때부터 이런 행동을 보였다고 했다. 다양한 상담을 받고 여러 시도를 해보았지만 소용이 없었다. 에이미의 부모님은 에이미가 이제 막 돌이 된 동생 라이언Ryan도 때릴까 봐 걱정이 된다고 했다.

벤은 상담 시작 전부터 자신이 상담에 잘 참여할 수 없을 것이라고 말했다. 출장을 자주 가기 때문에 시간이 없다는 이유였다. 또한 그는 에이미의 문제가 자신의 책임이 아니라고 생각했다. 자신은 집에 잘 없기 때문에 이 문제에 대한 책임은 아내에게 있다고 생각했다. 나는 이 상황에 대해 벤과 다른 생각을 가지고 있었지만, 그의 결정을 받아들이고 린과 상담을 진행하기로 했다. 다음 상담에는 에이미를 데려오라고 했다.

내면 탐구

에이미와의 첫 번째 상담에서는 분노의 이유를 알아보기 위해 노력했다. 에이미의 분노의 근원을 한마디로 하면 "아무도 나를 좋아하지 않아. 엄마는 나를 좋아하지 않아. 아빠는 나를 좋아하지 않아. 선생님은 나를 좋아하지 않아. 친구들은 나를 좋아하지 않아."였다 (잘못된 믿음: 나는 사랑스럽지 않다).

> **나** 누군가가 널 좋아하지 않은 것 같을 때 화가 나서 그 사람을 때리는 거니?
>
> **에이미** 안 그러려고 하는데, 가끔 너무 화가 나면 저도 모르게 때려요.
>
> **나** 그런데 왜 엄마가 널 좋아하지 않는다고 생각하니?
>
> **에이미** 엄마는 항상 소리만 지르고 저랑 있는 걸 싫어하니까요. 항상 동생이랑만 있어요.
>
> **나** 동생한테 화가 나니?
>
> **에이미** 아뇨. 전 동생이 좋아요. 정말 귀여워요! 엄마가 허락할 때 동생이랑 노는데 정말 좋아요. 근데 엄마는 제가 동생을 때릴 거라고 생각해요. 하지만 전 안 그래요.
>
> **나** 그러면 왜 아빠가 널 좋아하지 않는다고 생각하니?
>
> **에이미** 아빠는 절 좋아하는 것 같기도 해요. 그렇지만 늘 집에 없는 걸요. 아빠는 가끔 잘해줄 때도 있어요.
>
> **나** 에이미, 네가 학교에서 친구들을 때릴 때 사실은 엄마나 아빠한테 화가 나서 그런다는 생각이 들지 않니? 엄마 아빠를 때릴 수는 없으니까 친구들을 대신 때리는 거 아닐까?
>
> **에이미** 엄마가 소리 지를 때 화가 나요. 그리고 친구들이 같이 놀아

주지 않을 때도 화가 나요(잘못된 믿음: 화를 냄으로써 친구들이 나를 좋아하거나 나랑 놀게 만들 수 있다는 믿음, 혹은 화를 냄으로써 친구들에게 거부당했다는 고통을 피할 수 있다는 믿음).

나 친구들이 너랑 안 놀아주는 건, 네가 때릴까 봐 무서워서 그런 것일 수 있어. 네 생각은 어떠니?

에이미는 그 이유가 맞는 것 같다고 했다. 내가 상담 내용을 엄마에게 말해도 되느냐고 하자 에이미는 괜찮다고 했다. 나는 린을 상담실로 불러 에이미와의 대화를 말해주었다.

나 린, 에이미에 대한 감정이 어떤가요?
린 전 에이미를 사랑하지만 한 번도 가깝다고 느낀 적은 없어요. 왜 그런지 모르겠어요. 전 라이언이 훨씬 더 가깝게 느껴져요.
나 에이미가 아기였을 때는 어땠나요? 그때는 에이미가 가깝게 느껴졌나요?
린 아니요. 라이언처럼 가깝게 느껴지지 않았어요.

린은 에이미와 유대감을 맺어본 적이 없는 것이 분명했다. 에이미의 분노는 엄마에게 거부당한 데 따른 반응이었다. 우리는 린이 딸에게 왜 이런 감정을 느끼는지 살펴보기 시작했다.

린은 아주 차가운 가정에서 자랐다. 딸들은 존중받지 못하고 자랐다. 반면에 린의 오빠는 아들이라는 이유로 존중받으면서 자랐다. 린은 내면아이와 단절되어 자랐다. 처음에는 그녀의 부모님이, 그다음에는 린이 내면아이를 무시했다. 에이미가 태어나자 그녀는 내면아이를 대하는 방식으로 딸을 대했다. 그저 무시했던 것이다. 그 후 라이언이 태어나자 이 아이와는 유대감을 맺을 수 있었다. 라이언은 아들이었고 이는 곧 중요한 사람이기 때문이다. 린에게 딸은 그저 있으나마나 한 존재였다.

린은 내면적인 유대감 형성을 통해 내면아이의 중요성을 인식하는 법을 배우기 시작했다. 몇 주 후 린은 에이미와 더 가까워진 감정이 들었다. 에이미에게 숙제를 하라고, 방을 치우라고 소리 지르는 대신 많은 시간을 함께 보내기 시작했다. 몇 달이 지나자 에이미의 행동은 극적인 변화를 보였다. 어느 날 에이미는 활짝 웃으며 상담실을 찾았다. 그날 친구들과 함께 점심을 먹고, 쉬는 시간에도 함께 놀았다고 했다.

에이미의 자존감이 올라가자 수업에 집중하는 능력도 나아졌다. 예전에는 불안함과 두려움 때문에 수업에 집중하기가 힘들었다. 집과 학교에서 더 안정적인 기분을 느끼면서 마음이 흐트러지는 일이 덜하고, 과제 수행 능력도 훨씬 좋아졌다.

앞서 말했던 토드의 경우처럼, 에이미도 편지를 쓰거나 베개로 침대를 내리치는 등 분노를 적절하게 표현하는 방식을 배웠다. 에이미는 화가 날 때 베개를 이용하는 것이 정말 좋다고 했다. 학교에서 화가 나거나 불안한 기분이 들 때도 친구들을 때리지 않고 참을 수 있게 되었다.

힘겨루기를 하며
끊임없이 싸우는 형제

상황(리처드 · 캐럴 · 마이클 · 패트릭)

리처드Richard와 캐럴Carol 부부는 형제가 서로 싸우는 문제 때문에 상담실을 찾았다. 10세 마이클Michael과 8세 패트릭Patrick은 늘 힘겨루기를 했다. 마이클이 농구를 하고 싶다고 하면 패트릭은 싫다고 했다. 마이클이 패트릭에게 자기 방에서 나가라고 하면 패트릭은 싫다고 했다. 친구들이 놀러왔을 때 패트릭이 계속 쫓아 다녀서 마이클이 그만 좀 따라다니라고 해도, 패트릭은 계속 형을 쫓아 다녔다.

마이클이 동생에게 소리를 지르며 말을 들으라고 해도 패트릭은 늘 고집을 부렸다. 그래서 마이클은 동생을 위협하거나 때렸다. 그럴 때마다 패트릭은 부모에게 달려가 일렀다. 리처드와 캐럴은 두 아들이 사이좋게 지내지 않는 것이 걱정되어 뭔가 해야겠다고 생각했다.

캐럴은 의사로 병원에서 일했고, 리처드는 건축 도급 관련 일을 하면서 재택근무를 했다. 집안일을 도와주는 가정부도 있었지만, 형제는 문제가 생겼을 때 아빠를 찾아왔다.

내면 탐구

나는 부부 상담을 먼저 진행하면서 가족 내 의존적인 관계를 살펴보았다.

나 아이들이 말을 듣지 않으면 두 분은 어떻게 대처하시나요?

리처드 대화로 풀려고 노력은 하는데, 화가 나는 경우가 많아요. 전 그런 상황을 잘 대처하지는 못하는 것 같아요.

나 그러면 화가 날 때 어떻게 하세요?

리처드 캐럴과 그 문제에 대해서 많은 이야기를 나누었어요. 아내 말로는 제가 화가 날 때면 아주 못마땅한 얼굴을 한다고 하더라고요. 때로는 아이들을 위협할 때도 있고, 아빠 생각을 안 한다면서 죄책감을 느끼게 하거나 화난 얼굴로 쳐다보고 나가버리기도 해요.

나 이럴 때 아이들의 반응은 어떤가요?

리처드 보통은 제 말을 들어요.

나 결국 당신의 통제 행위가 효과가 있는 거네요. 이런 행동을 한 아이에게만 하세요, 아니면 둘 모두에게 하세요?

리처드 확실히 마이클에게 많이 그래요. 특히 동생에게 못되게 굴 때요. 마이클이 형이니까 제가 더 기대해서 그런 것 같아요. 하지만 패트릭도 혼내기는 해요.

나 마이클은 아빠가 자신을 대하는 방식으로 동생을 대하는 것 같은데요, 맞나요?

리처드 그런 식으로 생각해본 적은 없는데 아마 그런 것 같아요.

나 형이 동생에게 못되게 구는 상황이라면 형을 혼내는 편인가요?

캐럴 저희 둘 다 그런 편이에요. 마이클이 패트릭보다 훨씬 더 크거든요. 동생을 때리기라도 할까 봐 걱정되어서 더 그러는 것 같아요.

나 두 분은 형제간에 싸움이 일어나면 큰아이인 마이클이 전적으로 책임이 있다고 믿는 것 같네요.

캐럴 마이클이 형이니까 책임지게 만드는 것 같아요. 하지만 패트릭이 형을 아주 짜증나게 해서 마이클이 참지 못하고 패트릭을 때리기도 해요. 패트릭은 형이 때렸다고 이르는데, 그러면 마이클은 더 화가 나는 것 같아요.

나 두 분이 패트릭의 편을 들어주니까 마이클이 엄청 화가 났을 거예요. 게다가 두 분은 분노를 올바르게 처리하는 모습을 본보기로 보여주지 못하고 있어요. 마이클은 부모님께 배운 대로 했을 뿐인데, 그걸로 혼나고 벌을 받는 거죠. 마이클이 패트릭에게 못되게 구는 데는 여러 가지 이유가 있는 것 같아요. 그 아이는 동생에게 분노를 쏟아내고 있어요. 특히 자신을 비난하고 통제하려는 아빠에 대한 분노 말이죠. 동생에게 화를 내는 이유도 그 애가 짜증나는 행동으로 자신을 괴롭히기 때문만이 아니라, 아빠에게 가서 이르기 때문이에요.

캐럴 정말 그런 것 같아요.

나 리처드, 아이들에게 뭘 하라고 했는데 말을 듣지 않으면 어떤 감정이 드나요? 당신의 분노 아래에는 어떤 감정이 있나요?

리처드 잘 모르겠어요.

나 그러면 당신의 내면아이에게 물어보세요(리처드와 캐럴은 이미 내면적인 유대감 형성을 잘 알고 있었다).

리처드 (곰 인형을 들어서 잠시 바라보고 난 후 말한다) 리치(리처드의 애칭), 아이들이 말을 듣지 않으면 기분이 어때?

리처드의 내면아이 아이들이 날 좋아하지 않는다고 느껴(리처드는 자신이 사랑받는 느낌에 대해 자녀들이 책임을 지도록 만들었다. 이는 의존적인 관계의 자기애적인 성향을 드러낸다).

나 (리처드의 내면아이에게) 성인자아가 널 좋아한다고 느끼니?

리처드의 내면아이 가끔은 나를 잘 돌봐주기도 해요. 하지만 가끔은 나를 무시해요. 그럴 때는 나를 별로 좋아하지 않는다는 느낌이 들어요.

리처드는 자기애적인 성향을, 캐럴은 감정적으로 시중을 드는 성향이 있었다. 캐럴은 항상 남편의 자존감을 올려줌으로써 남편의 의존적인 성향을 강하게 했다. 리처드는 좋은 감정을 느끼기 위해 아내뿐만 아니라 아이들에게까지 책임을 돌렸다. 아이들이 말을 듣지 않을 때는 마치 거부당한 것처럼 느껴져서 화를 냈던 것이다. 이들 부부는 그동안 자녀들에게 의존적인 관계를 가르쳐왔다는 사실을 깨달았다.

나 아이들을 통제하면 어떤 기분이 들던가요?

리처드 긴장되고 화가 났어요. 제가 위협을 할 때만 아이들이 말을 듣는 것 같아서요.

나 긴장되고 화가 난다는 건, 아이들을 대하는 방식이 사랑을 베푸는 행위가 아니라는 걸 말해주는 거예요.

사랑을 표현하는 행동

나는 리처드에게 이제 어떤 행동이 사랑을 표현하는 것인지 알아보자고 이야기를 꺼냈다.

나 힘겨루기의 역학에 대해 이해할 필요가 있어요. 힘겨루기는 무엇인가를 요구할 때 상대방이 이를 받아들이지 않을 때 생겨요. 예를 들면 마이클이 게임을 하고 싶어하는데 패트릭이 거절하는 거예요. 그런데 마이클은 싫다는 대답을 받아들이지 않고 무조건 같이 놀자고 강요할 때 힘겨루기가 생기는 거죠. 즉 한쪽이 상대를 이기려는 생각으로 자기 식대로 하면 힘겨루기가 생기고, 결국 고함 · 위협 · 폭력 등으로 이어지죠.

리처드 아이들 사이에 항상 벌어지는 일이 바로 그거예요. 하루라도 안 싸우는 날이 없어요.

나 맞아요. 아이들은 그걸 당신에게 배웠죠. 당신이 아이들에게 뭔가 하라고 하고, 아이들이 말을 듣지 않으면 당신도 이런 힘겨루기를 했어요. 당신이 원하는 것을 아이들이 거부하면, 말을 들을 때까지 통제적인 행동을 할 권리가 있다는 것을 몸소 보여주었던 셈이에요. 그걸 보고 자란 아이들이 똑같은 행동을 하고 있는 거예요.

사람들은 대부분 통제받는 걸 싫어하고, 벌을 받지 않고 거부할 권리가 있다는 것을 알아야 해요. 그래야 진심으로 좋다는 말을 할 수 있거든요. 그러니까 우선 당신이 할 일은 아이들이 말을 듣지 않아도, 그걸 거부로 느끼지 않도록 내면아이와 함께 노력해야 해요. 내면아이에게 진실을 말해주세요. 아이들은 당신을 거부하는 것이 아니고, 그저 당신에게 통제당하지 않으려고 하는 것뿐이라고요.

앞으로 아이들이 당신에게 싫다고 말할 때는 화를 내는 대신에 내면아이와 함께 자신의 감정을 들여다보세요. 아이들이 말을 듣게 만드는 것이 왜 그렇게 당신에게 중요한 의미인지 살펴보세요. 아이들을 통제하는 것에 자존감을 투사하는 것은 아닌지 잘 생각해 보세요. 만약 그렇다면 내면아이의 진정한 가치를 다시 한 번 살펴 봐야 해요.

이후 몇 주 동안 리처드와 이 문제에 대한 상담을 진행했다. 동시에 캐럴의 의존적인 성향에 대해서도 계속 대화를 나누었다. 리처드는 자녀들을 대할 때 보였던 문제적인 행동을 거의 고쳤지만, 아이들은 아직도 많이 싸운다고 했다.

이제는 아이들과 직접적인 상담을 진행할 때였다. 나는 리처드와 캐럴이 아이들을 앉혀놓고 힘겨루기에 대해 설명하라고 했다. 하지만 아이들이 서로 싸우고 패트릭이 이르러 오면 어떻게 해야 할지 모르겠다고 말했다.

나 아이들이 힘겨루기가 뭔지 이해하면 싸움에 책임이 둘에게 있다는 것을 알 거예요. 더이상 큰아이 마이클을 혼내지 않는 것이 중요해요. 아이들의 문제를 해결해주려고 하지 말고, 옆에서 지켜보면서 필요할 때 도움만 주세요. 패트릭은 도움이 필요해서 당신에게 오는 것이 아니에요. 당신에게 일러서 형을 혼내게 하려고 조종하는 거죠. 패트릭이 이르러 오면 힘겨루기 문제를 해결하는 데 아빠의 도움이 필요하냐고 먼저 물어보세요.
리처드 그렇다면 이르지 않을 때는 어떻게 하죠? 둘이 계속 싸우기만 하면요?
나 아이들이 싸울 때 어떤 느낌이 드세요?

리처드 짜증이 나요. 사이좋게 지내지 않아서 슬퍼요.

나 아이들이 싸울 때 당신의 내면아이를 살펴보면, 내면아이는 무엇을 원할까요?

리처드 내면아이는 싸움을 멈추길 바랄 거예요.

나 그러면 당신이 싸움을 말리려고 하면 어떤 일이 일어날까요?

리처드 아마 아이들과 저 모두 화가 나거나 짜증이 나겠죠.

나 그러면 이렇게 말해보는 게 어때요? "난 너희가 싸우는 걸 보고 싶지 않아. 싸우는 걸 보면 슬퍼지거든. 내 도움이 필요하면 알려줘."라고 말하고 싸우는 소리가 들리지 않는 곳으로 자리를 피하는 거죠.

캐럴 하지만 마이클이 동생을 해칠까 봐 걱정돼요.

나 마이클이 어떻게 동생을 괴롭히나요?

캐럴 팔을 치거나 밀어요.

나 그러면 그렇게 폭력적으로 구는 건 아니네요. 패트릭을 구한답시고 달려가는 것을 멈춘다면, 패트릭은 형을 도발하거나 싸움을 거는 행동을 덜할 거예요. 마이클을 혼내는 것을 멈춘다면 마이클도 동생과 덜 싸울 거예요. 이렇게 한번 해보시는 게 어때요?

부부는 그렇게 하기로 했다. 다음 주가 되자 그들은 아이들에게 힘겨루기를 설명하고 싸움을 지켜보는 것이 슬프다고 말했다. 패트릭이 이르러 왔을 때 마이클을 바로 혼내지 않았다. 단지 아빠의 도움이 필요하지만 물어봤다. 그러자 패트릭은 더이상 이르러 오지 않았다. 일주일이 흐르자 마이클이 아빠에게 와서는 이렇게 말했다.

"지금 동생이랑 힘겨루기 중인데 아빠가 오셔서 도와주세요."

마이클의 요청에 리처드는 두 아이를 앉혀놓고 대화를 시도했다. 양쪽 이야기를 들어보고 해결 방안을 찾도록 도와주었다. 게다가 그동안 마이클만 혼내서 미안하다고 말하자 마이클은 울음을 터뜨렸다. 리처드와 캐럴은 둘이 똑같이 잘못했는데도 마이클만 혼내면 둘은 절대 사이좋게 지낼 수가 없다는 것을 깨달았다.

내면아이와 유대감을 맺고 사랑을 표현하는 행동을 배움으로써, 이 부부는 좋은 본보기가 되었다. 아이들에게 감정적 책임을 전가하는 대신에 자신의 감정과 욕구에 스스로 책임을 지면서 사랑하는 방식으로 행동했다. 그러자 아이들에게도 더 사랑스러운 방식으로 대할 수 있었다.

자신의 내면아이를 사랑하는 부모가 되자

자녀들이 말을 잘 듣게 만드는 법을 물어보러 상담실을 찾는 부모가 많다. 어떻게 하면 아이들이 숙제를 잘하고, 다른 아이를 때리지 않고, 할 일을 잘하고, 제시간에 잠자리에 들고, TV를 너무 많이 보지 않고, 거짓말을 하지 않을지 등을 물어보는 것이다. 하지만 부모들은 아이들을 변하게 '만드는' 것에 초점을 맞출 것이 아니라, 자신을 돌보지 않고 있다는 사실에 초점을 맞추어야 한다.

지금 자녀들에게 어떤 본보기를 보이는가? 혹시 자녀들의 감정이나 성공과 실패에는 책임을 느끼면서 자신의 분노·짜증·외로움에 대해서는 자녀에게 책임을 전가해 의존적인 관계를 가르치고 있는 것은 아닐까?

우리는 좋은 부모가 되려고 열심히 노력한다. 또한 우리가 자랄 때 받지 못했던 것을 아이들에게는 해주기 위해 열심히 보살핀다. 하지만 정작 자신에게는 어떠했는지를 되돌아보자. 우리는 자신의 곁에 있어준 적이 있는가?

자녀를 돌보느라 정작 자신의 내면아이를 지켜주지 않는다면, 자녀들에게 개인적인 책임을 제대로 가르쳐주지 못하는 것이다. 자신을 책임지는 것이야말로 아이들에게 가르쳐줄 수 있는 가장 중요한 교훈이다.

자신의 내면아이와 자녀에게 사랑을 베푸는 부모 역할을 하기 위해서는 자녀들과의 갈등 상황에서 자신의 한계선을 명확히 지정할 줄 알아야 한다. 자신에게 사랑스럽지 않은 행동은 아이들에게도 절대 사랑스러운 행동이 될 수 없다. 마치 자녀들에게 너 자신을 사랑하지 말라고 가르치는 것과 같기 때문이다.

내면적인 유대감 형성을 위해 노력하면서 자신의 내면아이에 대한 책임을 질 때, 우리는 이 사회에 만연한 잘못되고 의존적인 자녀교육의 행태를 바꿀 수 있다. 우리가 먼저 건강해져야 아이들도 건강한 모습으로 자라 나중에 자신의 자녀에게 건강한 모습을 보일 수 있으며, 우리 사회도 건강하게 유지될 수 있다.

9장의 중요한 내용들 ──

▸ 적절한 한계를 설정해주는 성인자아 없이 버려진 내면아이의 모습으로 살아가는 사람들은 자녀들을 감정적 · 성적 · 신체적으로 학대할 수 있다.

▸ 가장 이상적인 상황은 부모가 자녀를 가지기 전에 내면과 유대를 맺는 것이다.

▸ 아이들에게 감정적 책임을 전가하는 대신에 자신의 감정과 욕구에 스스로 책임을 지면서 사랑하는 방식으로 대하면, 아이들에게도 더 사랑스러운 방식으로 행동할 수 있다.

▸ 자신을 책임지는 것이야말로 아이에게 가르쳐줄 수 있는 가장 중요한 교훈이다.

▸ 내면적인 유대감 형성을 위해 노력하면서 내면아이에 대한 책임을 질 때, 우리는 이 사회에 만연한 잘못되고 의존적인 자녀 교육의 행태를 바꿀 수 있다.

· 10장 ·

친구와의 갈등 상황에서
상처 치유하기

의존적 성향을
관계에 투사하는 이유

    가까운 친구 사이에서도 의존적 관계가 많다. 친구들과는 육아나 가사분담의 책임을 나누지는 않기 때문에 의존적인 징후가 나타날 부분은 다른 관계에 비해 많지 않은 편이다. 그렇지만 친구 사이에는 정서적으로 의존적인 관계를 맺는 경우가 많다.

    실제로 우리는 자신의 의존적 성향을 모든 관계에 투사한다. 자신이 중요하게 생각하는 관계일수록 혹시라도 그 관계를 잃을까 하는 두려움은 더 깊어진다. 그래서 원래 있던 의존적인 성향이 더 자주 나타난다.

    친한 친구 사이에서도 배우자는 연인 사이에서 나타날 법한 갈등이 그대로 나타난다. 예를 들면 다른 사람과 시간을 보내면 질투를 하거나, 자신의 감정에 대한 책임을 져달라고 하거나, 친구에게 인정을 받고 싶은 욕구 등이다.

다음에 나오는 메리와 제인의 전화 통화를 살펴보자. 이 대화에서 두 사람은 모두 내면과의 유대감이 단절된 의존적인 성향을 보인다.

제인 여보세요? 메리, 오늘 밤에 영화 보지 않을래?

메리 미안해 제인. 오늘 밤에 브래드와 데이트가 있어서 안 될 것 같아.

제인 또? 너희 진짜 자주 만난다. 이제 나랑 만날 시간은 없는 거야? 왜 그렇게 브래드랑 자주 만나는지 이해할 수가 없어(제인은 자신을 버렸다며 메리를 비난하고 있다).

메리 무슨 말이야. 우리 며칠 전에도 같이 저녁 먹었잖아. 너 지금 질투하는구나(메리는 방어적이 되어 제인을 공격한다).

메리가 내면적인 유대감이 형성되고 마음이 열린 사람이었다면, 제인이 비난할 때 배우려는 의도를 가지고 반응했을 것이다.

메리 제인, 너 화가 난 것 같구나. 혹시 기분이 상했니?

그래도 제인이 계속 공격한다면, 메리는 이제 자신의 내면아이를 돌봐야 할 것이다.

메리 제인, 난 지금 이 상황이 불편해. 너한테 비난받고 싶지 않아.

340

네 기분을 들어주고 위로해주고는 싶지만, 이런 식으로 비난받을 생각은 없어.

제인이 계속 마음을 닫고 있다면, 메리는 작별 인사를 하고 전화를 끊어야 할 것이다. 제인이 내면적인 유대감을 가진 마음이 열린 사람이었다면, 처음부터 메리가 선약이 있다고 해서 거부당한 기분을 느끼지 않았을 것이고 다음과 같이 사랑과 배려가 담긴 반응을 보였을 것이다.

제인 아, 그렇구나. 브래드랑 좋은 시간을 보내기로 했다니 잘됐네. 그러면 영화는 다음에 보자. 언제가 괜찮아? 만나서 브래드에 대한 이야기도 해줘.

내면에 유대감이 있는 사람이 이런 반응을 보일 수 있다. 친구의 거절에 대해 불안함과 버려짐에 대한 두려움이 들더라도, 그것을 치유하는 것이 내면적인 유대감이기 때문이다.

그런데 한쪽 친구는 자신의 의존적인 성향을 고쳐나가는 반면에 다른 쪽 친구는 여전히 저항하고 위협하고 비난할 때 친구 간에 문제가 생긴다. 상담실에 온 많은 내담자가 자신의 의존적인 성향을 고치는 과정에서 문제를 겪는다고 털어놓았다. "전 무척 외로워요. 친구들은 제가 변했다면서 화를 내요. 친구들이 점점 절 떠나요. 그들은 그저 자기들을 돌봐주기만 바란 거였어요." 그러면 나는 이런 일이 매우 흔하게 일어나는 일이며, 나중에는 나의 성장을 지지하고 의존하지 않는 새로운 친구들을 찾을 수 있을 거라고 말해준다.

　다음에 나오는 사례들은 대부분 여성 간의 우정에 대한 것이다. 여성은 남성보다 감정적인 경우가 많다. 때문에 친구 관계에서도 감정적인 문제를 겪는 경우가 많다.

자신의 감정을 친구가
책임져주길 바라기

상황(브룩과 팸)

　브룩Brooke과 팸Pam은 대학 기숙사의 룸메이트로 가장 친구다. 음악을 전공하는 팸은 쉽게 우울해지고 마음을 닫는 성향을 지녔다. 무용 전공인 브룩은 팸과 룸메이트로 만난 첫해부터 그녀가 행복을 느끼도록 자신이 원하는 것은 제쳐두고 팸을 도왔다. 결국 시간이 지날수록 브룩은 팸이 부담스러워졌다. 하지만 브룩이 팸을 책임지는 일을 그만두려고 하면, 팸은 더 우울해하며 브룩을 멀리했다. 브룩 역시 팸이 자신에게 마음을 여는 것이 중요한 의미였기에 그녀를 그냥 내버려둘 수가 없었다.

　팸은 자신의 감정을 브룩이 책임져주길 바랐다. 그래서 내면아이를 버렸고 브룩이 책임을 다하지 않을 때는 화를 냈다. 브룩은 팸을 돌보느라 과제나 무용 연습, 다른 친구와의 우정 등 중요한 일을 제쳐놓았다. 그녀 또한 내면아이를 버린 셈이다. 브룩은 자신에게 사랑을 베풀지 않는 행동을 했을 뿐만 아니라, 팸이 자신을 살펴볼 수 있는 기회를 막음으로써 결과적으로 팸에게도 사랑스럽지 못한 행동을 한 것이다.

내면 탐구

브룩은 방학을 맞아 팸과 떨어져 있게 되자 혼자 상담실을 찾았다. 브룩은 상담을 시작하면서 자신의 내면적 성장을 위해 열심히 노력했다.

브룩은 그동안 자신과의 연결보다는 팸과의 관계를 우선순위에 놓았고, 팸과의 연결을 잃지 않기 위해 그녀의 시중을 들었던 것을 깨달았다. 내면에 혼자 있기를 두려워하는 마음이 있다는 것을 알게 되면서, 그녀는 마음을 열고 그 고통과 마주했다. 성인자아가 사랑을 베풀지 않는 한 내면아이의 외로움을 해결할 수 없다는 사실도 깨달았다.

또한 내면아이의 외로움을 무시할 때 그 고통은 견딜 수 없이 커진다는 사실도 알게 되었다. 그동안 브룩은 팸과의 연결을 잃지 않기 위해 팸의 시중을 들었다. 그리고 그때 자신의 내면아이는 무시했다. 하지만 내면아이의 고통과 두려움에 관심을 가지고 사랑으로 말을 걸 때, 다른 사람과의 연결을 잃는 두려움도 견딜 수 있다는 사실을 깨달았다.

브룩은 내면아이에게 사랑스럽게 말하는 법을 배웠다. "네가 느끼는 고통과 두려움의 원인이 혼자 남겨질까 봐 두려워하는 마음과 스스로는 행복해질 수 없다는 믿음이라는 걸 알아. 넌 이런 감정을 어릴 때부터 계속 느껴왔지. 하지만 이제 내가 곁에서 널 돌봐줄 거야. 네가 다른 사람의 도움도 필요하다고 하면, 도움을 받을 수 있도록 해줄게. 네가 다른 사람들 곁에 있고 싶다면 그렇게 할게. 네가 울고 싶다면 그것도 괜찮아. 난 이제 네 감정을 이해하려고 노력할 거야. 팸이 너와의 관계를 끊는다고 해도, 내가 여기서 너랑 연결될 거니까 괜찮아."

이때 브룩은 다음과 같이 나에게 물었다. "학기가 시작해 다시 팸과 함께 있게 되면, 어떻게 해야 할까요? 팸이 우울해하는데 제가 그 감정에 책임을 지지 않으면 이기적인 걸까요? 팸이 우울하게 놔두고 숙제를 하는 건 이기적인 행동일까요?"

"이기적일 수 있죠." 나는 말했다. "팸이 중요한 일을 제쳐두고 당신의 감정과 욕구에 책임을 지길 바란다면 말이에요. 하지만 다른 사람에게 피해를 주려는 의도 없이 자신의 감정과 욕구에 책임을 지는 것은 절대 이기적이지 않아요.

당신이 숙제를 하거나 다른 친구들과 있는 것을 포기하길 기대한다면, 팸이야말로 이기적이고 애정에 굶주린 거죠. 다른 사람이 자신의 욕구에 책임을 지도록 만드니까요. 설령 팸이 내면적인 유대감을 위해 노력하면서 누군가의 도움이 필요하다고 해도, 늘 당신이 곁에서 도움을 주길 기대하기보다는 상담 전문가를 찾아야 해요."

팸이 자신을 위해 사랑을 베푸는 성인자아가 되었을 때 그녀의 옆에 있어주는 것과 팸이 자신을 버렸을 때 옆에 있어주는 것의 차이를 살펴보았다. 그리고 팸이 자신의 감정이나 믿음, 욕구 등을 살펴볼 때 옆에 있어주는 것은 괜찮았지만 팸이 손 놓고 우울해할 때 옆에 있어주면 지친 기분이 들었다는 사실을 깨달았다.

또 팸이 마음을 닫으면 브룩이 먼저 나서 왜 그러냐며 대화를 시작했는데, 그때마다 갇힌 듯한 답답한 기분이 들었다. 브룩은 그에 대해 이렇게 물었다. "친구가 우울해할 때 무슨 일이냐고 묻는 것은 사랑을 표현하는 행동이 아닌가요? 왜 이런 기분이 들까요?"

"그건 상황에 따라 달라요." 나는 대답했다. "예전에 당신은 에이프릴April이라는 친구 이야기를 했죠. 그 친구는 마음이 열려 있고 자신의 감정에 스스로 책임을 진다고요. 어느 날 에이프릴이 우울한 모습을 보일 때 무슨 일이냐고 물어보는 것은 사랑을 표현하는 행동이 될 거예요. 에이프릴은 자신의 우울함을 해결해달라고 당신에게 강요하거나 기대지 않으니까요.

하지만 그동안 팸은 에이프릴과는 달라요. 팸은 우울하다고 말하며 당신에게 기댔어요. 그러니까 팸이 우울하다고 하는 건 자신의 우울함을 책임지도록 조종하려는 말이었던 거죠. 스스로 그녀에게 조종당하도록 내버려두는 행동은 당신에게나 그녀에게나 사랑스러운 행동이 아니에요."

사랑을 표현하는 행동

브룩은 내 말을 이해했다. 팸이 그녀에게 기댄다고 해도 자신은 계획대로 할 일을 하는 것이 사랑을 표현하는 행동임을 깨달았다. 이런 행동을 하면 팸이 화를 내거나 마음을 더 닫을지도 모르지만, 애정을 담아 다음과 같은 말을 해주겠다고 마음먹었다.

"팸, 네가 마음을 닫고 나를 비난하거나 우울함을 해결해주길 바라며 내게 기댄다면 네 옆에 있을 수 없어. 난 너를 아주 좋아해. 그래서 시간이 될 때는 너를 도와주고 싶어. 하지만 더이상은 내게 중요한 것들을 포기하고 싶지 않아. 내가 널 지지했던 것처럼 너도 내가 자신을 돌보는 것을 지지해주었으면 좋겠어." 브룩은 그들의 우정이 끝나버릴 수 있지만, 팸이 이를 계기로 자신을 책임지기 시작하고 브룩을 지지해줌으로써 우정이 더 깊어질지도 모른다는 사실을 알았다.

브룩은 어떤 결과가 나오든 받아들이기로 했다. 남의 시중을 드는 대신 자신을 돌보기 위해서는 우정을 잃을 위험을 감수해야 한다는 사실을 이해했기 때문이다. 설령 우정을 잃는 일이 생긴다고 해도, 내면아이가 그 슬픔을 이길 수 있도록 자신이 곁에 있어줄 것이라는 사실을 알았다. 이렇게 내면아이와 유대감을 맺는다면 외로움도 견딜 수 있다는 사실을 깨달았다.

내 감정을 무시한 채
타인에게 마음 열기

상황(브룩과 브라이언)

학기가 시작한 뒤 얼마 되지 않아 브룩은 전화 상담을 요청했다. 이제 팸과의 사이는 매우 좋다고 했다. 대신 남자 친구인 브라이언 Brian과 있을 때 내면아이를 사랑하는 방법을 배우고 싶다고 했다. 브룩은 브라이언에게 흠뻑 빠져서 자신을 브라이언에게 맡겨버렸다고 했다. 그런데 내면적인 유대감 형성을 배우면서 자신이 브라이언의 인정을 받는 것에 중독되어 내면아이를 버렸다는 사실을 깨달았다고 했다.

처음 둘의 관계는 좋은 친구에서 출발했다. 브라이언이 친구 이상의 관계를 원하자 연인으로 발전했다. 그런데 연인 관계가 되자마자 브라이언이 처음에 보였던 열린 마음과 애정 어린 행동은 닫힌 마음과 학대로 바뀌었다. 그녀는 브라이언 곁에 있기 위해 그가 원하는 방식대로 행동하려 노력했지만, 얼마 지나지 않아 그는 브룩을 차버렸다. 이후 브라이언은 유학을 떠났고 더이상 그를 볼 수 없었다.

내면 탐구

브룩은 상담을 통해 왜 자신의 가치를 정의하는 역할을 남자 친구에게 주었는지 살펴보기 시작했다. 브룩은 아버지와의 관계를 깊이 살펴보았다. 브룩은 아버지의 인정을 받지 못해서 항상 다른 남자에게 인정받으려고 했다는 사실을 깨달았다. 아버지는 그녀를 있는 그대로 바라봐주지 않았다. 딸의 통찰력·능력·열린 마음·배려·창의성을 봐주지 않았다.

브룩은 나이 많은 남자들과 데이트를 하면서 아버지에게 간절히 원했던 인정을 받고 싶어했다. 결국 자신을 비판하고 제대로 봐주지 않는 아버지 같은 사람에게 중독되었다. 브라이언에게 똑똑하다는 말을 듣고 싶어 항상 애를 썼다(브라이언은 항상 그녀가 입는 옷을 트집잡았고 어떤 의견이든 무시했다).

브룩은 그동안 열심히 노력하면 브라이언의 생각을 바꿀 수 있을 거라고 착각했다는 사실을 알았다. 또한 아버지 같은 남자가 아니라 있는 그대로의 자신을 바라봐줄 수 있는 남자를 선택했어야 했다는 것도 깨달았다. 자신의 내면아이를 인정해주기 시작하자, 남들로부터 인정받고 싶어하던 욕구도 사라지기 시작했다.

사랑을 표현하는 행동

얼마 후 브라이언은 유학에서 돌아왔고 그녀를 다시 따라다녔다. 그는 독서와 명상으로 많이 성장했다. 자신이 변했으며 사고방식도 바뀌었다고 말했다. 브룩은 그에게 다시 끌렸지만, 예전처럼 돌아갈까 봐 두렵기도 했다. 그를 무시해야 할지 다시 기회를 주어야 할지 알고 싶었다.

그래서 그녀는 내면아이에 귀를 기울였다. 그녀의 내면아이는 브라이언과 다시 친구가 되고 싶었지만, 당분간 연인으로 발전하고 싶지는 않다고 했다. 지금 내면아이가 원하는 것은 브라이언과의 우정이었다. 그래서 브룩은 일단 브라이언과 친구가 된 후, 그의 진심을 천천히 알아가기로 했다.

이제 브룩은 진실을 알기 위해서는 내면의 감정을 믿어야 한다는 사실을 알고 있다. 자신에게 사랑스러운 행동을 하기 위해서는 내면의 감정을 무시한 채 무조건 타인에게 마음을 여는 것이 아니라는 사실도 알았다.

친구의 감정에
책임지려고 하기

상황(브룩과 웬디)

브룩은 친구 웬디Wendy와의 상황에 대해서도 상담을 받고 싶어했다. 최근 브룩은 웬디와 자주 전화 통화를 했다. 그런데 전화를 끊고 나면 기분이 좋지 않았다. 그래서 웬디와의 전화 통화가 자신에게 사랑을 베푸는 행위가 아니라는 것을 깨달았다.

사실 웬디는 진심으로 소통하기보다는 그저 자신의 말을 쏟아놓는 편이었다. 브룩은 웬디가 자신에게 인정을 받고 싶어서 기대고 있다고 느꼈고, 어떤 말을 해야 할지 모르겠다고 했다. 지금은 그저 웬디의 말을 들어주면서 속으로 답답해할 뿐이다. 웬디에게 상처를 주거나 화를 돋우고 싶지는 않았기 때문이다.

이렇게 브룩이 자신의 내면아이를 돌보지 않자, 내면아이는 하찮다는 느낌과 공허함이 들었다. 브룩이 웬디의 시종이 되어 자신의 감정보다 웬디의 감정을 더 중요시했기 때문이다.

사랑을 표현하는 행동

그렇다면 브룩이 자신을 돌보면서 웬디에게도 사랑을 베푸는 행동을 하기 위해서는 어떻게 해야 할까? 나와 브룩은 상담을 진행하며 몇몇 방법을 생각해보았다.

브룩은 웬디에게 배우려는 의도를 가지고 다음과 같이 물어볼 수 있다. "지금 기분이 어떠니? 너 신경이 좀 날카로운 것 같아." 이렇게 말하면 웬디는 자신의 내면으로 시선을 돌릴 수 있었다. 또는 부드러운 음성으로 나는 지금 기분이 별로 좋지 않아. 넌 대화할 때 어떤 기분이 드니?"라고 질문할 수 있었다.

웬디의 감정을 배우려는 의도를 가지기 위해서는 우선 시선을 자신의 내면으로 돌려야 한다. 그래서 자신의 내면아이가 대화를 지루하고 부담스러워 한다는 감정을 알아차릴 필요가 있었다. 자신이 배우려는 의도를 가진다고 해서, 웬디가 마음을 열 것이라는 보장은 물론 없었다.

웬디는 변명하거나 화를 내는 등 여러 방식으로 자신을 방어할 수 있었다. 뭔가 잘못되었다는 사실을 부정하고 오히려 "난 괜찮아. 지금 문제가 있는 사람은 너 같은데."라며 브룩을 비난할 수 있었다. 혹은 방어적인 태도로 "그래, 난 부족한 사람이야. 넌 항상 나를 비난하기만 해."라고 할 수 있었다. 아니면 브룩에게 화를 내면서 "마음이 편하지 않다고? 알았어!"라며 전화를 끊을지도 몰랐다.

브룩은 자신을 포기하는 대신 이런 위험을 기꺼이 감수하겠다고 했다. 상담을 통해 웬디와의 통화가 자신을 포기할 만한 가치가 없었다는 사실을 깨달은 브룩은 자신의 내면아이를 무시한 것이 미안하게 느껴졌다. 우리는 다음과 같은 대화를 나눴다.

브룩 만약 웬디가 제게 화를 내거나 방어적으로 대하면, 어떻게 행동하는 것이 사랑을 표현하는 행동이 될까요?

나 상대방이 마음을 열고 배우려는 의도를 가지지 않는 것이 분명한 상황이라면, 당신의 내면아이는 어떤 기분이 들겠어요?

브룩 거부당한 기분이 들 것 같아요.

나 그런데도 그 사람의 마음을 열어보겠다고 계속 노력한다면, 내면아이는 어떤 기분이 들겠어요?

브룩 지치고 좌절할 거예요. 헛된 노력을 계속하는 거니까요.

나 그러면 그 순간에 내면아이를 보살피는 행동은 어떤 것이 될 것 같아요?

브룩 무슨 말씀인지 알겠어요. 하지만 혹시 웬디의 마음이 상하지 않을까요?

나 브룩, 만약 웬디의 감정을 당신이 책임지려고 하면 그건 웬디의 시중을 드는 일이 돼요. 당신이 자신을 보살피는 것이 웬디에게도 자신을 돌아볼 수 있는 기회를 주는 거예요.

웬디는 당신을 비난하면서 자신을 보호하려고 할 수도 있고, 내면 아이를 살펴보기 위해 마음을 열 수도 있어요. 웬디가 자신을 보호하는 선택을 하든 자신을 살펴보려는 선택을 하든, 당신은 그 결정에 어떤 영향도 미칠 수 없어요. 그렇지만 당신에게는 웬디가 마음을 닫고 자신을 방어할 때 더이상 통화하지 않을 권리가 있어요. 그러면 전화를 끊고 싶을 때는 웬디에게 어떻게 말할까요?

브룩 "웬디, 네 마음이 열렸을 때 이 문제를 다시 이야기하고 싶어. 네가 준비가 되었을 때 전화해줘."라고 할 수 있을 것 같아요. 하지만 웬디가 계속 저를 비난하면서 전화를 끊지 않으려고 하면 어떻게 하죠?

나 흠, 상대방이 그렇게 전화를 끊지 않으려고 할 때는 어떤 조치를 취해야 할까요?

브룩 그냥 일방적으로 전화를 끊어버리는 거요? 하지만 그건 못된 행동이잖아요!

나 만약 당신이 내면아이를 보살피려는 의도를 가졌는데 웬디가 전화를 끊지 못하게 하면서 그걸 방해한다면, 사랑을 베풀지 않는 못된 행동은 당신이 아니라 웬디가 하는 거죠. 전화를 끊는 것은 신체적으로나 언어적으로 당신을 학대하는 사람에게서 벗어나는 행위와 마찬가지예요. 만약 당신에게 자녀가 있는데 누가 그 아이가 하지도 않은 일을 가지고 비난하고 있다면, 아이가 그런 말을 듣게 놔두겠어요, 아니면 데리고 가겠어요?

브룩 무슨 말씀인지는 알겠어요. 하지만 전화를 일방적으로 끊는 건 너무 힘든 일일 것 같아요. 또 제가 전화를 끊으면 그 상황에서 도망가는 걸로 생각할 것 같아 싫어요(잘못된 믿음: 그녀가 나에 대해 어떻게 생각할지 내가 조종할 수 있다. 즉 내 행동에 따라 그녀의 생각은 달라질 수 있다).

나 브룩, 웬디가 당신을 어떤 식으로 생각하든 그 생각을 당신이 바꿀 수는 없어요. 그녀가 계속 자신을 보호하려고만 한다면, 당신이 도망가는 걸로 생각하겠죠. 하지만 마음을 열고 배우려고 하면, 당신이 그저 자신을 잘 보살피려고 하는 것을 깨달을 거예요. 또 웬디가 당신에 대해서 어떤 생각을 하도록 조종하려는 것은 오히려 자신을 돌보지 못하게 되는 거예요.

브룩 그러니까 전화를 계속 붙잡고 있는 건, 제가 자신을 돌보는 대신 그녀가 날 좋은 사람으로 생각하도록 조종하려고 하는 거군요. 이제 알겠어요. 다른 사람이 날 어떻게 생각하든 신경 쓰지 않

352

는 건 정말 힘든 것 같아요.

나 남의 이목을 생각하지 않을 필요는 없어요. 그저 다른 사람이 어떻게 생각하든 그 생각에 당신이 영향을 미칠 수는 없고, 그들의 생각이 당신의 가치를 결정하진 않는다는 사실을 알고 있으면 돼요. 그러니까 다른 사람의 생각에 영향을 미치려고 자신을 포기해서는 안 돼요. 다른 사람이 자신을 좋은 사람으로 생각하도록 자신을 포기하는 것이 바로 의존적인 행동이에요.

브룩 그렇다면 웬디가 화를 내면서 전화를 끊었을 때, 제가 다시 전화를 걸어서 달래주려고 하는 것도 의존적인 행동인가요?

나 맞아요. 마음을 열고 자신을 살펴볼 마음이 생겼을 때, 웬디가 다시 전화를 해야 해요. 가끔은 다시 전화를 걸어 웬디가 마음을 열었는지 알아보는 게 좋을 것 같다는 생각이 들기도 할 거예요. 그때는 내면을 살펴보고 이 마음이 애정에서 비롯된 것인지, 시중을 드는 의존적인 성향에서 비롯된 것인지 살펴보세요. 내면아이와 고차원적인 자아가 답을 알려줄 거예요. 애정에서 비롯된 행동에는 자존감이 강화되는 느낌이 드는 반면에 시중드는 행위는 자존감을 감소시키죠.

가끔 우리는 그 순간에 기분이 좋아진다는 이유로 자신이 애정 어린 행동을 하고 있다고 착각해요. 하지만 잠시 기분을 좋게 해주는 건 중독이죠. 애정 어린 행동은 중독 행위에서 느끼는 일시적인 좋은 느낌이 아니라 오랫동안 좋은 느낌을 줘요. 음식 · 약물 · 알코올 같은 중독이 잠시나마 기분을 좋게 하는 것은 외로움의 고통을 잊게 하기 때문이에요. 남의 시중을 드는 행위도 그 순간에는 그 사람과 정말 연결되어 있다는 느낌을 줘서 잠시 외로움을 잊게 하는 거예요.

브룩 무슨 말씀인지 알겠어요. 하지만 실천하기는 어려운 일이에요. 그렇죠?

나 네, 처음에는 힘들 거예요. 연습이 필요하죠. 하지만 자신을 점점 더 많이 보살필수록 기분도 좋아지고 실천도 쉬워질 거예요.

결혼 후에 안부 전화도 없는
베스트프렌드

상황(헤더와 라일라)

헤더Heather는 글쓰기 교실에서 라일라Lila를 만났다. 그들은 30대 초반으로 서로의 관심사가 비슷했다. 그들은 곧 친구가 되어 주중에도 함께 만나 점심을 했다. 자연스럽게 둘은 가장 친한 친구가 되었다. 미혼인 헤더는 라일라의 남편도 소개받았고, 셋이서도 자주 시간을 보냈다.

하지만 라일라는 임신을 하자 더이상 헤더에게 시간을 내주지 않았다. 그녀는 헤더가 전화를 걸면 반갑게 받아주었지만 약속을 잡고 만나지는 않았다. 라일라는 가끔 안부 전화만 할 뿐이었다. 그러나 아이를 낳은 후에는 가끔의 안부 전화조차도 하지 않았다. 헤더는 큰 상실감을 느꼈다.

사랑을 표현하는 행위

헤더는 라일라의 행동에 2가지로 반응할 수 있었다. 첫 번째는 거부당한 느낌에 라일라에게 화를 내는 것이고, 두 번째는 라일라의 행동을 이해하고 섭섭하게 생각하지 않는 것이다. 헤더는 두 번째를 선택했다.

그녀는 상실감으로 슬펐지만, 이 상황에 대해서 라일라를 비난하는 것이 자신에게나 라일라에게 사랑을 베풀지 않는 행동임을 알았다. 대신 그녀는 가끔 라일라에게 전화를 걸어서 얼마나 바쁜지 알며 여전히 그녀를 사랑한다고 말하며 이해했다.

헤더는 라일라의 아들이 자라면, 라일라가 다시 자기와 시간을 보낼 수 있을 거라고 생각했다. 그래서 라일라에게 화를 내고 비난한다면 앞으로 우정이 깨질 것 같다고 생각했다. 이렇게 헤더는 섭섭하게 생각하지 않고 화를 내거나 친구를 비난하지 않는 쪽을 선택했고, 라일라와의 유대감은 계속되었다.

살아가면서 겪는 다양한 상황들이 친구 사이에 영향을 주는 경우가 많다. 한 친구는 미혼인데 다른 친구가 결혼하는 경우, 결혼하지 않은 친구 쪽이 소외감을 느끼는 경우가 많다. 결혼한 커플들이 부부 동반 모임은 자주 참여하는 대신에 미혼인 친구들을 위한 시간을 내지 않는 경우가 많다.

한쪽 배우자가 친구를 만나는 것에 대해 질투를 느껴 방해하려는 사람들도 종종 있다. 예를 들어 아내가 친구들과 시간을 보내고 싶어하거나 남편이 친구들과 멀리 놀러 가려고 하면, 혹시라도 미혼인 친구들이 자신의 배우자에게 나쁜 영향이라도 미칠까 봐 불안해하고 두려워하는 경우가 많다. 하지만 한쪽 배우자의 불안감 때문에 다른 쪽 배우자가 우정을 포기하게 되면, 이는 자신을 포기하고 상대방의 시중을 드는 행동이다. 결국 상대에게 원망만 품게 될 것이다.

행복한 결혼 생활을 위해서는 결혼 이후에도 배우자의 우정을 존중해주어야 한다. 만약 배우자의 우정으로 불안하면 마음속에 있는 두려움을 마주보고 성장의 기회로 삼아야 한다.

남편에게 맞고도
상황을 외면하는 친구

상황(코니와 로나)

코니Connie와 로나Rona는 대학 기숙사 룸메이트로 만나 가장 친한 친구가 되었다. 그들은 졸업 후에도 우정을 계속 이어 나갔다. 그들은 서로의 가족에 대해서도 잘 알았고 마치 자매처럼 지냈다. 우정을 이어가는 동안 코니와 로나는 각자 가정을 꾸렸다가 이혼했다. 로나가 할랜Harlan을 만나 사랑에 빠졌을 때 코니는 기뻤고, 종종 셋에서도 함께 시간을 보냈다.

몇 달 후 로나는 할랜과 결혼했다. 그런데 어느 날 밤, 로나에게서 전화가 걸려왔다. 부부싸움을 하던 중 남편이 그녀를 때렸다며 로나는 매우 흥분해 있었다. 코니는 로나 부부가 상담을 받아야 한다고 말했다.

다음날 코니는 로나에게 전화를 걸어 상황이 어떤지, 상담가를 찾아봤는지 물어보았다. 그러자 로나는 코니가 호들갑을 떤다며 상담은 필요 없다고 얼버무렸다.

이후 그들의 관계는 변하기 시작했다. 로나는 코니에게 예전처럼 자주 전화를 걸지 않았다. 코니가 전화를 걸면 바쁘다며 대화를 피했다. 코니는 친구와의 사이에 벽을 느꼈고 매우 화가 났다.

내면 탐구

코니는 로나에게 화가 난 상태로 상담실을 찾았다.

나 코니, 로나에게 어떤 말을 하고 싶어요? 로나가 여기 상담실에 있다면 어떤 말을 하겠어요? 이곳에서 원하는 만큼 화를 내도 돼요. 참지 말고 다 말해보세요.

코니 (로나가 있다고 생각하고) 로나, 너 지금 뭐 하는 거니? 넌 똑똑한 애잖아. 남편의 폭력을 모른 척 지나가서는 안 되는 것도 알잖아. 어떻게 너 자신에게 이런 짓을 할 수가 있니? 어떻게 상황을 무시할 수가 있어? 우리가 함께한 시간이 얼마인데, 우리 우정을 버리려고 하니? 왜 날 멀리하는 거야? 널 위해 최선을 다하고 싶은데 어떻게 이럴 수가 있어? (코니는 울기 시작했다)

나 친구를 도울 수 없을 때 드는 무력감은 정말 힘든 감정이에요, 그렇죠?

코니 전 이런 감정을 느끼기 싫어요. 로나를 위해 제가 뭘 해야 할까요? 선생님이 무슨 말씀을 하시려는지 알아요. 그건 의존적인 행위라는 거죠? 로나가 더이상 고통받지 않기 위해 제가 나서서 로나의 상황을 바로잡아주려고 하는 거니까요. 하지만 정말 힘들어요. 전 로나를 사랑해요. 하지만 어떻게 해야 할지 모르겠어요.

사랑을 표현하는 행동

코니는 다시 한 번 로나와의 연결을 시도했다. 둘은 점심을 먹기로 했는데 로나가 약속 전날에 전화를 걸어와 내일 못 나가겠다고 했다. 이제 코니는 자신이 뒤로 물러나 로나에게 사랑하는 에너지를 전하는 수밖에 없다는 사실을 깨달았다. 코니는 몇 주간 상실감으로 너무 힘들었지만 지금 당장 자신이 할 수 있는 일이 없다는 것도 깨달았다.

건강한 유대감을 가진
친구들과의 새로운 우정

상담을 진행하면서 친구들에게서 전과 같은 우정과 유대감을 느낄 수 없다고 말하는 내담자들이 많다. 또 그들이 내면적인 유대감을 통해 내면아이를 책임지며 마음을 열고 자신에게 정직한 모습을 보이면, 자신의 내면아이를 버렸던 사람들은 불편함을 느껴서 그들의 곁을 떠나기도 한다.

그래서 내면적인 유대감을 형성한 사람 중에는 외로움을 느끼거나 다시는 예전 같은 친구들을 얻을 수 없다고 두려워하는 경우가 많다. 하지만 내면적인 유대감을 맺지 못한 친구들이 떠나간 빈자리는 건강한 유대감을 가진 친구들로 채워지는 경우가 많다.

나는 알코올중독을 끊기 위해 치료 모임에 참여하는 사람들과 상담을 진행했다. 그들의 관계를 살펴보면 모든 우정이 술을 기반으로 하는 것이다. 한 남성은 매년 휴가마다 알코올중독 친구들과 함께 놀러 다녔다. 그가 금주를 결정하고 더이상 술자리에 참여하지 않자 함께 휴가를 보낼 친구가 없었다. 그래서 금주 모임에서 새로운 친구들을 사귀었다.

이처럼 치료를 목적으로 하는 특정한 모임에 참여함으로써, 그 안에서 우정을 발전시키는 경우가 많다. 이런 모임에서 그들은 자신의 감정에 정직해지고, 상처받고, 화내고, 두려워하고, 슬퍼하고 사랑과 지지를 보내는 법을 배우게 된다.

최근 에리카 초피크 박사의 여성 상담 그룹에서는 다음과 같은 일이 있었다. 한 치유 모임에서 친구가 된 두 여성이 서로 말싸움을 벌였다. 두 여성은 어릴 때 심하게 학대받은 경험이 있었고, 둘 다 서로에게 사랑을 베푸는 어머니의 모습을 기대했다. 그렇지만 마음속의 고통을 해결하지 못했기에 서로에게 그런 모습을 보여줄 수가 없었다.

에리카가 그들에게 마음껏 감정을 표현해보라고 하자, 그들은 자신이 느끼는 버려진 감정을 털어놓으며 서로 소리를 질렀다. 그들은 서로에게가 아닌 자신의 어머니에게 느끼는 묵은 분노를 쏟아낼 수 있었다. 상대에게 거부당하지 않고도 마치 꼬마처럼 마음껏 감정을 표현할 수 있다는 사실도 알게 되었다. "제 평생 이렇게 소리

지른 적이 없었어요." 한 여성이 이렇게 말하며 웃었다. 그러자 두 여성 간의 팽팽한 긴장은 사라지고 그들은 다시 마음을 열 수 있었다. 이러한 우정을 통해 우리는 어린 시절의 많은 상처를 치유할 수 있다.

10장의 중요한 내용들 ——

▶ 친구 사이에는 정서적으로 의존적인 관계를 맺는 경우가 많다.

▶ 남의 시중을 드는 대신 자신을 돌보기 위해서는 우정을 잃을 위험을 감수해야 한다.

▶ 진실을 알기 위해서는 내면의 감정을 믿어야 한다.

▶ 남의 이목을 생각하지 않을 필요는 없다. 그저 다른 사람이 어떻게 생각하든 그 생각에 당신이 영향을 미칠 수는 없고, 그들의 생각이 당신의 가치를 결정하진 않는다는 사실을 알고 있으면 된다.

▶ 행복한 결혼 생활을 위해서는 결혼 이후에도 배우자의 우정을 존중해줘야 한다. 만약 배우자의 우정으로 불안하면 마음속에 있는 두려움을 마주보고 성장의 기회로 삼아야 한다.

· 11장 ·

일과 직업적인 갈등 상황에서
상처 치유하기

힘겨루기는
어느 곳에나 있다

일과 직업적인 관계에서도 타인에게 거부당하거나 지배당하는 두려움으로 인한 방어적인 행동이 나타날 수 있다. 내면아이를 잘 돌보지 않으면 일과 직업적인 관계도 의존적인 관계로 악화될 수 있다. 사실 지배적이고 비판적인 직장 상사, 의사나 교사 같은 전문가들은 우리 기억 속에 존재하는 통제적이고 비판적인 부모님의 모습을 연상시킨다.

과거에 통제적이고 비판적인 부모님과의 관계에서 나타났던 힘겨루기는 우리가 성인이 되었을 때 직업적인 관계에서 다시 나타나는 경우가 많다.

예를 들어 상사는 부하직원을 통제하려 하고, 이에 부하직원은 방어적인 모습을 보이거나 저항한다. 혹은 한쪽 동업자는 지배하려 하고, 다른 쪽 동업자는 저항하는 모습을 보인다. 또한 지배와 복종의 전형적인 의존적 관계 속에서 한 사람(보통 아랫사람)이 자신을 포기하고 다른 사람에게 맞춰주기도 한다.

다음은 상사 마이크Mike와 직원 제프리Jeffrey의 대화다. 이들은 전형적인 의존적 관계를 보여준다.

> **마이크** (딱딱한 목소리로) 도대체 뭐가 문제야? 왜 제때 일을 마치질 못하는 거지? (비난 · 수치심 주기 · 공격)
> **제프리** 죄송합니다. 컴퓨터에 문제가 있어서요. 오늘 안에 처리하겠습니다. 평소에는 이런 일이 없었는데, 이번에는 어쩔 수 없었어요(변명 · 방어).

만약 제프리가 내면아이와 유대감을 유지하면서 자신에게 사랑을 베푸는 성인자아가 되었다면, 다음과 같이 완전히 다르게 반응했을 것이다.

> 이렇게 큰소리로 혼나거나 비난받을 일이 아닙니다. 제때 일을 처리하지 못한 데는 그럴 만한 사정이 있었습니다. 비난하기보다는 그 이유를 알고 싶으실 때 말씀드리겠습니다.

이런 반응을 보이려면 자신을 잃는 것보다는 직업을 잃는 편이 낫다고 생각해야 한다. 내면적인 유대감을 통해서만 그런 생각을 가질 수 있다.

물론 마이크도 애초에 남을 비난하고 수치심을 주는 방어적인 태도보다는 배우려는 의도를 가지고 대화를 시작할 수 있었다.

제프리, 지난주까지 끝내기로 한 일이 아직 마무리되지 않은 것 같은데. 자네는 시간을 잘 지키는데 말이야. 일 처리가 늦어진 이유가 있을 텐데, 그 이유가 뭔지 알고 싶네.

마이크가 내면적인 유대감 형성을 통해 자신의 감정과 행동에 대한 이유를 살펴보지 못했다면 제프리에게도 일 처리가 늦어진 이유를 물어보지 못했을 것이다. 이처럼 타인에 대한 행동은 자신의 내면적인 유대감이 얼마나 형성되어 있는지를 반영한다.

동업을 위태롭게 하는
의존적인 관계

상황(알리와 나시르)

알리Ali와 나시르Nassir는 30대 후반으로 대형 수입회사를 함께 운영하는 동업자다. 그들은 인도 출신으로 미국으로 건너가 10대 시절부터 서로 알고 지낸 사이다. 그들은 각자의 결혼과 가족 문제로 상담을 받았고, 그 결과 내면적인 유대감 형성을 잘 이해하게 되었다. 그 후 사업을 하면서 발생하는 갈등을 해결하기 위해 둘이 함께 상담을 받기로 했다.

상담 결정을 내리기 일주일 전, 둘은 동업 관계를 위태롭게 할 정도의 큰 싸움을 벌였다. 그들은 의존적인 관계였는데, 알리는 자기 애적인 역할을, 나시르는 시중을 드는 역할을 담당했다. 이런 관계는 몇 년이나 지속되었지만 최근 내면아이와의 유대감 형성을 통해, 나시르는 더이상 알리를 위해 자신을 포기하지 않기로 마음먹었다. 그러자 알리에게만 맞춰주면서 생긴 원망이 수면으로 떠올라 크게 화를 냈고, 둘의 동업 관계는 위기에 처했다.

그동안 알리는 자신이 원하는 대로 되지 않으면 화를 내면서 상대를 모욕했다. 그는 나시르나 부하직원들에게 소리를 지르거나 비열한 방식으로 위협했다. 반면에 나시르는 알리 앞에서는 그의 말에 따르는 척하면서 중요한 정보를 숨기거나 거짓말을 했고, 뒤로는 자신이 원하는 대로 했다. 알리는 나중에 이런 사실을 알고 더 화를 냈다. 나시르는 알리가 화를 낼 때 하는 비열한 행동을 두려워했다. 그래서 이를 피하기 위해 모든 방편을 동원했다. 그러면서도 자신이 하는 행동이 사실은 상황을 더 악화시킨다는 사실을 알지 못했다.

처음 상담을 받던 날, 나시르는 알리의 행동만 고치면 문제가 쉽게 해결될 것이라고 믿었다. 반면에 알리는 나시르가 솔직한 모습으로 변한다면 문제가 해결될 것이라고 생각했다. 이렇듯 의존적인 관계에서는 서로의 단점은 명확하게 알고 있는 대신, 자신의 행동에 대해서는 잘 모르는 경우가 많다. 그들은 상대방이 먼저 잘못된 행동을 하기 때문에 자신은 그저 거기에 대응하고 있을 뿐이라고 굳게 믿고 있었다.

내면 탐구

나시르는 알리가 소리를 지를 때 얼마나 고통스러운지 말했다. 무려 9년간 친구로 지내고 5년이나 동업을 하면서도 밝히지 않았던 사실들을 털어놓기 시작했다.

나시르 내가 어렸을 때 아버지는 항상 소리를 지르면서 폭력을 행사했어. 내가 조금만 잘못해도 허리띠를 풀어서 나를 때렸지. 난 맞지 않으려고 했지만 그럴수록 상황만 악화될 뿐이었어. 아버지는 거친 사람이었고 언제 폭발할지 몰랐어. 어머니는 그런 아버지를 너무 두려워해서 날 보호해주지 못했어. 난 아버지가 너무 무서웠고 매일 밤 울면서 잠이 들었지(이 대목에서 나시르는 울음을 터뜨렸다. 알리도 눈물을 흘리면서 그를 안아주었다. 나시르는 여전히 흐느끼면서 말을 이어갔다).

네가 나에게 소리를 지르고 위협을 할 때면 과거의 힘없는 소년으로 돌아가는 느낌이 들어. 그땐 그저 너한테서 벗어나고만 싶어. 난 널 사랑해. 넌 내게 최고의 친구야. 내가 너한테 거짓말을 하면서 몰래 내가 하고 싶은 대로 하는 걸 고쳐야 하는 것도 알아.

이젠 내 안에 있는 겁에 질린 소년에게 사랑을 베푸는 성인자아가 되어주어야 해. 지금이 그 일을 시작할 때인 것 같아. 그래서 며칠 전 네게 맞서 화를 냈던 거야. 하지만 사실은 화를 내고 싶지 않아. 그저 예전처럼 네게 굴복하고 싶지 않을 뿐이야.

알리 네가 나를 무섭게 생각할 줄은 몰랐어. 나도 널 사랑해. 넌 내게는 없었던 좋은 아버지 같았어. 나랑 내 동생은 할머니 밑에서 매일 맞으면서 자랐어. 우린 정말 가난했기 때문에 무엇인가를 얻기 위해서는 강하게 요구해야만 했어. 마치 할머니처럼 말이야. 난 너를 아버지처럼 믿고 있어서 네가 거짓말을 하고 다른 짓을 하면 정말로 화가 났었어. 하지만 이제 널 이해할 수 있을 것 같아. 내가 네 아버지처럼 행동했던 거야. 네가 그렇게 두려워할 줄은 몰랐어. 그동안 난 다른 사람에게 소리를 지르면서 버려진 내면아이로 행동했던 것 같아. 하지만 내면적인 유대감 형성에 대한 상담을 받으면서 예전처럼 화를 내진 않는 것 같아. 그렇지?

나시르 그래. 그래서 내가 희망을 갖고 상담을 함께 받아보자고 한 거야. 하지만 아직도 가끔 그럴 때가 있어. 그럴 땐 어떻게 해야 할지 모르겠어.

알리 사실 나도 네 말과 행동이 다를 때 어떻게 해야 할지 모르겠어. 너무 배신감이 느껴져서 화가 나거든. 이제 화를 내고 싶지 않지만 네가 거짓말을 하면 어떻게 될지 솔직히 잘 모르겠어. 더이상 너와 싸우지 않고 정말 좋은 동업자가 되고 싶어.

나시르 나도 사실 사업을 하면서 많은 문제가 있었는데, 너와 솔직한 대화를 나눌 수가 없었어. 네가 화를 내거나 무작정 네 뜻을 강요할 것 같아서 두려웠거든. 그래서 혼자서만 그 문제들을 해결해보려고 했는데, 사실 네 도움이 정말 필요해.

알리 너 혼자 그런 문제들을 해결하려고 하지 않았으면 좋겠어. 소외당한 느낌이 들거든.

그 후 알리와 나시르는 그동안 상의하지 못했던 사업상의 문제들을 논의했다. 그들은 분노하지 않고 솔직하게 대화했고 서로 간에 긴장이 풀린 것을 볼 수 있었다. 그들은 서로가 내면적인 유대감을 잃고 버려진 내면아이로 행동하는 상황이 올 때, 그 상황에 대처하기 위한 어떤 계획이 필요하다고 말했다.

나 알리, 당신은 화가 날 때 나시르가 어떻게 행동했으면 좋겠어요?

알리 다른 사람들과 함께 있는 상황이라면, 저를 다른 곳으로 데리고 가서 제 감정이 어떤지, 어떻게 도와줄지 물어봤으면 좋겠어요. 만약 단둘만 있는 상황이라면, 화내기 싫으니까 대화로 풀어보자고 말해줬으면 좋겠어요.

나 나시르, 이렇게 해줄 수 있겠어요?

나시르 그렇게 해볼게요. 알리가 화를 내면 제 내면아이는 너무 겁이 나서 도망가고 싶어요. 하지만 성인자아가 곁에 있으면서 그 두려움을 견뎌볼게요. 하지만 알리, 내가 그렇게 해도 네가 계속 소리를 지르면 어떻게 하지?

알리 잘 모르겠어.

나 나시르, 그런 일이 생기면 당신의 내면아이는 어떻게 하고 싶을 것 같아요?

나시르 아마 알리에게 네가 그렇게 화를 내면 같이 있고 싶지 않다고 말한 다음, 그가 진정될 때까지 자리를 피할 것 같아요. 하지만 그렇게 말하면 알리가 더 화를 낼까 봐 두려워요.

나 그 두려움은 아마 과거 아버지와의 관계에서 비롯된 것일 수 있어요. 알리가 더 화를 내면 어떤 일이 생길까요? 무엇을 두려워하는 거죠?

나시르 아마 친구로서 알리를 잃는 것이 두려운 것 같아요.

나 그건 자신을 잃지 않기 위해서는 그를 잃을지도 모르는 위험을 무릅써야 한다는 뜻이죠. 혹시 그와의 우정을 지키는 것이 자신의 내면아이를 돌보는 것보다 더 중요하다고 생각하나요?

나시르 그동안은 그렇게 생각했던 것 같아요. 하지만 이제는 그렇게 하지 않을 거예요. 이제는 자신을 잃어버리지 않기 위해 그를 잃을지도 모르는 위험은 기꺼이 감수해야겠죠?

나 맞아요. 그건 모든 관계에 적용되는 진실이에요. 우리가 관계를 잃을 수 있는 위험을 무릅쓰지 않으면, 그 관계를 지키기 위해 자신을 포기하게 되죠.

알리 그런데 내가 화를 낼 때 네가 자리를 피한다고 해서 왜 내가 널 떠날 거라고 생각하지? 이것도 너희 아버지에 대한 기억 때문이니?

나시르 그런 것 같아. 만약 내가 자리를 피하면 넌 어떤 기분이 들 것 같아?

알리 네가 자리를 피해도 괜찮아. 네가 그럴 때 나와 함께 있고 싶어하지 않아도 널 탓하지 않을 거야. 화를 낼 때는 나도 나 자신이 싫은데, 너는 더 그렇지 않겠어?

나 나시르, 사실 자리를 피하는 건 당신이 자신에 대해 사랑을 표현할 수 있는 최선의 방식이에요. 내면아이가 그저 서서 당하게 하는 건 사랑을 표현하는 행동이 아니죠. 그런 행동을 묵인하는 것도 알리 자신에게 사랑을 표현하는 행동이 아니에요. 대신 당신이 자리를 피하면 이런 방식이 잘못되었다는 것을 알리가 스스로 깨달을 수 있어요.

나시르 좋아요. 이제 그렇게 해볼게요. 겁이 나기는 하지만 할 수 있을 것 같아요. 완벽하게 잘해낼 자신은 없지만 어쨌든 해볼게요.

나 좋아요. 이제 당신이 거짓말을 하거나 뒤에서 다른 일을 할 때, 알리가 어떻게 해줬으면 좋겠어요?

나시르 그런 식으로 행동하는 이유가 무엇인지 알리가 물어봐줬으면 좋겠어요. 제가 무엇이 두려워서 그런 행동을 하는지 물어봐주길 원해요. 대신 친절하게 물어봐줬으면 좋겠어요.

알리 그렇게 할게요. 이제 나시르의 두려움이 과거에서 비롯되었다는 사실을 알았으니까 그렇게 할 수 있을 것 같아요.

나시르 알리, 그런데 내 두려움은 단지 과거에서만 비롯된 것이 아니야. 네가 고약하게 굴 때마다 그 기억을 불러일으키기 때문에 난 너를 두려워하고, 네게 거짓말을 하는 거야.

알리 넌 정말 나를 두려워하는구나. 정말 신기하다. 난 내가 그렇게 무서운 사람인지 몰랐어(알리는 자신이 나시르에게 어떤 영향을 미쳤는지 전혀 모르고 있다. 왜냐하면 나시르가 한 번도 용기를 내어 말한 적이 없기 때문이다).

나 알리, 그런데 당신의 부인과 아이들도 같은 말을 한 적이 있다고 했잖아요. 당신의 분노가 다른 사람에게는 매우 무섭게 느껴진다는 사실을 알아야 해요.

알리 하지만 정말로 못된 짓을 한 적은 없었어요.

나 그건 아니에요. 당신은 화가 나서 부인과 아이들에게 돈을 주지 않은 적도 있잖아요.

알리 맞아요. 그랬던 것 같아요.

나 당신이 내면아이의 분노를 사람들에게 그대로 쏟아놓을 때마다 그들은 겁이 난다는 사실을 알아야 해요. 당신의 버려진 내면아이는 아주 비열하고 못되질 수 있어요. 당신의 할머니처럼 말이죠. 당신은 어렸을 때 할머니가 못되게 굴면 겁이 나지 않던가요?

알리 네, 할머니가 그럴 때 정말 싫었어요.

나 그런 모습을 보고 자랐기 때문에 지금 똑같이 행동하는 거예요. 주변 사람들을 겁나게 하는 거고요.

알리 한 번도 그런 식으로 생각해보질 않았어요.

나 당신의 내면아이는 지금 할머니처럼 행동하고 있어요. 당신이 할머니처럼 되고 싶지 않다면, 내면아이가 사람들에게 못되게 굴도록 내버려두지 말고 사랑을 베푸는 성인자아가 되어 내면아이 곁에 있어줘야 해요.

알리 알겠어요. 앞으로 노력할게요.

나 그러면 이제 나시르가 부탁한 대로, 그가 거짓말을 하거나 정보를 숨길 때 무엇이 두려운지 물어볼 수 있겠어요?

알리는 그렇게 하겠다고 했다. 알리와 나시르는 2주 후에 상담실을 다시 찾았다. 그들은 그동안 서로의 감정과 사업상의 문제에 대해 많은 대화를 나누었고, 그 결과 많은 문제를 해결했다고 말했다. 이처럼 상황이 개선되고 서로를 다시 믿을 수 있게 된 것에 둘 다 매우 기뻐했다.

374

알리는 2주 동안 딱 한 번 화를 냈다. 그리고 나시르는 이에 대해 정직한 자세로 맞섰다고 했다. 그들은 아직 서로가 내면아이와의 유대감을 잃고 잘못된 행동을 했을 때 완벽히 대처하지는 못했지만, 앞으로 상황에 더 잘 대처할 수 있을 것이라는 자신감이 생긴 상태였다.

폭군 같았던 아버지를
떠올리게 하는 상사

상황(클라크와 오드리)

클라크Clark는 프리랜서로 일하다가 광고 회사에서 정식으로 일을 시작하기로 했다. 클라크는 입사할 때 휴가를 자유롭게 쓸 수 있는지를 물어보았고, 상사인 오드리Audrey는 자유로운 휴가가 클라크에게 매우 중요한 의미를 가진다는 사실을 알았다. 입사 후 클라크는 오드리가 변덕이 매우 심한 사람이라는 것을 알게 되었다. 어떤 날은 친절했다가 어떤 날에는 화를 내거나 빈정댔다. 그녀는 자기 마음대로 되지 않으면 아랫사람을 비하하며 괴롭히는 사람이었다.

입사한 지 6개월 후, 클라크는 일주일간의 휴가를 계획하고 오드리에게 말했다. 오드리는 즉시 반감을 보이며 지금은 할 일이 많은 시기라서 생각해봐야 한다고 말했고, 휴가를 계획한 클라크를 마치 나쁜 사람처럼 대했다. 클라크는 입사할 때 했던 약속을 오드리가 번복할까 봐 매우 불안하고 화가 났다.

내면 탐구

클라크는 이 상황에 대해 매우 불안해하며 상담실을 찾았다. 그리고 상담을 통해 자신의 내면을 살펴보면서 오드리의 모습이 아버지를 떠올리게 한다는 것을 깨달았다. 아버지는 폭군 같은 사람으로 아들에게 항상 소리를 지르며 그를 깎아내렸다. 그는 어릴 때 아버지에게 하던 방식대로 오드리에게 반응하고 있었다. 바로 착한 소년처럼 상사의 말을 조용히 따른 것이다. 클라크의 어머니는 평소에는 가만히 있다가 가끔 화를 내는 방식으로 아버지에게 맞섰다.

클라크는 오드리에게 화를 내봤자 자신이 잘릴 것이라는 사실을 알았다. 사실 오드리와 싸운 다른 직원들이 잘리는 것을 보았기 때문이다. 그래서 이런 상황에서 어떻게 내면아이를 보호해야 할지 방법을 알 수 없었다. 그는 자신이 내면아이를 지켜줘야 한다는 사실은 알고 있었지만 그런 행동을 보고 배운 적이 없었기 때문이다. 사실 그가 느끼는 불안감은 오드리의 행동 때문이라기보다는, 자신의 성인자아가 내면아이를 보호해주지 못하기 때문에 생기는 것이다.

클라크는 성인자아가 내면아이의 편에 서서 그 아이를 보호해줄 때와 반대로 내면아이를 홀로 버려두면서 책임을 다하지 않을 때 엄청난 차이가 있다는 사실을 알았다. 불안의 원인이 바로 자신의 내면아이가 혼자 그 상황을 감당하도록 내버려두었기 때문이라는 사실도 알아차렸다.

클라크는 입사 후 6개월 동안 내면아이를 실망시켰다. 오드리가 항상 그를 잘못된 방식으로 대하는 데도 그냥 내버려둔 것이다. 휴가 문제는 그저 자신의 내면아이를 향한 그의 무관심을 나타내는 하나의 지표일 뿐이었다.

사랑을 표현하는 행동

그렇다면 내면아이를 지켜주는 행동은 무엇일까? 클라크는 오드리가 휴가를 허락하지 않는다면, 입사시에 했던 구두 약속을 환기해줘야 한다는 사실을 알았다. 다만 화를 내는 것이 아니라 다음과 같이 친절하고 성숙한 방식으로 말이다. "제가 입사할 때, 원할 때 휴가를 가도 된다고 구두로 합의했던 것으로 알고 있습니다. 제게 했던 약속을 지켜주시면 감사하겠습니다."

클라크는 오드리가 화를 내거나 그를 비난하거나 비꼰다면 어떻게 반응해야 할지 다양한 대답들을 생각해보았다. 그러고는 다음과 같이 말할 때 기분이 가장 낫다는 것을 알았다. "그런 식으로 말씀하시니 유감이네요. 화를 내거나 비하하지 않는 방식으로 대화를 나눌 수 있을까요?"

오드리가 계속 그런 식으로 행동한다면 그는 이렇게 말할 수 있었다. "정말 화가 많이 나신 것 같네요. 왜 그렇게 화를 내시는 거죠?" 혹은 "저는 이 문제에 대해서 마음을 열고 대화를 나누고 싶어요. 지금은 안 될 것 같으니 다음에 대화하기로 하죠."라고 말하면서 대화를 끝낼 수 있었다.

클라크는 회사에서 잘릴 위험이 있다는 사실을 알았지만, 자신의 내면아이가 언어 폭력을 당하도록 놔두느니 기꺼이 위험을 감수하기로 했다. 휴가를 내주지 않으면 그는 허락을 받지 않아도 휴가를 갈 거라고 말할 생각이었다. 그는 잘릴 위험을 감수할 준비가 되어 있었다. 만약 상사가 말을 번복하도록 놔두면 일자리를 유지한다고 해도 끔찍한 기분을 느끼게 될 것이기 때문이다.

이렇게 클라크의 성인자아가 내면아이의 곁에서 그를 지켜주려는 굳은 의지를 보이자, 내면아이가 느끼는 불안감은 사라져버렸다. 상사는 다음 날 "내가 뭐라고 하든 휴가를 갈 거잖아요?"라고 하면서 휴가를 허락했다. 클라크는 자신의 입장을 굳건히 지킬 것이라는 사실을 상사가 알았다는 것에 매우 만족스러운 기분을 느꼈다.

타인의 분노와 비난을 무조건 참아버리기

상황(딘과 제이슨)

딘Dean은 트레이너 강사다. 제이슨Jason은 대형 법률회사의 사장으로 딘에게 개인 트레이닝을 받고 있었다. 제이슨은 성미가 아주 고약했다. 딘이 정해진 시간에 좀 늦게 나오거나, 동작을 재촉하거나, 운동 동작 중 중요한 부분을 빼먹고 가르치는 등 실수를 하면 매우 화를 냈다.

사실 딘은 시간을 지키는 일에 좀 무책임한 면이 있었다. 이것이 완벽주의자 제이슨에게는 매우 짜증 나는 일이었다.

내면 탐구

상담실을 처음 찾았을 때, 딘은 방어나 복종의 방식으로 제이슨의 분노와 비난에 대처하고 있었다. 제이슨이 자신을 비난하려는 모습을 보이기만 해도 딘의 성인자아는 내면아이를 그 상황에 홀로 내버려두었다. 딘은 제이슨이 어머니를 닮았다는 사실을 알았다. 그의 어머니는 통제적이고 아들에게 늘 비판적이었다. 가끔 딘은 그런 어머니에게 방어적으로 저항하기도 했지만 대부분은 어머니한테 거부당하는 것이 두려워서 말없이 순종했다. 이제 그는 제이슨에게 어머니에게 했던 그대로 행동하며 끔찍한 기분을 느꼈다.

상담을 통해 딘은 자신의 내면아이와 유대감을 쌓기 위해 열심히 노력했다. 그 결과 제이슨이 화를 냈을 때 예전보다 더 잘 대처한 것 같은 생각이 들었다. 하지만 좋지 않은 기분은 계속되었다. 다음은 우리가 나눈 대화다.

나 제이슨이 소리를 지르기 시작했을 때 어떻게 대처했나요?

딘 전 성인자아로서 내면아이에게 이렇게 말했어요. 그의 말도 약간 일리가 있으니 저항감 없이 들어야 한다고요. 그다음 제이슨에게 이렇게 말했어요. 당신이 무슨 말을 하고 싶은지 이해할 수 있고 잘 생각해보겠다고요. 제가 방어적인 태도를 보이지 않아서 그 당시에는 기분이 괜찮았는데, 나중에는 기분이 좋지 않더라고요.

나 그렇다면 내면아이에게 왜 기분이 좋지 않은지 물어보세요.

딘 좋아요. (인형에게) 안녕, 꼬마야. 왜 아직도 제이슨과의 일로 기분이 좋지 않니? 내가 널 제대로 돌보지 않았니?

딘의 내면아이 그래. 넌 그가 소리를 지르도록 그냥 내버려두었잖
아. 난 사람들이 내게 소리를 지르는 것이 싫어.

사랑을 표현하는 행동

딘의 내면아이가 화난 이유는 제이슨이 소리 지르면서 내면아이
를 학대하는 것을 성인자아가 놔두었기 때문이다. 나는 딘에게 '말
의 내용content'과 '맥락context' 사이의 차이점을 알려주었다. 말의
내용이란 말 속에 들어 있는 사실을 말한다. 예를 들어 딘이 또 지
각을 했다는 사실이 말의 내용에 해당한다. 맥락은 말하는 방식을
말한다. 배우려는 의도로 말하는지, 자신을 보호하고 방어하려는 의
도로 말하는지에 따라 맥락은 달라진다.

딘은 내면아이를 보호하기 위해서 제이슨에게 이렇게 말했어야
했다. "마음에 안 드는 점이 있으면 언제든지 말해도 좋지만 소리는
지르지 마세요. 제가 지각한 이유를 살펴보고 이 문제를 해결하겠
습니다. 하지만 이런 식으로 공격을 받고 싶지는 않아요. 이 문제에
대해서 솔직하게 이야기해볼까요?"

그럼에도 제이슨이 소리를 지른다면 딘은 다음과 같이 말할 수
있다. "제게 소리 지르지 마세요. 이 문제를 차분히 상의하고 싶을
때 다시 말하는 걸로 하죠." 하고 나가버리면 된다. 물론 이로 인해
회원을 잃을 위험도 있지만, 힘든 문제들을 해결하기 위해서는 위
험을 감수할 줄 알아야 한다. 회원을 잃는 것이 나를 잃는 것보다
중요한가? 회원을 잃을 위험을 무릅쓰느니 차라리 자신을 포기하
는 것이 나을까? 회원을 잃는 것이 너무 두렵다면 그의 학대로 내면

아이가 느끼는 나쁜 감정을 군말 없이 받아들여야 한다.

딘은 언어 학대를 당하느니 제이슨을 잃는 위험을 무릅쓰는 것이 낫다는 사실을 깨달았다. 하지만 동시에 자신의 내면에 자리하는 저항감, 지각의 원인이 되는 이 저항감을 해결할 책임도 있었다. 그가 계속 지각을 한다는 것은 성인자아가 내면아이가 하고 싶은 대로 내버려둠으로써 책임을 다하지 않았다는 증거다. 성인자아가 지각을 하지 않겠다는 결심을 하고 실천으로 옮기는 대신에 그저 내면아이가 하고 싶은 대로 내버려둔 것이다.

사실 그의 내면아이는 어머니에 대한 오랜 저항감과 반항심을 표출하는 방식으로 일부러 시간을 어기는 방법을 택했다. 즉 지각은 어머니와 제이슨에게 통제당하지 않으려는 버려진 내면아이의 방식이었다. 이제는 그에게 도움이 되지 않는 행동이기도 했다. 내면아이에게 사랑을 베푸는 성인자아가 되기 위해서는 누군가에게 반항하기 위해서 지각을 계속하는 것을 그만두고, 본인이 시간을 지키고 싶은지 아닌지 스스로 결정을 내려야 한다.

지시에 자주 저항하는 부하와의 힘겨루기

상황(캐시와 애런)

캐시Cassie는 30대 초반의 영화감독이다. 그녀는 촬영 기사 애런 Aaron과 관련한 고민을 털어놓았다.

전 지금 하는 일을 정말 좋아해요. 촬영 기사 애런과의 문제만 빼면요. 애런과 전 사사건건 다투어요. 제가 어떤 장면을 원한다고 말하면 그는 그렇게는 찍을 수 없다고 말하죠. 하지만 저는 그 장면을 촬영할 수 있다는 걸 알고 있거든요. 제가 화를 내면 결국 촬영하긴 해요. 하지만 저는 이렇게 싸우는 게 정말 싫어요. 싸우는 게 피곤해서 제가 원하는 장면을 포기하는 경우도 많아요. 그래서 기분이 좋지 않아요. 그 장면이 영화에 꼭 필요한 장면이었다고 생각하니까요. 이 상황을 어떻게 대처해야 할지 모르겠어요.

내면 탐구

나 캐시, 애런을 고용하기 전에 다른 감독들에게 애런이 어떤 사람인지 물어봤나요?

캐시 네, 다들 그가 훌륭한 촬영 기사이고 함께 일하기 좋은 사람이라고 했어요.

나 그렇게 말한 감독 중 여성 감독이 있었나요?

캐시 아니요. 왜요?

나 전 애런이란 사람은 잘 모르지만, 애런이 여성에게 통제당하는 걸 두려워해서 저항하는 걸지도 모른다는 생각이 들어요. 아마도 통제적인 어머니 아래에서 컸을지도 모르죠. 그가 당신이 원하는 대로 하지 않으면 보통 어떤 생각이 먼저 드나요?

캐시 짜증이 나죠.

나 애런이 통제에 저항하는 사람이라면, 그는 당신이 짜증을 내면서 자신을 통제하는 것을 두려워할 수 있어요. 이럴 경우 힘겨루기가 시작되는 거죠. 가끔은 당신이 이길 수도 있고요. 하지만 누가 이기든 힘겨루기 자체는 문제를 지속시킬 뿐이에요. 제 생각에는 당신이 애런에게 무언가를 요청하면, 그는 지배당하는 것이 두려워서 자동적으로 저항하는 것 같아요.

캐시 하지만 전 감독인걸요. 제가 촬영장을 감독하고 지배하는 게 맞잖아요.

나 맞아요. 하지만 그가 듣기에는 당신이 요청을 하기보다는 명령을 내리는 것으로 들릴 수 있어요. 명령하는 어조로 듣는 거죠.

캐시 그런 것 같군요. 전 단지 제가 원하는 걸 하라고 말해요. 부탁을 하진 않아요.

나 캐시, 당신의 말투에서 느낀 건데, 당신은 명령하는 식으로 딱딱하게 말하는 것 같아요. 당신은 예전에 어머니가 명령하던 말투를 똑같이 따라 하는 경향이 있다고 말했죠. 당신이 아이였을 때 어머니에게 저항하던 모습이 지금 애런이 당신에게 저항하는 모습과 같아요.

내면이 안정적인 사람에게는 당신의 이런 통제적인 모습이 괜찮을 수 있어요. 그들에게는 강한 성인자아가 있어서 남에게 통제당해서 자신을 잃을까 봐 두려워하지 않으니까요. 하지만 어떤 사람들에게는 당신의 이런 모습이 버려진 내면아이를 자극하기도 해요. 그들은 건강한 성인자아가 없기 때문에 정체성을 조금이라도 지키기 위해 당신에게 저항하는 거죠. 그런 사람들은 성인자아가 나서서 "이 사람이 기분 나쁘게 명령을 내린다고 해도 이건 내가 선택한 직업이야. 난 이 일을 훌륭하게 해내고 싶어. 그러니까 내 일을 할 거야."라고 말해주지 않는 거예요.

애런에게 그런 성인자아가 있었다면 자신을 잃어버린다는 두려움 없이 당신의 명령에 따랐을 거예요. 하지만 그렇지 못하기 때문에 저항을 통해 버려진 내면아이가 자신을 보호하려고 하는 거죠.

사랑을 표현하는 행동

캐시 그러면 이제 어떻게 해야 할까요?

나 캐시, 당신은 그동안 성과를 내기 위해서는 강해져야 한다고 믿었고, 그 믿음이 효과가 있었어요. 하지만 지금 상황에서는 문제의 원인이 될 뿐이에요. 먼저 목소리와 행동을 부드럽게 할 필요가 있어요. 예를 들어 어떤 장면에 역광을 주고 싶을 때, 애런에게 어떤 식으로 말을 하나요?

캐시 "애런, 이 장면에 역광을 줘."라고 말하죠.

나 이렇게 말하면 어떨까요? "애런, 이 장면에 역광을 주고 싶은데 어떻게 생각해?"

캐시 그런데 그가 "안 돼요, 그렇게는 찍을 수 없어요."라고 말하면 어떡하죠?

나 그러면 "정말? 그럴 만한 이유가 있을 테니 나한테 설명해주지 않겠어?"라고 말할 수 있죠. 그러면 당신은 애런과 싸우는 대신 이유를 듣게 되는 거예요.

캐시 하지만 감독이 그렇게 조심스러운 태도를 보일 수는 없어요. 감독이라면 원하는 것을 아랫사람에게 시킬 줄 알아야 해요.

나 그럴 수도 있죠. 하지만 계속 상대방에게 불가능한 방식으로 소통하는 것이 자신에게 사랑을 베푸는 일일까요? 그가 어떤 사람인지를 받아들이고 더 부드러운 방식으로 작업을 하는 것이 사랑을 베푸는 방법이지 않을까요?

캐시 사실 전 그동안 이렇게 생각해온 것 같아요. 제가 계속 화를 내면 결국 그는 제가 상사라는 사실을 받아들이고 복종할 거라고요. 오히려 이런 생각이 상황을 더 악화시킨 것 같아요. 좋아요, 말씀대로 한번 해볼게요. 좀 힘든 일이 될 것 같기는 하지만요.

나 맞아요. 사랑을 베푸는 행위는 가끔 힘든 일이 될 수 있어요. 왜냐하면 그런 행동에 익숙하지 않으니까요. 하지만 계속 연습하면 쉬워지죠.

권위에 맞서 행동으로
내면아이를 지켜내기

상황(알렉시스와 캐슬린)

앞서 7장에 소개되었던 알렉시스는 아주 어렸을 때 당했던 성폭력의 기억을 되살리려고 힘들게 노력하고 있었다. 알렉시스는 그날의 일을 부분적으로는 기억했으나 완전히 기억하지는 못했다. 그래서 우리 몸에 저장된 기억을 불러일으키기 위해 만들어진 바디워크(신체를 다루거나 매개로 하는 요법)를 추천했다. 이를 통해 알렉시스는 많은 기억을 되살릴 수 있었다.

당시 알렉시스는 심리치료사가 되기 위한 수업을 받고 있었다. 수업 첫날, 강사인 캐슬린은 학생들을 동그랗게 앉히고 개인적인 경험을 털어놓는 시간을 가졌다. 알렉시스가 성폭력을 당했던 기억을 되살리기 위해 다양한 치료를 받고 있다고 털어놓자, 캐슬린은 알렉시스가 마치 곡괭이를 들고 과거를 쫓아다니는 것 같다고 말했다.

알렉시스는 이 말에 무척 화가 났다. 기억을 되살리는 일이 자신에게 얼마나 중요한 의미를 지니는지 캐슬린이 이해하지 못한다는 느낌을 받았다. 당시에는 아무 말도 하지 않았지만 말이다. 며칠 후 알렉시스가 상담실을 찾았을 때까지 그녀는 화가 풀리지 않았다.

내면 탐구

알렉시스는 캐슬린이 자신을 제대로 봐주지 않는다고 느꼈고, 이것이 그녀를 화나게 했다. 상담을 진행하면서 알렉시스는 다음과 같은 기억을 떠올렸다. 아버지는 알렉시스를 데려가 성적으로 학대한 이후, 그녀를 유아용 침대에 다시 올려놓고 자리를 떠났다. 그래서 그녀는 퇴근해서 돌아온 어머니가 자신을 안아줄 때까지 혼자서 울 수밖에 없었다.

알렉시스는 어머니에게 아버지가 한 짓을 말하고 싶었지만, 너무 어려서 제대로 말을 할 수가 없었다. 그래서 어머니는 그녀의 아픔을 알 수 없었다. 딸이 왜 우는지, 왜 그렇게 무서워하는지 이해하지 못했던 것이다. 알렉시스는 자신이 어떤 것도 할 수 없다는 사실에 좌절하고 분노했으며 무력감을 느꼈다. 그래서 캐슬린이 자신을 제대로 보지 못했을 때, 과거에 느꼈던 감정이 그대로 살아났음을 깨달았다.

사랑을 표현하는 행동

알렉시스는 캐슬린이 엄마가 아니고, 자신도 더이상 말 못하는 무력한 아이가 아니라는 사실을 깨달았다. 하지만 알렉시스의 행동은 예전과 같았다. 캐슬린이 그런 말을 했을 때 가만히 입을 다물고 있었기 때문에, 자신의 내면아이를 돌보지 못했던 것이다. 그래서 알렉시스는 다음번 수업에는 다르게 행동하고 싶었다. 그녀는 배우려는 의도를 가지고 내면아이를 지켜주기로 마음먹었다.

그런 다음 캐슬린에게 어떤 말을 할지 계획을 세웠다. "선생님이 제게 그런 말을 했을 때, 화가 났어요. 제가 치료받는 과정이 얼마나 중요한지 선생님이 제대로 보지 못하시는 느낌을 받았어요. 선생님의 그런 모습은 어렸을 적 어머니에 대한 기억을 일깨웠고, 선생님께 그 당시 아무 말도 못한 것에 대해 무력한 느낌이 들었어요. 제 기억을 일깨우는 과정이 선생님이 말한 것처럼 곡괭이를 가지고 기억을 좇아 파헤치는 것이 아니라는 말을 하고 싶어요. 또 선생님이 왜 그런 말씀을 했는지 이유도 알고 싶어요."

다음 수업에서 알렉시스는 연습한 대로 말했고, 대화는 아주 잘 진행되었다. 캐슬린은 마음을 열고 알렉시스의 감정을 이해했다. 또한 알렉시스가 매우 열정적이라는 사실도 인정했다. 캐슬린은 알렉시스가 감정을 말해줘 기쁘다고 하면서 나중에라도 이런 일이 생겼을 때 지금처럼 말해달라고 부탁했다. 알렉시스의 성인자아가 내면아이를 소중하게 대하며 적극적으로 행동하자 그녀의 자존감은 올라갔다.

우리는 내면아이에게 너를 사랑한다고, 소중하게 생각한다고 수 없이 말할 수 있다. 하지만 행동으로 옮기지 않는다면 그 말은 공허할 뿐이다. 알렉시스는 내면아이에게 말뿐이 아닌 행동으로 보여주었다. 즉 너는 화낼 권리가 있다고 하면서 화의 원인을 살펴보았다. 이뿐만 아니라 실제로 강사에게 맞서 자신의 내면아이를 지켰다. 우리가 내면아이를 위해 적절한 행동을 취할 때, 그 아이는 사랑받고 중요한 존재라는 느낌을 받을 수 있다.

다른 사람에게 양도한
자신의 권리를 되찾자

이제 배우자·부모·자녀·친구·동료 등 우리가 맺고 있는 모든 관계가 내면아이와 맺고 있는 관계에 기초한다는 사실을 분명히 알았을 것이다. 내면아이가 어린 시절의 치유되지 않은 상처를 갖고 있으면 주변 사람들에게 그 고통을 투사하며, 이들이 마치 우리에게 상처 주었던 사람인 것처럼 생각하고 반응한다. 어릴 적에 부모가 자신을 통제하고 학대했다면, 나중에 권위 있는 사람들과 관계를 맺는 것에 큰 어려움을 겪게 되는 식이다.

어떤 사람들은 의사·변호사·상담가·성직자·교사 같은 권위 있는 사람들에게 자신의 권리를 양도하기도 한다. 그래서 마치 부모가 자신을 지배했던 것처럼 그들이 자신을 지배하도록 하는 것이다. 늘 의사·상담가·변호사·회계사·목사·신부 등의 곁에 머무르려고 하는 사람들도 있다. 단지 그들에게 도움을 받기 위해서가 아니다. 이들은 자신의 감정을 다치게 하지 않기 위해 주의하는 사람들이기 때문이다.

또한 가정부 · 유모 · 정원사 · 비서를 고용하는 사람들도 있는데, 이런 사람들 또한 고용주가 화를 내거나 언짢아하는 것을 두려워하기 때문이었다. 이는 건강한 자기 돌봄이 아니라 의존적인 행동이다. 반대로 누군가 다른 사람의 감정을 자신의 욕구보다 중요히 여긴다면, 이 역시 성인자아가 내면아이를 사랑하지 않는 것이다.

어떤 사람들은 모든 권위에 격렬하게 저항한다. 그래서 일과 직업적인 관계에서도 끊임없이 저항하면서 힘겨루기를 한다. 이런 자동적인 저항이나 반항 또한 자신의 권리를 타인에게 양도하는 것이다. 왜냐하면 다른 사람이 원하는 것과는 무조건 반대로 행동하겠다고 마음먹는 바람에 결국은 다른 사람에 의해 우리의 행동이 통제되기 때문이다.

어떤 경우든 우리는 다른 사람에게 양도한 자신의 권리를 되찾아야 한다. 그러기 위해서는 내면아이에게 사랑을 베푸는 성인자아가 되어 내면아이를 지켜주고, 자신의 행동에 대해서는 스스로 결정을 내려야 한다. 결국 우리가 자신에 대한 책임을 다할 때, 자존감은 올라간다.

11장의 중요한 내용들 ──

▶ 일과 직업적인 관계에서도 타인에게 거부당하거나 지배당하는 두려움으로 인한 방어적 행동이 나타날 수 있다.

▶ 배우자 · 부모 · 자녀 · 친구 · 동료 등 우리가 맺고 있는 모든 관계는 내면아이와 맺고 있는 관계에 기초한다.

▶ 내면아이가 어린 시절의 치유되지 않은 상처를 갖고 있으면 주변 사람들에게 그 고통을 투사하며, 이들이 마치 우리에게 상처주었던 사람인 것처럼 생각하고 반응한다.

▶ 우리는 자신의 권리를 되찾아야 한다. 그러기 위해서는 내면아이에게 사랑을 베푸는 성인자아가 되어 내면아이를 지켜주고, 자신의 행동에 대해서는 스스로 결정을 내려야 한다.

▶ 우리가 자신에 대한 책임을 다할 때, 자존감은 올라간다.

12장

혼자 있을 때
상처 치유하기

혼자 있는 것을
두려워하는 이유

어떤 사람들은 주변에 다른 사람들이 있을 때는 자신의 내면아이를 돌보는 것을 굉장히 어려워하는 반면에 혼자 있을 때는 스스로 쉽게 행복해진다. 이런 사람들은 보통 의존적인 관계에서 시중을 드는 역할을 하는 사람들로, 타인의 욕구를 충족시키기 위해 자신의 내면아이는 한쪽으로 밀어놓는다. 주변에 시중을 들 사람이 없을 때만 비로소 자신의 욕구에 관심을 보인다.

이들은 자기만의 시간이 있을 때만 긴장이 풀어지고, 스스로의 감정·흥미·취미를 돌본다. 또한 종종 몸이 아프기도 하는데, 자신만의 시간을 가지기 위한 욕구에서 비롯되는 것이다. 평소에는 욕구를 충족하는 것을 이기적이라고 생각하며 죄책감을 느끼기 때문에 아플 때만 그럴 자격이 있다고 생각하는 것이다.

반면에 혼자 있는 것을 무엇보다도 두려워하며 혼자서는 만족스러운 기분을 느낄 줄 모르는 사람들도 많다. 또한 자신의 선택으로 혼자 있을 때는 괜찮지만, 의도치 않게 홀로 남겨질 때는 힘들어하는 사람들도 있다. 혼자 남겨지면 마음속에 있던 버림받을지도 모른다는 두려움이 되살아나 마치 죽을 것만 같은 기분이 들기 때문이다.

어떤 사람들은 노는 것에 관한 한 자신을 잘 돌볼 수 있지만 건강한 인격이나 안정이라는 면에서는 그렇지 못한 사람들도 있다. 어떤 경우에 해당하든 과거의 고통을 치유하지 못하고 자신의 내면아이를 버려둔 채 살아가는 사람들이 대다수다. 이것이 모든 문제의 원인이기도 하다.

그래서 과거의 상처에 대해 알아보고 치료하려는 의도 없이는 자신도 모르게 자신과 타인을 학대한다. 자신을 돌보고 인생의 어려움에 사랑으로 대처할 수 있는 능력은 내면의 상처를 어느 정도로 치료했는지에 달려 있다.

혼자 있을 때
내면아이 사랑하기

과거 부족 사회에 살던 사람들은 혼자서 생활하는 경우가 별로 없었다. 이와 달리 현대사회에서는 각자 분리되어 독립적으로 살고 있으며, 그에 따른 어려움이 있다.

혼자 살고 있는 이유가 어찌 되었든 상관없다. 중요한 것은 혼자 있을 때 내면아이에게 어떤 성인자아가 되어주느냐에 따라 누릴 수 있는 삶의 기쁨과 평화가 달라진다는 사실이다. 다음 3가지 사례를 살펴보자.

남편의 발병으로 인한
죄책감과 배신감

상황(레노르)

레노르Lenore는 남편 네이트Nate가 암에 걸려 병세가 악화되고 있을 때 상담실을 찾았다. 그들은 결혼 후 40년간 세 아이를 키웠고, 은퇴 후 막 인생을 즐기려고 할 때 네이트가 암에 걸렸다.

레노르는 남편에게 감정적으로 의존하고 있었다. 남편은 레노르를 사랑하고 칭찬하며 중요한 사람이라는 느낌을 주었다. 레노르의 모든 감정적 욕구를 남편이 충족해주었기에 친구를 찾을 필요도 없었다.

부부는 이렇게 의존적인 관계를 맺고 각자의 역할에 충실했다. 네이트는 감정적인 시중을 드는 역할을, 레노르는 자기애적인 역할을 맡았다. 그런데 네이트가 아프면서 이 관계는 역전되었고 레노르는 매우 혼란스러웠다. 이제 그녀가 감정적으로나 신체적으로 남편을 돌봐야 했기 때문이다.

레노르는 남편에게 화가 났지만, 아픈 사람에게 화를 내는 자신에게 죄책감도 들었다. 또한 그가 자신을 떠날 것이라는 사실에 배신감도 느꼈다. 남편은 이런 식으로 떠나가면 안 되는 것이었다.

내면 탐구

레노르는 감정적으로 시중을 드는 아버지와 자기애적인 어머니 사이에서 자랐다. 아버지는 마치 네이트가 그랬던 것처럼 어머니와 딸에게 정성을 다한 반면에, 어머니는 항상 딸에게 수치심을 주고 소리를 질렀으며 가끔 때리기까지 했다. 레노르의 성인자아는 어머니의 모습을 그대로 보고 자랐다. 그래서 그 방식대로 자신의 내면아이와 남편을 대했다. 반면에 자녀들을 대할 때는 아버지처럼 행동했다. 즉 자녀들에게는 사랑을 베푸는 어머니로 행동했다. 하지만 자녀들에게 자신을 돌보는 모습은 보여주지 못했다.

평생 아버지와 남편으로부터 칭찬과 인정을 받아왔지만, 레노르는 자신의 내면아이를 제대로 바라보지 못했다. 사실 레노르는 어머니가 자신을 보던 방식으로 내면아이를 바라보았기 때문에 칭찬을 진심으로 받아들이지 못했다. 누군가 그녀가 똑똑하다거나 예쁘다고 칭찬하면, 그녀는 무의식적으로 내면아이에게 그 말을 믿지 말라고 했다. 또한 자녀들을 제외하고는 주변 사람을 내면아이를 대하는 방식대로 대했다. 거리를 두고, 늘 이성적이고 통제적이며 비판적인 태도를 유지했다.

다행히 레노르는 남편이 아직 살아 있을 때 내면적인 유대감에 대해 이해하게 되었다. 덕분에 나중에 죄책감과 후회가 남지 않도록 남편을 돌봐줄 수 있었다. 나는 상담을 진행하면서 레노르가 마음속의 분노를 털어놓을 수 있게 도와주었다. 레노르의 분노는 어머니와 내면아이를 버린 성인자아에게 향한 것이었다. 그동안 레노르는 어머니와 자신에 대한 분노를 남편에게 풀었고, 네이트는 항상 좋은 시종이 되어 레노르의 화를 받아주었다.

그러나 남편이 사망하면서 레노르는 매우 깊은 슬픔에 빠졌다. 그 슬픔은 사랑하는 사람을 잃은 것보다는 자신을 사랑해주는 사람을 잃은 것에 기인했다. 레노르는 큰 슬픔으로 내면적인 유대감을 형성하기 위한 노력도 그만두었다. 레노르의 내면아이는 다시 버려지고 외로움과 혼란을 느꼈다. 하지만 성인자아가 내면아이의 곁에서 위안을 주고 안심시키지 않아, 레노르는 마치 죽을 것 같은 고통을 느꼈다.

레노르는 고립과 공황발작panic attack 상태로 몇 달을 보냈다. 그동안 레노르의 성인자아는 내면아이 곁에 있어주지 못하거나 내면아이를 비판했다. 그래서 내면아이는 늘 외롭고 사랑받지 못하는 기분을 느꼈다. 그러다 그녀는 비슷한 슬픔을 겪은 사람들의 모임에 나가게 되었고, 그곳에서 고립감이 조금 해소되는 듯했다. 하지만 모임에서조차 레노르는 비판적인 부모 행세를 하며 사람들에게 어떻게 살아야 할지 설교를 하기 시작했고, 또다시 고립되었다.

결국 레노르는 다시 상담실을 찾았다. 다행히 상담실에서는 내면적인 유대감을 잘 형성했고, 상담을 마치고 나면 항상 기분이 좋아져 있었다. 그렇지만 다음번에 상담하러 올 때는 다시 절망 상태로 되돌아가 있었다.

어떤 사람들은 절망의 바닥까지 곤두박질치고 나서야 자신에 대한 책임을 지고 사랑을 베푸는 성인자아가 되기로 결심한다. 반면에 절망의 바닥까지 곤두박질친 채로 더이상 발전하지 못하는 사람들도 있다.

레노르는 절망의 바닥을 친 후 자신을 위해 노력하는 쪽을 선택했다. 그녀는 상처받은 내면아이와 유대감을 형성하기 시작했다. 매일매일 내면아이와의 대화를 연습하면서 사랑을 베푸는 성인자아가 되기 위해 노력했다. 처음에는 아주 잠깐씩만 그런 모습을 보여주었다. 하지만 타인에게 의존하기만 했던 사랑을 내면아이에게 주기 시작하자, 그녀의 눈빛에는 다시 생기가 넘쳤다.

사랑을 표현하는 행동

그녀는 자녀들에게만큼은 이미 좋은 부모였다. 그래서 이를 내면아이에게 적용하기 시작했다. 즉 내면아이의 욕구에 주의를 기울이고, 내면아이를 위해 행동하기 시작했다.

그녀는 내면아이를 알아가게 되면서 내면아이가 사람들을 만나고 싶어한다는 것을 알게 되었다. 예전에는 남편이 좋아하지 않아 잘 못했지만, 사실 그녀는 여행을 좋아했다. 레노르는 곧 세계 고대유적지를 여행하는 모임에 참여했다. 여행에서 돌아와서는 교회 일에 적극적으로 참여하면서 폭력을 당하는 여성들을 위한 활동을 시작했고, 새로운 우정을 쌓을 수 있었다. 이제 레노르는 삶의 새로운 목적과 이유를 찾았다.

레노르는 남편과 함께하던 때처럼 타인에게 그저 받기만 하는 대신 자신과 타인에게 사랑을 베풀며 살고 있다. 상담을 종결하기 전,

레노르는 남편과 살 때보다 지금 더 행복하고 살아 있는 기분을 느낀다고 말했다. 또한 남편과 살면서 지금처럼 베풀지 못한 것이 슬프고 후회되지만, 그가 세상을 떠나기 전 잠깐이라도 그의 곁을 지킬 수 있었던 것에 감사하다고 말했다.

늘 돌봐주던 아내의 부재로
무너지는 남편

상황(버트)

버트Bert의 아내 도로시Dorothy는 35년간의 결혼 생활 후 별거를 택했다. 도로시는 결혼 생활 내내 남편의 시중을 드는 역할을 맡아 살림을 하고, 아이를 기르며, 남편의 욕구를 채워주었다. 또한 10년 전에 사업을 시작해 성공적으로 이끌었다. 그런데 그 시기 버트의 사업은 점점 기울었다.

도로시는 늘 버트의 곁에만 있었다. 하지만 사업을 시작하면서 친구들을 만나는 데 신경을 더 썼다. 반면에 버트는 친구들을 만나기보다는 고립된 삶을 사는 편이었다. 그저 일을 하거나 아내가 자신을 돌봐주기만 기다렸다. 도로시가 부부 간의 의존적인 관계를 개선하려고 노력했지만 오히려 버트는 의존적인 관계를 유지하려고 했다. 그는 화를 내거나 뚱하게 있으면서 아내가 제대로 자신을 뒷바라지해주지 않아 일도 풀리지 않는다며 아내를 탓했다.

버트는 아내가 자신의 내면아이에게 사랑스러운 성인자아가 되어줄 때는 잘 지냈다. 하지만 그녀가 남편 대신 자신의 내면아이에게 사랑을 베풀기 시작하자, 그는 곧 무너지기 시작했다.

그는 아내의 변화를 계기로 자신의 내면아이에게 사랑을 베풀지 못하고 분노, 자기 연민, 비참함, 우울함에 깊이 빠졌다. 자신이 이렇게 불행해하면 아내가 자신을 구하러 달려와줄 거라고 무의식적으로 바랐기 때문이었다. 하지만 아내는 그를 떠나버렸다.

예전처럼 의존적인 부부관계로는 절대 돌아갈 수 없음을 알게 된 버트는 변하기 위해 다양한 심리 서적을 읽기 시작했다. 그리고 내면적인 유대감 형성을 위해 상담실을 찾았다.

내면 탐구

버트는 자신을 과잉보호하는 자기애적인 어머니와 감정적으로 무심한 아버지 사이에서 자랐다. 그는 어린 시절부터 자기애적인 성향을 보였다. 어머니는 버트가 요구하기도 전에 필요한 것을 알아서 챙겨주었다. 그가 스스로 못하기 때문에 어머니가 해줘야 한다는 것을 당연하게 여겼다. 그래서 버트는 자신이 무언가를 하기 위해서는 여성의 힘이 필요하다고 믿으며 자랐다.

그는 한 번도 내면아이에게 사랑스러운 성인자아가 된 적이 없었다. 그럴 필요가 없었다. 어릴 적에는 어머니가, 결혼해서는 아내가 그 역할을 대신해주었기 때문이다.

버트는 아내가 떠난 뒤 절망의 바닥을 쳤다. 바닥까지 추락하면 어떤 사람들은 병이 나거나, 자살을 하거나, 길거리를 전전한다. 반면에 어떤 사람들은 이를 계기로 자신을 책임진다. 다행히도 버트는 상처를 치유하기로 결정했다. 내면적인 유대감 형성에 대한 책을 읽고, 매일 내면아이와의 대화를 시작했다. 그러면서 과거에 아내가 해주었던 것이 내면아이가 자신에게 원하고 있는 것임을 깨달았다. 바로 온전한 관심과 자신을 위한 행동이다.

버트는 그동안 자신의 감정이나 생각을 잘 인식하지 못하고 살아왔다. 아내가 지금 기분이 어떠냐고 물으면, 그는 잘 모르겠다고 대답했다. 아내는 남편이 자신에게 마음을 열지 않는다고 생각했고, 결혼 생활 내내 이에 대해 불평했다. 그는 일부러 아내에게 마음을 닫은 것이 아니었다. 내면아이와의 유대가 전혀 없는 상태여서 자신의 감정과 생각을 정말 모르고 있었던 것이다.

오랫동안 내면아이를 무시하고 살아왔기에 내면아이와 유대감을 쌓기까지는 많은 시간이 걸렸다. 그는 9개월간 매일 내면아이와 대화를 나눈 끝에, 자신이 부족하고 나쁜 사람이며 버림받을까 봐 겁내는 내면아이의 깊은 두려움을 알 수 있었다. 또한 어린 시절 부모님이 주었던 미묘한 메시지들과 자신을 부족하게 느끼도록 만들었던 미묘한 방식들을 기억해낼 수 있었다. 이런 두려운 마음이 결국은 자신을 스스로 돌볼 수 없다는 잘못된 믿음에서 비롯된다는 사실도 깨달았다.

이제 버트는 과거와 달리 아주 감정이 풍부한 사람으로 변모했다. 어떤 때는 시도 때도 없이 눈물이 나거나 아주 무기력한 기분도 들었다. 하지만 슬픈 감정을 느끼고 눈물을 흘릴수록 자신의 내면이 채워지는 느낌을 받았다. 그의 내면에 가득했던 슬픔이 이제야 흘러나오는 것이다.

사랑을 표현하는 행동

버트는 고립 상태에서 벗어나 의존 치료 모임에 참석했다. 생애 처음으로 남자들과도 친분을 쌓고 운동도 시작하면서 몸매도 관리했다. 그가 자립하게 되면서 사업도 점차 좋아지기 시작했다. 그뿐만 아니라 그의 자존감도 올라갔다. 예전에는 성공의 이유를 모두아내가 곁에 있어서라고만 생각했다. 혼자서는 아무것도 성취할 수 없다고 생각했다. 하지만 아내 없이도 사업이 호전되는 것을 보자이 사실이 새로운 원동력이 되었다.

아내와의 별거 6개월 후, 그는 다른 이성에게 끌렸다. 하지만 몇달 데이트를 해보니 자신이 아직도 상대방에게 내면아이를 맡기는 의존적인 경향이 있음을 알았다. 그래서 내면적인 유대감이 좀더 확고하게 자리 잡을 때까지 데이트를 하지 않기로 결정했다.

별거 기간이 1년이 되자 자녀들과의 관계도 더 의미 있고 깊어졌다. 그는 자녀들에게 더 일찍 잘해주지 못한 것이 안타까웠지만 이 새로운 유대를 흐뭇하게 바라보았다. 별거 기간이 2년이 되면서 버트와 도로시는 다시 같이 살게 되었다.

그들은 평생 행복하게 살았을까? 그에 대한 대답은 "네."와 "아니오." 둘 다가 될 수 있다. 인생에는 항상 어려움이 있게 마련이다. 혼자 있을 때 자신을 돌보는 것과 곁에 누군가가 있을 때 자신을 돌보는 것은 엄연히 다르다. 도로시와 버트는 자신을 돌보는 책임을 다하면서도 수많은 갈등을 겪었고, 가끔은 예전의 의존적인 관계로 돌아가기도 했다. 그렇지만 그들은 내면적인 유대감을 위해 열심히 노력했기 때문에(도로시도 내면적인 유대감에 대한 책을 읽고 남편과 함께

402

상담을 받았다) 상황을 개선시킬 수 있었다. 내가 마지막으로 그들의 소식을 들었을 때, 그들은 35년간의 결혼 생활에서 느끼지 못했던 즐겁고 행복한 시간을 보내고 있었다.

데이트 상대에게
바람맞은 후의 비참함

상황(졸린)

23세의 졸린Jolene은 밝고 아름다운 여성이다. 졸린은 로버트라는 남성과 데이트를 한 후 그다음 약속을 잡았다. 하지만 바람을 맞았다. 졸린은 그가 정말 마음에 들었고 계속 만나고 싶었기 때문에 비참한 기분이 들었다. 그녀는 그가 혹시 사고라도 났을까 걱정하며 메시지를 남겼지만 연락은 없었다.

내면 탐구

졸린은 불안감과 우울감으로 힘들어하며 상담하러 왔다. 당시 졸린은 나와 이미 상담을 진행하던 중이었고 그날은 4번째 상담일이었다.

> **나** 졸린, 왜 로버트가 약속 장소에 나타나지 않았다고 생각해요?
> **졸린** 여러 가지 이유가 떠올라요. 제가 별로 예쁘지 않아서였거나 반대로 정말 예뻐서 그가 부담스러웠을 수 있어요. 어쩌면 제가 별

로 똑똑해 보이지 않았거나 반대로 굉장히 똑똑해보였겠죠. 아니면 진지하거나, 제 이야기만 너무 떠들었거나, 첫 만남에서 지나치게 솔직한 모습을 보였거나, 반대로 제 모습을 숨겼거나 했을 수 있죠. 잘 모르겠지만 제가 뭔가 잘못한 게 틀림없어요. 그 이유를 알 수 있다면 좋겠어요!

나 그러니까 그가 약속 장소에 나타나지 않은 것이 당신의 잘못이라는 거네요.

졸린 다른 이유가 있겠어요? 제 탓이겠죠.

나 혹시 그가 바람맞힌 사람이 당신이 처음이 아니라는 생각이 들지 않아요?

졸린 그런 생각은 해본 적 없어요. 그가 나를 바람맞혔고, 그건 제가 뭔가 잘못한 탓이라는 생각만 들어요(졸린은 수치심을 기반으로 한 믿음을 갖고 있다).

나 잘못하는 일이 없다면 세상 누구도 나를 실망시키는 일은 벌어지지 않을까요? 그저 올바른 행동 방식을 찾아내기만 하면, 다른 사람이 당신을 실망시킬 위험을 완전히 통제할 수 있다는 뜻인가요?

졸린 통제요? 잘 모르겠어요. 전 통제라는 면에서 생각해본 적은 없어요. 그저 제가 괜찮은 사람이 아니라서 그 사람이 약속 장소에 나타나지 않았다는 생각만 들어요.

나 하지만 그가 안 온 이유가 당신과는 상관없는 이유라면 어떨까요? 그는 누군가에게 거절당하는 것을 무척 두려워해서 진심으로 좋아하는 누군가와는 데이트를 못하는 사람일 수도 있잖아요. 아니면 여자에게 증오심을 품고 있는 사람이라 여자를 바람맞히는 식으로 그 증오를 표현하는 사람은 아닐까요? 누군가를 좋아하게 되면 자신을 잃게 될까 봐 두려운 것이 아닐까요? 그가 당신을 정말 좋아했을 가능성도 있어요. 오히려 당신을 좋아하는 마음이 자신을 보호하기 위해 물러섰을 수 있죠. 이 경우에는 당신에게 문제가 있는 걸까요, 아니면 그에게 문제가 있는 걸까요?

졸린 하지만 그가 절 바람맞힌 이유가 무엇인지 정확히 알 수는 없잖아요.

나 그렇다면 그 이유가 당신 때문이라고 생각하는 것과 그의 문제 때문이라고 생각하는 것 중 어떤 쪽이 더 기분이 낫나요?

졸린 물론 그의 문제로 그랬다고 생각하는 쪽이 훨씬 기분이 낫죠.

나 (졸린의 부모님은 그녀가 아주 어렸을 때 이혼했다) 졸린, 어렸을 때 아빠가 오기로 약속을 해놓고 안 왔을 때, 엄마는 뭐라고 했나요.

졸린 (울음을 터뜨리며) 엄마는 제가 나쁜 아이라서 아빠가 오지 않는 거라고 했어요. 항상 제 탓이었죠. 엄마가 시간 약속을 지키지 않을 때도, 엄마는 무조건 제 탓이라고 말했어요. 전 어떻게 해도 좋은 아이가 될 수 없었죠.

나 그러니까 당신에게 수치심을 주면서, 당신이 바른 행동만 하면 엄마나 아빠가 곁에 있었을 거라고 했다는 거죠?

졸린 네. 전 항상 사람들이 어떻게 하면 저를 좋아하고 떠나지 않게 할 수 있을까 생각하며 노력했어요.

나 당신은 나쁜 아이였나요?

졸린 모르겠어요. 나쁜 아이는 아니었던 것 같아요. 전 착한 아이가 되려고 노력했거든요. 나쁜 짓을 한 적도 없었고요.

나 만약 당신과 꼭 닮은 딸이 있다면, 그 아이가 나쁜 아이라고 생각할 것 같나요?

졸린 아니요! 전 딸을 매우 사랑할 거예요. 전 어릴 적에 정말 귀여운 아이였어요.

사랑을 표현하는 행동

나 당신을 꼭 닮은 딸에게 멀리 사는 아빠가 있고, 아빠가 그 아이를 데리고 놀러 가겠다는 약속을 해놓고 나타나지 않는다면 딸에게 뭐라고 말하겠어요?

졸린 아빠는 책임감 있고 의지할 수 있는 사람이 아니라고 말할 거예요. 또 아빠가 약속을 깬 건 네 잘못이 아니라고 말해줄 거예요. "아빠는 사랑하는 법을 모르는 것 같구나."라고 말이에요. 딸에게 사랑한다고 말하면서, 아빠가 얼마나 소중한 걸 놓치고 있는지 모른다고 하겠어요. 실망시킨 것을 보상해주기 위해서 딸을 데리고 특별한 곳으로 놀러 갈 거예요.

나 그런데 당신의 말이 옳다는 건 어떻게 알죠? 딸이 뭔가 잘못했기 때문에 아빠가 약속을 깬 것이 아니라는 사실을 어떻게 알 수 있죠?

졸린 제 안에 있는 고차원적인 힘에게 제 말이 맞는지 물어볼 거예요. 아마도 제 말이 맞을 거예요. 부모가 사랑을 베풀지 않은 것을 아이의 잘못으로 돌릴 수는 없어요. 딸과의 약속을 깨는 아빠가 있다면, 그건 아빠의 잘못이지 딸의 잘못이 아니에요.

나 이제 당신의 내면아이에게 똑같이 해보세요. 로버트가 당신을 바람맞힌 것에 대해서 어떻게 말해주겠어요? 인형한테 한번 말해 보세요.

졸린 알겠어요. (인형을 바라보며 말한다) 넌 정말 착하고 똑똑하고 예쁜 아이야. 네가 잘못한 건 없어. 지난주에 로버트랑 데이트했을 때 네가 잘못한 것은 없어. 네 모습 그대로 행동하는 것은 좋은 일이야. 로버트가 무책임하다는 사실을 지금이라도 알아서 다행이야. 난 네가 아빠 같은 사람이랑 함께 있는 게 싫어. 넌 더 좋은 대우를 받을 자격이 있어. (잠시 멈춰서 골똘히 생각한 후) 그동안 난 네게 못할 짓을 많이 했어, 그렇지? 내가 아빠 같은 남자를 고르는 바람에 넌 항상 상처를 받았고, 그게 네 잘못이라고 생각했지. 내가 왜 그랬는지 모르겠어.

나 왜 그랬다고 생각하세요? 아마 이유가 있었을 거예요.

졸린 전 저를 좋아해주는 남자를 사랑한 적이 없어요. 저를 좋아해주는 남자들은 세상 물정을 잘 모르는 사람이라고 생각했어요. 오히려 차갑고 냉담한 사람에게 끌렸고, 그래서 더 상처받았어요. 선생님도 아시다시피 그래서 제가 상담을 받으러 온 거였고요. 전 이런 관계에 질렸어요.

나 졸린, 당신의 내면아이에게 왜 그런 남자들에게 끌렸는지 물어보세요.

졸린의 성인자아 (인형에게 말한다) 왜 넌 항상 차갑고 냉담한 남자들에게 끌렸지?

졸린의 내면아이 그런 남자들이 날 좋아해주는 자체가 좋았어.

나 자신의 가치를 결정할 권리를 아빠 같은 남자에게 줘버렸던 것으로 들리네요. 그런 사람들이 당신을 좋아해주면 당신도 괜찮은 사람이라고 생각했던 거죠. 친절하고 책임감 있는 남자들은 힘이 없다고 생각한 거예요. 그저 세상 물정 모르는 사람이라고 생각했죠. 그래서 그들이 당신을 어떻게 생각하든 중요하지 않았어요. 아빠 같은 남자들이 당신을 어떻게 생각하느냐가 중요할 뿐이었죠.

문제는 아빠 같은 남자는 당신을 진심으로 사랑할 수 없다는 점이에요. 왜냐하면 그들에겐 그럴 능력이 없거든요. 그들은 마치 로버트처럼 진실한 관계를 회피해요. 당신이 아빠에게 주었던 권한을 되찾고 자신의 가치를 스스로 정의하기로 마음먹을 때, 이런 남자에게 상처받는 일을 멈출 수 있어요. 스스로 자신의 가치와 사랑스러움을 정의할 수 있게 되면, 내면아이를 진실로 소중하게 여기고 있는 그대로의 모습을 받아들이게 되면, 당신을 소중하게 생각하는 남자에게 끌릴 거예요.

졸린 맞아요! 그동안은 아빠 같은 남자들이 저를 좋아해줄 때 기분이 좋았다가, 그들이 떠나고 나면 끔찍한 기분이 들었어요. 어린 시절에 제가 아빠에게 느끼는 감정이랑 똑같았죠.

나 맞아요. 그것이 바로 의존 관계예요. 자신의 가치를 결정할 권한을 다른 사람에게 줘버리는 거죠.

졸린 그러면 그 권한을 다시 찾기 위해서는 어떻게 해야 하죠?

나 매일 내면아이와 대화를 나누면서 내면아이의 진실한 모습을 알려주세요. 지금 당장 해보는 건 어때요? 내면아이가 진짜 당신의 딸이라고 생각하고, 내면아이의 본모습을 알려주세요. 당신이 아이였을 때 어땠는지 기억해보세요.

졸린 (인형을 바라보면서) 너는 정말 귀엽고 예쁜 아이야. 단지 넌 그 사실을 믿지 않을 뿐이지. 네가 좀더 예쁜 아이였다면 아빠가 널 사랑했을 거라고 생각하니까 말이야. 하지만 그건 사실이 아니란다. 넌 정말 예쁘고 아주 똑똑한 아이야. 학교 성적도 항상 좋았지. 정말 착하고 다정한 아이야. 다른 사람의 감정을 배려하고 누구에게도 상처주고 싶지 않아 해. 게다가 유머 감각도 아주 뛰어나. 넌 항상 그랬어. 사람들을 미소 짓게 만들지. 넌 음악에도 재능이 있어. 글쓰기와 작곡에도 재능이 있고. 넌 어떤 일이든 잘해내지. 넌 정말 특별한 아이고 네가 나라서 정말 기뻐.

나 이제 내면아이의 기분이 어떤지 물어보세요.

졸린의 성인자아 기분이 어떠니?

졸린의 내면아이 난 네 말을 안 믿어. 넌 그냥 의무감에 그런 말을 하는 것뿐이야. 사실은 그렇게 생각하지 않잖아. 넌 항상 내가 뭔가 잘못했다고 말해왔으니.

나 그동안 당신은 엄마가 그랬던 것처럼 내면아이를 대해왔던 것 같네요.

졸린의 성인자아 (눈물을 흘리면서) 맞아요. 하지만 그땐 스스로에게 무슨 짓을 하고 있는지 몰랐어요. (내면아이에게) 정말 미안해. 넌 그런 대접을 받을 아이가 아니었어. 넌 정말 멋진 아이였는데, 내가 그걸 제대로 알려준 적이 없었구나.

나 그래서 내면아이가 항상 아빠 같은 남자들에게 인정을 받으려고 했던 거예요.

졸린 앞으로는 내면아이에게 내가 자기를 얼마나 사랑하는지 말해주고, 얼마나 멋진 아이인지도 말해주어야겠어요.

나 그래요, 하지만 내면아이를 위해 직접 행동하는 것도 필요해요. 내면아이에게 멋지고 사랑스럽다고 말하면서도 실제로 행동하지 않으면, 내면아이는 당신의 말을 믿지 않을 거예요. 예를 들면 계속 아빠와 같이 상처를 주는 남자들에게 내면아이를 맡긴다면 말이죠. 대신 내면아이가 원하는 것을 주의 깊게 듣고 행동으로 옮긴다면, 내면아이는 당신을 믿을 거예요. 시간은 걸리겠지만요. 어릴 때는 당신의 어머니가 내면아이에게 나쁜 아이라고 말했고 그걸 보고 자란 당신이 내면아이에게 똑같이 했으니, 내면아이의 생각이 바뀌려면 시간이 필요해요.

이제 당신이 내면적인 유대감을 형성해서 내면아이가 안전함을 느끼게 되면, 아마 어린 시절 상처받았던 기억들을 당신에게 보여줄 거예요. 그럴 때 내면아이와의 대화를 계속 유지하는 것이 아주 중요해요. 상처받은 기억이 괴롭더라도 피하지 말고 내면아이와 계속 대화해야 해요. 말로만 내면아이를 사랑한다고 하면서 시간을 함께 하지 않으면 아무 소용이 없는 거죠. 당신의 아버지가 그랬던 것처럼요. 그러니 매일 꾸준히 내면아이에게 귀를 기울이고 대화를 하세요.

졸린 알겠어요. 이제 내면아이와의 대화가 점점 기대돼요. 내면아이도 저와의 대화를 기대하고 있는 것 같아요. 제 안에서 "좋아, 좋아!"라고 말하고 있으니까요. 이제 매일 대화를 나눌 거예요!

졸린은 이 약속을 지켰다. 졸린은 하루에 약 1시간 정도 내면아이와 대화를 나누고 편지를 썼다. 졸린은 매우 열심히 노력했기 때문에 내면적인 유대감에서 빠른 성과를 보였다. 6개월 후, 졸린은 착하고 다정한 남자를 만나면서 그에게 매력을 느꼈다. 그녀는 자신의 이런 변화에 무척 놀랐다.

상대방이 약속이나 데이트를 깼을 때, 이를 자신의 잘못으로 받아들이지 않는 법을 배워야 한다. 또한 약속이 깨졌어도 그 시간을 보람차게 사용하는 법도 배워야 한다. 함께 시간을 보내기로 했던 사람이 갑자기 계획을 바꿀 때도 마찬가지다. 지인이 약속을 자주 취소하거나 계획을 바꾼다면, 그 사람과는 더이상 약속을 잡지 않는 것이 좋다. 하지만 그렇다 해도 좋은 관계를 유지하기 위해서는 어느 정도의 융통성도 필요하다.

융통성을 가지려면 흥미롭고 보람을 느낄 만한 일을 찾아야 한다. 예를 들어 어떤 사람이 갑자기 계획을 바꿨다면, 평소에 하지 못했던 재미있는 일들을 찾아서 할 수 있어야 한다. 독서, 정원 손질, 음악 감상, 집에서 쉬기 등 하고 싶은 일을 하면 된다. 그러면 상대방이 약속을 어겨도 혼자서도 얼마든지 행복할 수 있다.

우리는 혼자서 자신을 행복하게 만드는 방법들을 알고 있어야 한다. 그래야 자신의 행복을 남에게 의존하지 않고, 누군가 갑자기 계획을 바꿔도 화를 내지 않을 수 있다. 만약 누군가와 함께 있을 때만 행복을 느낄 수 있다면, 그런 의존 관계 뒤에 숨은 두려움과 잘못된 믿음을 살펴볼 필요가 있다.

하지만 한편으로는 외로울 때 전화할 수 있고, 함께 저녁을 먹고, 영화를 보고, 산책을 하고 대화할 수 있는 좋은 친구들이 필요할 때도 있다. 함께 무언가를 배우며 힘들 때 곁에 있어주고 당신을 감싸주는 친구 말이다.

자신의 건강과 안전을
각별히 돌보자

우리는 자녀를 사랑하고 아낄 때, 그들을 더 잘 보살피고 건강과 안전 문제에도 신경을 쓴다. 반면에 자녀를 학대하는 부모는 그들을 보호하지 않는다. 또한 아이들이 소중하고 사랑스러운 존재라는 사실도 알려주지 않는다. 오히려 아이들이 자신은 나쁜 아이고 사랑스럽지 않다는 잘못된 사실을 믿게 만든다.

왜냐하면 그런 부모들은 대부분 자신이 나쁜 사람이고 사랑받지 못한 사람이라고 여겨, 무의식적으로 자녀에게도 똑같이 행동하기 때문이다. 이런 부모 아래에서 자란 아이들은 커서 내면아이와 자녀들에게 똑같이 행동할 가능성이 높다.

부모가 우리의 건강과 안전을 보호해주지 않으면, 우리는 내면아이가 착하고 사랑스러운 아이라는 사실을 알지 못한다. 그러면 우리는 자신을 돌보지 않으며, 그에 따라 건강과 안전을 무시하게 된다. 예를 들면 알코올 · 약물 · 카페인 · 흡연 · 설탕 · 가공식품 등으로 몸을 혹사시키거나 과식과 비만, 폭식과 거식증 등의 양상을 보인다. 몸이 아픈데 의사에게 가지 않는 것도 자신을 무시하는 행동이다. 병원에 가는 것이 무서워 병을 키운 사람들의 이야기를 누구나 한 번쯤은 들어보았을 것이다.

몸이 아프거나 감정적으로 도움이 필요한 상황인데도 오히려 자신을 고립시키는 사람들도 있다. 또는 고통스러운 상황에서 그 고통에 귀 기울이기보다는 쇼핑중독으로 파산하는 사람들도 있다.

이처럼 다양한 방식으로 자신의 건강과 안전을 돌보지 않는 것은 성인자아가 내면아이의 가치를 믿지 않기 때문이다. 마치 부모님이 그랬던 것처럼 말이다. 자신의 건강과 안전을 돌보지 않고 무시할수록, 무가치하고 사랑받을 자격이 없다는 생각은 더 강해질 뿐이다.

이때 내면적인 유대감 형성을 통해 잘못된 믿음의 근원을 알아내고 자신의 소중함을 발견한다면, 자연히 자신을 더 사랑스러운 방식으로 대한다. 우리는 그런 대접을 받을 가치가 있다. 다음에 소개하는 랜스의 사례를 살펴보자.

알코올과 마리화나로 자신을 망치는 청년

상황(랜스)

랜스Lance는 내면이 죽어가고 있다는 느낌이 들어 상담실을 찾았다. 26세의 청년 랜스는 앞으로 희망이란 없다고 생각하며 알코올과 마리화나로 몸과 마음을 망치고 있었다. 그는 의대 3학년 때 대학을 중퇴하고 공장에서 일하고 있었다.

전 매일 밤 술에 취해 있어요. 인생이 이게 다가 아닐 텐데 말이죠. 전 이미 늙어버린 것 같아요. 사람들에게 거절당하는 게 너무 두려워서 여자를 만나지도 않고 친구도 없어요. 그동안 상담을 많이 받아봤어요. 어렸을 적에 엄마는 저를 학대했어요. 부모님은 제가 태어나기도 전에 이혼하셨죠. 전 크면서 항상 문제를 일으켰어요. 학교 성적은 좋았죠. 고등학교를 졸업하고 저는 예술학교에 가고 싶었지만 엄마는 제가 의사가 되어야 한다면서 완강히 반대했죠. 그래서 의대에 가긴 했지만 학교가 싫었고, 결국 이렇게 인생을 낭비하고 있어요.

엄마는 아직도 절 억압하고 있어요. 엄마 곁에 있을 때는 항상 죄책감이 들어요. 아빠를 가끔 만나기는 하는데 알코올중독으로 힘들어해요. 그런데 이제 알코올중독 치료 모임에 나간다고 하더라고요. 아마 술을 끊고 제대로 살려고 하는 것 같아요. 아무튼 전 아빠를 닮은 것 같아요. 술을 마시거나 마리화나를 피우지 않으면 무엇을 해야 할지 모르겠어요. 이제 어떤 일이든 흥미가 없고, 예전에 하고 싶었던 예술에도 흥미를 잃었어요. 전 그저 죽은 사람처럼 내면이 텅 빈 것 같아요. 가끔은 자살까지 생각하기도 해요.

랜스는 돌봐주는 성인자아 없이 버려진 내면아이로 세상을 살고 있었다. 그는 성인이었지만 내면은 외로운 소년이었다. 다행히도 새로운 삶을 살기 위해 나름대로 노력하고 있었다. 랜스의 성인자아는 내게 상담을 받으러 와 도움을 청했고, 이것이 회복의 첫 단계였다.

414

내면 탐구

랜스는 첫 상담에서 내면적인 유대감 형성 과정을 배웠다. 나는 랜스에게 도움이 될 만한 책을 추천하고, 매일 아침저녁으로 15분 씩 내면아이와 대화할 것을 권했다. 또한 알코올중독 치료 모임에 도 참석할 것을 권했다. 고립 상태에서 벗어나 그의 고통을 이해하 는 사람들에게 지지를 얻어야 했기 때문이다. 다행히 그는 모임에 나가겠다고 했다.

다음번 상담시에 그는 관련 책도 읽고 내면아이와 대화도 해봤지 만 아직 어려움을 겪고 있다고 했다. 내면아이가 그에게 말을 하려 고 하지 않는다는 것이다.

그는 그저 술만 마시고 싶었다. 알코올중독 치료 모임도 나가봤 지만 별로였다고 했다. 그 모임에서 말하는 신에 대한 이야기가 와 닿지 않는다는 이유였다.

나는 거기서 말하는 신을 외부적인 존재가 아닌 내면에 존재하는 고차원적인 자아로 생각해보길 권했다. 나는 그의 내면아이에게 왜 말을 하지 않는지 물어보라고 했다.

랜스 (곰 인형을 보고 무심하게 감정 없는 목소리로 말한다) 넌 왜 내게 말을 하지 않으려고 하니?

나 랜스, 그런 무심한 태도로 말하면 저라도 말하기 싫을 것 같아 요. 내면아이에게 그렇게 무심한 태도를 보이는 데는 이유가 있을 것 같은데요. 그 이유가 뭔지 알겠어요? 누가 당신을 그런 식으로 대했나요?

랜스 엄마가 그랬어요. 화를 낼 때 빼고는 늘 제게 무관심했죠. 전혀 관심이 없었어요. 가끔 만나는 아빠조차도 제게 전혀 관심이 없었어요.

나 내면아이가 당신의 관심을 받을 가치가 있다고 생각하나요?

랜스 잘 모르겠어요. 그저 어리석고 공허한 아이 같다는 생각이 들어요.

나 랜스, 이렇게 한번 해보세요. 눈을 감고 어린 소년이 되었다고 상상해보세요. 자신이 어떤 모습인지, 어떤 부류의 사람인지 살펴보세요. 그러고는 어린 시절 당신을 꼭 닮은 아들이 하나 있다고 생각해보세요. 그 아이를 어떻게 묘사하겠어요?

랜스 흠, 그 아이는 귀여운 아이예요.

나 그리고요?

랜스 약간 수줍음을 타요. 농구와 그림 그리기를 좋아해요.

나 그 아이는 못된 아이인가요? 혹시 다른 아이들을 괴롭히나요? 아니면 착한 아이인가요?

랜스 그 아이는 정말 착한 아이예요. 절대 다른 사람을 해치지 않아요. 특히 엄마한테 상처를 주고 싶어하지 않아요. 하지만 그 아이는 엄마에게 상처를 주는 것 같아요. 엄마는 그 아이를 좋아하지 않아요.

나 당신은 그 아이를 아들로서 좋아할 수 있나요?

랜스 네, 그 아이는 좋은 아이니까요.

나 하지만 그 아이가 당신의 엄마에게는 사랑받지 못한다고 생각하는군요?

랜스 네.

나 다시 그 아이에게 왜 말을 하지 않는지 물어보세요.

랜스 (곰 인형을 바라보며 말한다) 왜 내게 말을 하지 않으려고 하니?

랜스의 내면아이 이제 말할게.

랜스의 성인자아 왜 지난주에는 내내 말을 하지 않았니?

랜스의 내면아이 네가 지금처럼 말을 걸지 않았으니까. 난 네가 엄마처럼 굴 때는 말하고 싶지 않아. 난 엄마가 싫거든. 네가 엄마처럼 굴 때는 너도 싫어.

랜스 아, 정말 이상한 기분이에요. 예전에는 제 안에 내면아이가 있다는 사실을 믿지 못했어요. 내면아이의 존재를 믿지 않았는데 지금 기분이 정말 이상해요. 제가 엄마처럼 굴었다니 믿을 수가 없어요.

나 사실 그럴 수밖에 없었잖아요? 성인자아의 본보기가 되는 것이 부모의 모습이니까요. 부모님의 모습을 보고 자라기 때문에 그 방식대로 자신을 대할 수밖에 없는 거죠. 어릴 적 엄마가 어떻게 대해주길 바랐어요? 의자에 엄마가 앉아 있다고 생각하고, 어릴 때 어떻게 대해주길 바랐는지 말해보세요.

랜스 해보긴 하겠지만, 전 이런 일을 잘 못하는 것 같아요. 음, 엄마는 왜 다른 아이들 엄마처럼 저에게 잘해주지 않으셨어요? 전 엄마가 절 좋아해주길 바랐어요. 제가 예술을 하는 것도 좋아해주길 바랐어요. 엄마와 함께 외출하거나 같이 TV를 보고 싶었어요. 가끔이라도 절 보고 웃어주길 원했고요. 하지만 엄마는 항상 화를 내고 엄격하셨죠. 엄마가 고양이에게 대하는 것처럼 절 대해주길 바랐어요.

나 엄마가 고양이를 어떻게 대하셨나요?

랜스 엄마는 고양이를 안고 쓰다듬어주었어요. 고양이가 말썽을 부려도 절대 소리를 지르지 않았죠. 엄마는 항상 저보다 고양이를 더 사랑하셨어요.

나 내면아이는 당신이 그렇게 해주길 바라고 있을 거예요. 한번 시도해보는 게 어때요? 당신의 내면아이도 어머니의 고양이처럼 대접을 받을 가치가 있다고 생각하세요?

랜스 네, 그 아이는 그럴 만한 가치가 있어요. 정말이에요. 그는 좋은 아이니까요.

사랑을 받아보지 못한 사람은 내면아이에게 사랑을 베푸는 성인 자아가 된다는 것이 어떤 의미인지 잘 모르는 경우가 많다. 다행히도 랜스는 어머니가 고양이한테 대했던 것을 떠올리며 이에 대한 힌트를 얻었다. 그는 어머니가 고양이들을 대할 때 보냈던 관심과 사랑을 떠올리며 내면아이와 대화를 시작했다. 몇 달이 지나자 그의 인생은 제자리를 찾기 시작했다.

랜스는 술을 끊고 정기적으로 알코올중독 치료 모임에 참석했다. 또한 어머니와의 의존적인 관계를 적극적으로 살펴보았다. 그동안 랜스는 어머니를 기쁘게 하고 인정을 받으려고 노력했고, 그러기 위해 자신의 꿈까지 포기했다.

하지만 어머니의 인정은 받을 수 없었다. 결국 랜스는 앞으로도 절대 어머니의 인정을 받을 수 없을 테지만, 대신 자신의 인정을 받을 수는 있다는 것만큼은 깨달았다.

사랑을 베푸는 행동

랜스는 생계유지의 목적으로 직업을 택하면 진정으로 행복할 수 없다는 것을 깨달았다. 그는 예술가가 되고 싶었다. 실제로 그는 많은 재능이 있었다. 그래서 야간 대학의 예술 수업을 듣기로 결정했다.

랜스는 첫 수업에 참석할 때 매우 두려웠다. 하지만 두려움을 이기고 수업에 참석했다. 다행히도 이 수업이 그의 인생에 전환점이 되었다. 교수님은 그를 격려하고 힘을 실어주었다.

랜스는 예술 전공으로 대학을 졸업하고 교사 자격증도 취득하기로 결정했다. 내가 마지막으로 그의 소식을 들었을 때, 그는 같은 학교에서 만난 여자를 만나고 있었고 무사히 졸업도 앞두고 있다고 했다.

그는 주말마다 알코올중독 치료 모임과 의존 치료 모임에 나가고 있다. 또한 내면아이가 좋아한다고 했던 농구도 즐기고 있다. 그는 매일 내면아이와 몇 분씩 대화를 하면서 내면아이와의 유대를 계속 유지했다. 또한 내면아이의 예술적 재능에 매우 감사한다고 했다.

결국 랜스는 어머니의 인정을 받고 싶었던 욕구에서 벗어났다. 그러자 어머니와의 관계도 조금씩 나아졌고 아버지와도 이전보다 가까워졌다.

나는 그의 어머니가 길렀다는 고양이와 내면아이를 사랑하기로 한 랜스의 결정에 감사함을 느낀다. 그것들이 없었다면 랜스는 지금쯤 죽은 사람이 되었을 수도 있었다.

어린 시절의
트라우마와 학대

건강과 안전 문제를 겪는 사람은 어린 시절 트라우마와 학대를 경험한 경우가 많다. 심한 학대를 받았던 사람일수록, 자존감이 매우 낮다. 자신의 건강과 안전을 돌보지 않기 때문이다. 다음에 소개하는 2가지 사례를 살펴보자.

물질중독으로
억누르려 했던 상처들

상황(대런)

상담실을 찾았을 때 대런Daren은 알코올과 코카인에 중독되어 있었으며, 재정적으로도 시달리고 있었다. 그는 건설 사업을 했는데, 코카인을 사는 데 돈을 많이 쓰는 바람에 사업도 기울고 있었다. 그제야 그는 뭔가를 해야겠다고 마음먹었다.

첫 상담에서 대런은 어렸을 때 아버지가 집을 나갔지만 어머니가 자신을 아주 많이 사랑해주었기에 행복한 유년 시절을 보냈다고 주장했다. 나는 대런이 자신의 어린 시절을 부인하고, 또한 물질중독으로 인한 고통도 부정하고 있음을 알아챘다. 그는 자주 웃었지만 오히려 그 웃음에서 깊은 슬픔이 느껴졌다.

대런은 30일간 매일 알코올중독 치료 모임에 나가는 데 합의했다. 이는 회복을 위해 꼭 필요한 과정이었다. 술과 마약에 중독된 지난 세월동안 그는 제대로 된 성인자아의 모습을 가지지 못했지만, 지금이라도 회복을 위해 노력하기로 했다. 또한 그는 약물중독자 모임에도 참여하기로 했다.

내면 탐구

대런은 금주 프로그램과 내면적인 유대감 형성 과정을 열심히 따랐다. 그러자 그동안 물질중독으로 억누르려 했던 어린 시절의 고통스러운 기억들이 떠오르기 시작했다.

대런이 3살 때 아버지는 어머니를 떠났다. 이후 아버지는 대런을 거의 찾아오지 않았다. 게다가 양육비도 보내지 않아서 어머니는 쉬지 않고 일해야 했다. 어머니가 일을 하러 가고 누나가 학교에 간 사이, 대런은 여동생과 남아 외로움과 배고픔을 느꼈다. 어머니는 가끔 이웃 사람들에게 대런과 여동생을 맡기기도 했는데, 그 이웃들은 대런과 여동생을 성추행했다. 나중에 어머니는 매우 폭력적인 남자와 재혼했고 아이들은 두려움에 떨며 살았다.

이런 기억들이 또렷이 떠오르자, 그는 당시 느꼈던 무서움과 고통, 외로움에 깊은 슬픔을 느꼈다. 의붓아버지와 이웃들로부터 보호해주지 않았던 어머니에 대한 분노도 떠올랐다. 대런은 그동안 '나는 중요하지 않아.'라는 믿음으로 살았던 이유를 그제야 알 수 있었다. 이후 그는 성폭력피해자 모임에 나가기 시작했다.

대런은 착하고 배려심이 강한 사람이었다. 그래서 마음속의 분노를 다른 사람에게 전가하지 않으려고 그 분노를 자신의 내면으로 향하게 했다. 그 결과 11세 때 술을 마시기 시작하고, 15세에는 마약중독자가 되었다. 자신이 중요하지 않다는 생각에 무의식적으로 자신을 학대했던 것이다.

여성과 친구들과의 관계에서는 항상 시중을 드는 역할을 맡았다. 이 역시 자신이 중요하지 않다는 생각에서 비롯된 것이다. 또한 다른 사람의 욕구를 충족해주느라 정작 스스로를 돌보지 못하고 사람 간의 관계에서 이용당하는 느낌을 받았다.

내면적인 유대감을 맺기 시작한 지 6개월 후, 그는 약물과 알코올을 끊었던 것처럼 사람들과의 관계도 적당히 자제해야 한다는 것을 깨달았다. 내면아이와 더 깊은 유대감을 맺기 전까지는 사람들과 의존적인 관계로 지내기가 쉽기 때문이다.

대런은 돈 문제에 관해서는 사랑을 베푸는 성인자아로 행동하는 것을 힘들어했다. 그는 열심히 일하는 사람이었지만 돈을 관리하는 면에서는 버려진 내면아이처럼 행동하고 있었다.

대런 도대체 왜 돈을 이런 식으로 쓰는지 이유를 모르겠어요. 저는 늘 돈을 흥청망청 써요. 이런 상황이 싫은데도 늘 반복하고 있어요.
나 그런 행동을 하는 이유가 분명히 있을 거예요.
대런 돈 자체에 저를 불편하게 하는 무언가가 있어요. 저는 돈을 원하면서도 싫어하고, 돈을 가지고 있는 것 자체를 참을 수가 없어요. 돈을 가지고 있으면 불안해져서 어떻게 해서든 다 써버리려고 해요.
나 대런, 내면아이에게 돈에 대한 느낌이 어떤지 물어보세요.
대런 (곰 인형을 들고) 꼬마 대런, 너는 돈에 대해서 어떤 감정을 느끼니?

대런의 내면아이 난 돈이 무서워.

대런의 성인자아 왜?

대런의 내면아이 돈은 나쁜 물건 같아. 무서운 느낌만 들어. 돈을 갖고 있으면 나쁜 일이 일어나니까.

대런의 성인자아 나쁜 일이라니?

대런의 내면아이 너도 알잖아. 우리 이웃집에서 일어났던 나쁜 일 말이야.

대런의 성인자아 맙소사! 지금 기억이 났어요! 그 사람들은 저를 성추행하고 아무한테도 말하지 말라면서 돈을 쥤어요. 만약 다른 사람에게 말하면 누나를 죽이겠다고 협박했어요! 전 너무나도 두려웠어요(그는 기억을 떠올리며 눈물을 흘리기 시작했다. 그는 곰 인형을 안고 슬프게 울었다).

제가 돈을 싫어한 것은 당연했어요. 이상한 일이 아니었어요. 그동안은 돈만 보면 불안한 기분이 들면서도 이유를 몰랐었는데….

억눌렸던 기억이나 인식은 갑자기 되살아나지 않는다. 대런처럼 내면적인 유대감을 위해 몇 달간 노력해 내면아이가 성인자아를 믿을 수 있을 때만 이런 고통스러운 기억이 수면 위로 떠오른다.

나는 내면적인 유대감 형성을 통해 잊고 있던 기억을 되살리는 사람들을 수없이 보았다. 그때마다 경외감을 느낀다. 또한 내담자들과 긴밀한 유대를 맺고 그들의 치유 과정에 동참하게 된 것을 영광스럽게 생각한다.

사랑을 표현하는 행동

대런은 치료 모임에 일주일에 3번 정도 참여했다. 그는 더이상 술이나 약물에 의존하지 않았다. 매일 내면아이와 대화를 하면서 내면아이가 마음껏 슬퍼할 수 있는 시간을 주었다.

또한 돈에 대해서도 매일 내면아이와 대화를 했다. 그래서 더이상 돈이 상처를 주는 대상이 아님을 알려주었다. 그 결과 돈에 대한 그의 무절제함은 점차 개선되었고, 이성적인 성인자아로서 돈을 관리할 수 있게 되었다.

내면적인 유대감 형성을 시작한 지 1년 후, 대런은 한 여성과 만나기 시작했다. 이제 그는 의존적인 성향을 바로 보고 고칠 준비가 되었다. 사실 혼자 있을 때보다는 누군가와의 관계에서 더 어려운 문제들을 겪기 때문에 1년이라는 준비 과정이 필요했다. 그는 지금도 여전히 자신을 알아가는 과정에 있다.

아버지의 배신과
학대가 부른 폭력성

상황(폴)

40대 후반의 폴Paul은 세 번째 결혼에 실패하고, 자신이 운영하던 컨설팅 사업이 힘들어지면서 상담실을 찾았다. 첫 번째 상담에서 그는 폭력 전과가 있다는 점과 갑자기 화가 나면 통제가 불가능해진다는 것을 털어놓았다. 그는 자신의 폭력성을 매우 두려워하고 있었지만, 어디에서 그런 폭력이 비롯되는지는 전혀 모르고 있었다.

그는 폭력을 쓰지 않을 때는 완전히 다른 사람이었다. 평소의 그는 부드럽고 다른 사람들을 배려하는 사람이었다. 그는 자신 안에 악마가 있어서 결혼과 일, 심지어 자신까지도 파괴할 것 같다고 말했다.

내면 탐구

폴의 어머니는 매일 폴과 동생을 때렸다. 그래서 폴은 평생 어머니를 증오했다. 반면에 근면하고 성공적인 회계사이던 아버지는 존경하고 사랑했다. 상담 초기에 폴은 아버지에 대해서는 온통 좋은 이야기만 했다.

그런데 내면아이와의 꾸준한 대화를 통해 폴은 자신이 알던 아버지와 반대되는 사실을 기억할 수 있었다. 폴의 아버지는 갑자기 화를 내며 폭력을 쓰는 일이 있었는데, 특히 폴의 남동생에게 자주 그랬다. 폴은 조용했지만 폴의 동생은 활발한 소년이었다. 그런 동생의 성향이 아버지의 분노를 일으키는 듯했다.

그렇지만 이 기억만으로는 폴의 폭력성을 설명할 수 없었다. 나는 이에 대한 이유가 분명히 있다는 생각이 들었다.

어느 날 폴은 사귀던 애인과 사랑을 나눈 후 갑자기 눈물이 났다고 했다. 그래서 곰 인형을 들고 내면아이에게 왜 우는지 물어보았다. 내면아이는 이렇게 말했다. "아빠가 내 몸을 빼앗아갔어." 폴은 이 말에 겁이 나서 더이상 내면아이와 대화를 나누지 않았다.

다음번 상담에 폴은 매우 혼란스러운 모습으로 나타났다. 나는 그에게 사랑을 나눈 후의 상황을 시각화해서 떠올린 다음, 내면아이에게 그때 한 말의 의미를 물어보라고 했다.

> **폴** (곰 인형을 바라본다) 전 내면아이에게 말하고 싶지 않아요. 내면 아이를 때려주고 싶을 뿐이에요.
>
> **나** 왜 그렇죠?
>
> **폴** 잘 모르겠어요. 그는 나쁜 아이예요. (잠시 말을 멈추고 분노가 가라앉을 때까지 기다린다) 좋아요. 이제 내면아이에게 말할게요. 폴, 그때 네가 "아빠가 내 몸을 빼앗아갔어."라고 말한 게 무슨 뜻이야?
>
> **폴의 내면아이** 말하기가 무서워. 화를 낼 거잖아.
>
> **폴의 성인자아** 정말 몰라서 그래. 화내지 않을 테니 말해줘.
>
> **폴의 내면아이** 아빠는 나한테 나쁜 짓을 하고, 내가 아빠한테 나쁜 짓을 하도록 만들었어.

폴은 아버지가 자신을 성추행한 기억이 떠오르자 얼어붙었다. 그 기억들이 선명하게 떠오르기까지는 몇 달의 시간이 걸렸다. 동시에 폴은 아버지에 대한 사랑만큼이나 강한 증오심으로 괴로워했다. 나는 아버지의 성적 학대가 있었다고 해도, 여전히 아버지를 사랑할 수 있다며 그를 안심시켰다. 그렇지만 내면아이를 치유하기 위해서는 우선 진실을 알 필요가 있었다.

폴은 과거의 기억을 통해 자신의 분노가 사랑했던 아버지로부터 배신당하고 학대받은 사실에 기인한다는 것을 알게 되었다. 그러자 폴의 폭력성은 서서히 사라지기 시작했다. 어느 날 폴은 더이상 자신이 폭력을 쓸까 봐 두렵지 않다고 말했다. 폴은 자신의 분노를 통제할 수 있게 되었다.

사랑을 표현하는 행동

폴의 내면아이가 마침내 과거의 진실을 말할 수 있었던 이유는 무엇일까? 폴이 내면적인 유대감을 통해 내면아이에게 안전하다는 생각을 주었기 때문이다.

이전에 폴은 과거의 진실과 그로 인한 고통을 두려워했다. 때문에 평생 내면아이와 유대를 완전히 끊고 살았고, 그 결과 분노를 폭력으로 분출했던 것이다. 폴의 내면적인 유대감은 천천히 형성되어 과거의 기억을 떠올리기까지 오랜 시간이 걸렸다. 하지만 매일 내면아이와 대화를 하며 노력한 덕분에 억눌렀던 기억을 되살릴 수 있었다.

억눌렸던 기억을 되살리고 마음껏 슬퍼할 수 있는 기회가 생기자, 내면아이를 돌보는 것이 자연스러워졌다. 그는 규칙적으로 운동하고, 잘 먹고, 이전과는 달리 마음을 열어 자신을 돌보기 시작했다. 그러자 사업뿐만 아니라 다른 관계들도 좋아졌다. 더이상 과거의 불행한 일 때문에 내면아이를 싫어하지 않게 되었고, 자신을 사랑할 수 있게 되었다.

내가 나를 대하는 대로
남도 나를 대한다

혼자서 살아간다는 것은 남에게 기대지 않고 생계를 유지한다는 뜻뿐만 아니라, 혼자 있을 때 행복하고 충만하게 살아갈 수 있다는 것을 의미한다. 아직 짝을 찾지 못했거나 사별·별거·이혼 등으로 혼자 남을 경우에도 행복하고 충만하게 살 수 있어야 한다.

사람들은 홀로 있는 것을 두려워해서 잘못된 관계나 학대당하는 관계에 머무르는 경우가 많다. 상대를 조종해 붙잡아두려고 해서 사랑하는 사람을 떠나보내는 사람들도 많다. 그래서 혼자 있을 때 내면아이에게 기쁨을 줄 수 있는 방법을 열심히 고민하고 행동으로 옮겨야 한다. 내면아이가 원하는 것이 무엇인지를 알아보아야 하고, 성인자아는 행동을 통해 내면아이를 충족해줘야 한다.

우리가 자신을 대하는 방식대로 남도 우리를 대한다. 주변 사람들이 자신을 제대로 대접해주지 않는다며 불평하는 사람들이 종종 있다. 그런데 이들이 내면아이와 맺고 있는 관계를 살펴보면, 성인자아가 내면아이를 제대로 대접하지 않음을 쉽게 알 수 있다. 또한 다른 사람들이 나를 존중하지 않고 함부로 행동한다고 느끼는 사람들도 많다. 하지만 그들의 내면을 들여다보면 성인자아가 내면아이를 보호하기 위한 경계선을 설정하지 않은 것을 볼 수 있다.

이렇듯 타인과 맺는 외부적인 관계는 우리의 내적 관계를 반영하는 거울이다. 우리가 자신을 사랑하고 대접할 때만이 남도 우리를 사랑하고 대접할 것이다.

12장의 중요한 내용들 ―

▶ 다양한 방식으로 자신의 건강과 안전을 돌보지 않는 것은 성인자아가 내면아이
의 가치를 믿지 않기 때문이다.

▶ 과거의 고통을 치유하지 못하고 자신의 내면아이를 버려둔 채 살아가는 사람들
이 대다수다. 이것이 모든 문제의 원인이기도 하다.

▶ 많은 사람이 홀로 있는 것을 두려워한다. 그래서 잘못된 관계나 학대당하는 관
계에 머무르는 경우가 많다.

▶ 우리는 내면아이가 원하는 것이 무엇인지를 알아보아야 하고, 성인자아는 행동
을 통해 내면아이를 충족해줘야 한다.

▶ 타인과 맺는 외부적인 관계는 우리의 내적 관계를 반영하는 거울이다.

_주

지은이의 말

1 Erika J. Chopich, Ph.D. and Margaret Paul. Ph.D., *Healing Your Aloneness: Finding Love and Wholeness Through Your Inner Child*(San Francisco: Harper San Francisco, 1990).

1장 참다운 삶을 찾게 하는 내면적인 유대감 형성

2 Jeremiah Abrams, *Reclaiming the Inner Child*(Los Angeles: Tarcher, 1990).

3 Erika Chopich 박사와 나는 이 용어에 대한 상세한 정의를 *Healing Your Aloneness: Finding Love and Wholeness Through Your Inner Child*(San Francisco: Harper San Francisco, 1990)에 수록했다.

4 Carl Jung, in Abrams,*Reclaiming Our Inner Child,* 27.

2장 내면적인 유대감 형성을 위한 5단계 과정

5 의도 및 자신을 보호하는 방식에 대한 더 자세한 설명은 Jordan Paul 과 Margaret Paul의 *Do I Have to Give Up Me to Be Loved By You?*(Minneapolis: CompCare Publishers, 1983)를 참조하라.

6 내면적인 유대감 형성의 세 번째 단계는 에리카 초피크 박사가 처음 개발했다. 이에 대한 더 자세한 설명은 *Healing Your Aloneness: Finding Love and Wholeness Through Your Inner Child*(San Francisco: Harper San Francisco, 1990)를 참조하라.

3장 내면적인 유대감 형성을 위한 실제적인 조언

7 다음 부분에 나오는 많은 질문은 *Healing Your Aloneness: Finding Love and Wholeness Through Your Inner Child*(San Francisco: Harper San Francisco, 1990)에서 발췌.

8 Ellen Bass and Laura Davis, *The Courage to Heal* (New York: Harper & Row, 1988).

4장 버려진 내면아이를 보호하려고 하지 마라
9 Erika J. Chopich, Ph.D. and Margaret Paul, Ph.D, *Healing Your Aloneness: Finding Love and Wholeness Through Your Inner Child* (San Francisco: Harper San Francisco, 1990).

5장 내면아이의 부모가 되어주고 유대감 유지하기
10 Stanislav Grof, M.D. and Hal Zina Bennett, *The Holotropic Mind: The Three Levels of Human Consciousness and How They Shape Our Lives* (San Francisco: HarperCollins, 1992), pp. 108~109.

11 Pia Mellody의 *In Facing Codependence* (San Francisco: Harper & Row, 1989)에서는 "애정 어린 돌봄이 아닌 모든 행위를 학대"라고 기술했다.

9장 자녀와의 갈등 상황에서 상처 치유하기
12 Pauline Ness, *Toughlove* (Nashville: Abingdon Press, 1982).

술꾼의 가족으로 산다는 것, 그 고통과 회복에 대해

우리 엄마 아빠가 알코올 중독자예요

제리 모 지음 | 김만희·정민철·구도연 옮김 | 값 15,000원

우리는 왜 중독 가정 아이들에게 관심을 기울여야 할까? 중독 가정에서 자란 아이는 유전적으로 미래에 중독자가 될 확률이 매우 높기 때문이다. 중독자의 부모나 배우자는 이미 자기 정체성이 확립된 성인이기 때문에 선택의 여지가 있지만, 아이들은 고통을 혼자 감내하면서 자라나는 경우가 많다. 이제는 중독 가정 아이들의 고통을 인식하고, 치유하는 것에 관심을 기울여야 할 때다.

술로 고통받는 사람들과 가족들을 위한 70가지 이야기

왜 우리는 술에 빠지는 걸까

하종은 지음 | 값 16,000원

알코올중독에 대한 이해부터 치료 방법, 극복 방법, 극복 과정에 이르기까지 알코올중독에 관한 모든 것을 한눈에 볼 수 있도록 정리한 지침서다. 알코올중독이란 과연 무엇인지, 알코올중독에서 회복하려면 어떤 과정을 거쳐야 하는지, 알코올중독과 다른 정신과적 질병과의 관계는 어떠한지, 알코올중독도 유전이 되는지 등 전문가에게 의뢰하지 않고는 쉽사리 알기 어려웠던 알코올중독의 원인부터 대안까지 상세히 다룬다.

도박중독은 결코 불치병이 아니다!

왜 우리는 도박에 빠지는 걸까

김한우 지음 | 값 16,000원

이 책은 도박중독이라는 늪에 빠져 헤어나지 못하는 도박중독자와 그의 가족들에게 소중한 지침서가 될 것이다. 저자는 도박중독에 대한 사람들의 오해와 편견을 깨뜨리고 도박중독자를 치유의 길로 이르도록 해결 방안을 제시한다. 도박중독에서 벗어나고 싶지만 마음먹은 대로 되지 않거나 혹은 가족 중 누군가가 도박중독으로 힘들어하고 있다면 이 책을 통해 많은 도움을 얻을 수 있다.

성숙한 어른으로 살기 위해 다져야 할 마음의 기본기

감정에 휘둘리는 당신을 위한 심리수업

김세정 지음 | 값 15,000원

이 책의 저자는 상담심리전문가로 평소 많은 내담자들로부터 '나는 왜 이러는 걸까요?'라는 질문을 받았다고 한다. 이 책은 그 질문에 대한 답을 담고 있으며, 여러 감정 중에서도 슬픔, 불안, 외로움, 무기력, 죄책감, 수치심, 분노라는 7가지의 부정적 감정을 주로 다룬다. 과거 자신이 부정적인 감정을 느꼈던 상황 속에서 어떤 반응을 했고, 그 안의 내면 메시지는 무엇이었는지를 따라가보자. 숨어 있는 진짜 나를 발견하고 어루만져줄 수 있을 것이다.

심리학을 처음 공부하는 사람이 꼭 알아야 하는 것

내 생애 첫 심리학

박준성 지음 | 값 18,000원

이 책은 심리학의 정의, 분야, 역사와 같은 기초 정보부터 뇌, 발달, 학습, 기억, 성격, 스트레스 등 다양한 주제의 심리학 지식을 한데 모아놓은 심리학 입문서이다. 심리학을 통해 교훈을 전달하려는 자기계발서들과는 달리 이 책은 객관적인 정보전달이 목적이므로 심리학을 처음 공부하는 사람들도 쉽게 이해할 수 있도록 친절하게 설명했다. 이 책을 통해 그동안 어렵게만 느껴졌던 심리학의 방대한 지식을 차곡차곡 쌓아보자.

이유 없는 아픔은 없어

삶이 힘들고 지칠 때 심리학을 권합니다

박경은 지음 | 값 15,000원

질투, 서운함, 열등감, 분노 등 마음을 흩뜨리는 많은 부정적인 감정들로 스스로를 상처 내고 있는 사람들이 꼭 읽어야 할 책이다. 오랜 기간 심리상담을 해온 저자는 은밀하면서도 치명적인 삶의 상처에 대한 다양한 사례들을 담고자 했다. 책 속 사례를 통해 내면을 성찰하고 자신의 문제를 객관화할 수 있어야 한다. 이 책을 통해 당신의 아픔을 있는 그대로 들여다볼 수 있을 것이다. 삶이 힘들고 지친 이들에게 이 책을 권한다.

예민하고 민감한 사람들이 행복하게 사는 법

예민해서 힘들다면 심리학을 권합니다

곽소현 지음 | 값 15,000원

이 책은 영화, 드라마, 그림책, 다양한 문학작품 속에 등장하는 인물들을 소개함으로써 우리의 모습을 보게 한다. 우리를 닮은 주인공들의 모습을 들여다보고, 음미하다 보면 우리 자신을 수용하고 이해하는 마음이 생길 것이다. 어쩌다 우중충한 모습도 나의 일부분임을 인정하자. 예민함이 싫어 가면을 쓰고 살았다면 이제는 당신을 제대로 만나볼 시간이다. 이 책은 당신이 가장 당신답게 잘 살 수 있는 방법을 알려준다.

코로나시대, 마음이 위험하다

6주 만에 끝내는 공황장애 치유법

김영화 지음 | 값 15,000원

불안을 느끼며 살아가는 현대인은 남녀노소 불문하고 공황장애에 노출되기 쉽다. 이 책에서는 지나친 스트레스 반응으로 생긴 불안을 호흡으로 스스로 조절하는 방법에 대해 자세히 다루고 있다. 특히 횡격막호흡 훈련은 스트레스에 반응하는 교감신경의 긴장을 억제해 불안 수준을 낮추고 마음의 평안을 찾는 데도 도움이 된다. 미래가 불안한 코로나시대, 공황과 불안증세가 증폭될 수 있는 이때에 이 책이 치유책이 될 수 있을 것이다.

위기의 시대, 건강한 나로 생존하는 법

힘들다면 기대를 내려놓길 권합니다　　　선안남 지음 | 값 15,000원

나에 대한 기대와 희망이 내 삶을 활기차고 긍정적으로 바꾼다는 세상의 오랜 상식에 반기를 드는 책이다. 다양한 사람들을 만나 그들의 마음을 받아쓰며 살아온 선안남 상담사는 엇갈리는 기대, 버거운 기대가 오히려 삶을 힘들게 한다고 말한다. 즉 기대하는 대로 이루어지리라 맹신하면 오히려 삶이 피폐해지고 힘들어진다는 것이다. 이 책을 통해 힘들고 지칠 때마다 기대를 잘 살펴본다면 해결의 실마리를 얻을 수 있을 것이다.

가족 때문에 힘든 당신을 위한 심리학

가족의 세계　　　조영은 지음 | 값 15,000원

가족에게 받은 상처를 떠나보내고 싶다면 상처를 마주하는 것이 시작이다. 저자는 상처를 바라보는 것이 불편할 수도 있지만, 이를 알아차리고 마주하는 과정은 자기 사랑을 위해 꼭 필요하다고 말한다. 그 과정이 아프더라도 그것은 진짜 나의 얼굴을 찾아가는 과정인 것이다. 이 책을 통해 가족이 준 상처의 의미를 비로소 발견하고 자기 스스로를 용서하고 사랑하는 과정에 이르게 될 것이다.

MMPI 초보자가 꼭 알아야 할 것들

처음 시작하는 MMPI　　　황선미 지음 | 값 16,000원

이 책은 가장 자주 사용되는 중요한 심리검사인 MMPI를 최대한 이해하기 쉽게 설명한 최고의 가이드북이다. 숫자와 그래프가 아직은 쉽지 않은 초보 상담자들, 검사는 자주 하지만 정작 해석에 고충을 느끼는 상담자들에게 MMPI를 쉽게 설명하고자 하는 목적으로 집필된 책이다. MMPI 검사의 개념, 타당도 척도와 임상척도, MMPI 프로파일 해석법, MMPI 검사로 본 임상 사례, MMPI 검사 보고서 작성법 등 MMPI의 모든 것을 최대한 이해하기 쉽게 풀어놓아 MMPI에 관심있는 분들이라면 많은 도움이 될 것이다.

언니가 들려주는 달콤쌉쌀한 연애 이야기

심리학, 연애를 부탁해　　　이계정 지음 | 값 15,000원

나만 어려운 연애, 어떻게 해야 하나? 사랑과 이별에 관한 우리들의 이야기를 담은 책이다. 연애할 때 고민이 되는 다양한 주제들, 즉 연애와 사랑과 이별을 한 편의 소설처럼 엮었다. 사랑의 과정이 늘 행복할 수는 없음을, 행복을 가장 익숙함에 머무르지 말 것을 당부하며, 결국 연인과 헤어진다 하더라도 좋은 기억이면 그것은 사랑이라고 한다. 이 세상 모든 사람들이 더 이상 사랑 앞에서 주저하지 않기를! 여전히 기대와 실망을 거듭하지만, 그럼에도 '결국 사랑!'이다.

내면의 힘을 탄탄하게 만드는 감정 공부

감정 때문에 마음이 시끄러운 나에게

김연희 지음 | 값 15,000원

감정이란 무엇이고, 어떻게 생겨나며, 감정을 효과적으로 잘 처리하는 방법은 무엇인지 뇌과학·진화심리학·정신건강의학·정신분석학적 지식을 바탕으로 소개하는 책이다. 감정에 대한 이해를 위해 일상에서 겪을 수 있는 친근한 상담 사례와 사회적 이슈 및 미디어 속 이야기를 예시로 들어 알기 쉽게 설명했다. 시끄러운 감정들 속에서도 도망치며 열등감을 키울 것인가, 아니면 감정에 휘둘리지 않고 자존감을 회복해나갈 것인가? 내 안의 부정적인 감정을 다시 보는 기회를 이 책을 통해 가져보자.

핵심 개념어 160개로 살펴보는 심리학의 모든 것

한번 읽으면 절대로 잊지 않는 심리학 공부

강현식 지음 | 값 18,000원

'누다심(누구나 다가갈 수 있는 심리학)'이라는 필명으로 심리학 블로그를 운영하고 있는 저자는 사람들에게 제대로 된 심리학을 쉽고 재미있게 알리겠다는 의지를 이 책 한 권에 담았다. 160개의 심리학 핵심 개념어를 간결하면서도 통찰력 있게 풀이했기 때문에 이 책을 통해 심리학에 대한 객관적이고 다양한 정보를 얻을 수 있을 것이다. 심리학에 관심이 많은 일반인들이나, 심리학을 전공하고자 하는 이들에게 일독을 권한다.

먹는 것 때문에 힘든 사람들을 위한 8가지 제안

음식이 아니라 마음이 문제였습니다

캐롤린 코스틴·그웬 그랩 지음 | 값 16,000원

캐롤린 코스틴은 실제로 거식증을 앓아 '살기 위해' 심리학을 공부했으며, 이를 자신에게 직접 적용해 완치한 후 미국 최고의 섭식장애 전문가가 되었다. 이 책은 먹는 것으로부터의 회복과 자유를 갈구하는 사람들에게 진정 필요한 것이 무언인지 명쾌하게 알려준다. 먹는 것 때문에 고통을 겪는 사람들은 물론이고, 주변의 가족과 친구들도 이 책을 읽으며 한결 마음의 안정을 얻을 수 있을 것이다.

관계, 사랑, 운명을 바꾸는 감사의 힘

그저 감사했을 뿐인데

김경미 지음 | 값 15,000원

저자는 긍정심리학을 오래 연구한 학자로서 일상을 통한 감사함의 실천이 행복에 이르는 길이라는 이야기를 이 책에 담았다. 감사의 눈으로 자신과 세상을 바라보면 '가짜 행복'이 아닌 '진짜 행복'을 찾을 수 있으며, 행복은 멀리 있는 것이 아니라 우리 주변에 있다는 평범하지만 위대한 삶의 진리도 깨닫게 된다. 이 책을 통해 너무나도 잘 알고 있었던 '감사'의 효과를 실생활에서 누려보자.

■ **독자 여러분의 소중한 원고를 기다립니다**

초록북스는 독자 여러분의 소중한 원고를 기다리고 있습니다. 집필을 끝냈거나 집필중인 원고가 있으신 분은 khg0109@hanmail.net으로 원고의 간단한 기획의도와 개요, 연락처 등과 함께 보내주시면 최대한 빨리 검토한 후에 연락드리겠습니다. 머뭇거리지 마시고 언제라도 초록북스의 문을 두드리시면 반갑게 맞이하겠습니다.

■ **메이트북스 SNS는 보물창고입니다**

메이트북스 홈페이지 www.matebooks.co.kr

책에 대한 칼럼 및 신간정보, 베스트셀러 및 스테디셀러 정보뿐만 아니라 저자의 인터뷰 및 책 소개 동영상을 보실 수 있습니다.

메이트북스 유튜브 bit.ly/2qXrcUb

활발하게 업로드되는 저자의 인터뷰, 책 소개 동영상을 통해 책에서는 접할 수 없었던 입체적인 정보들을 경험하실 수 있습니다.

초록북스 블로그 blog.naver.com/chorokbooks

화제의 책, 화제의 동영상 등 독자 여러분을 위해 다양한 콘텐츠를 매일 올리고 있습니다.

메이트북스 네이버 포스트 post.naver.com/1n1media

도서 내용을 재구성해 만든 블로그형, 카드뉴스형 포스트를 통해 유익하고 통찰력 있는 정보들을 경험하실 수 있습니다.

STEP 1. 네이버 검색창 옆의 카메라 모양 아이콘을 누르세요. STEP 2. 스마트렌즈를 통해 각 QR코드를 스캔하시면 됩니다.
STEP 3. 팝업창을 누르시면 메이트북스의 SNS가 나옵니다.